Mey · Die Liebe und das Geld

Ergebnisse der Frauenforschung
Band 10

Herausgegeben im Auftrag des Präsidenten der Freien Universität Berlin von

Prof. Anke Bennholdt-Thomsen, Germanistik
Prof. Ingeborg Falck, Medizin
Prof. Marion Klewitz, Geschichtsdidaktik
Prof. Jutta Limbach, Jura
Prof. Renate Rott, Soziologie
Dr. Hanna Beate Schöpp-Schilling, Aspen Institut
Ulla Bock (Zentraleinrichtung zur Förderung von Frauenstudien
    und Frauenforschung)
Prof. Hans Oswald, Pädagogik

Koordination: Anita Runge

Dorothea Mey

Die Liebe und das Geld

Zum Mythos und zur Lebenswirklichkeit
von Hausfrauen und Kurtisanen
in der Mitte des 19. Jahrhunderts in Frankreich

Beltz Verlag · Weinheim und Basel 1987

Dr. Dorothea Mey
Jahrgang 1945, ist Literaturdidaktikerin

CIP-Kurztitelaufnahme der Deutschen Bibliothek

Mey, Dorothea
Die Liebe und das Geld : Zum Mythos und zur Lebenswirklichkeit von Hausfrauen und Kurtisanen in der Mitte des 19. Jahrhunderts / Dorothea Mey. — Weinheim ; Basel : Beltz, 1987.
  (Ergebnisse der Frauenforschung ; Bd. 10)

  ISBN 3-407-58302-8

NE: GT

Alle Rechte, insbesondere das Recht der Vervielfältigung und Verbreitung sowie der Übersetzung, vorbehalten. Kein Teil des Werkes darf in irgendeiner Form (durch Photokopie, Mikrofilm oder ein anderes Verfahren) ohne schriftliche Genehmigung des Verlages reproduziert oder unter Verwendung elektronischer Systeme verarbeitet, vervielfältigt oder verbreitet werden.

Satz: Limone, Berlin

© 1987 Beltz Verlag · Weinheim und Basel
Umschlaggestaltung: Atelier Warminski, 6470 Büdingen 8
Printed in Germany

ISBN 3-407-58302-8

Inhalt

Einleitung 9

1. Kapitel
Ménagère ou Courtisane —
Die beiden Pole des bürgerlichen Frauenbildes 17

Warum über »Liebe« reden, Liebe als Erziehungsaufgabe 18

**Die inhaltlichen Begründungen und Bestimmungen von
»Liebe« und der «Natur« der Frau** 20

Die natürliche Schwäche der Frauen 20

*Die »Natur« bestimmt die Frau dazu, »nicht zu arbeiten«.
Sie bestimmt sie zur Hausarbeit* 24

Aus »Liebe« — nicht für Geld 25

Die Abgeschlossenheit des Hauses, der Binnenraum 26

Die Liebe adelt (diszipliniert) den Mann 27

Der Mann erschafft die Frau — Träume männlicher Potenz 28

Das Ideal und die Wirklichkeit der Erwerbswelt 29

Die Sexualität in der Ehebeziehung 30

Landstreicherinnen und Mannweiber 31

*Hausfrauen und Kurtisanen:
Bollwerk gegen die wilde Natur der Frauen* 32

Der »Kult der Frau« als die andere Seite des Fortschrittkults 36

Industrielle Welt und »ökonomischer Geschlechtscharakter« 49

II. Kapitel
Die französische Gesellschaft im 19. Jahrhundert 54

Zur Entwicklung des Kapitalismus in Frankreich 54

Die ökonomische Bedeutung der Konsumtion 56

Die Konsumgüterindustrie 57

Der Aufschwung des Handels	58
Konsumenten und Konsumentinnen — **Hausfrauen und Kurtisanen**	61
Paris — das Stadtbild	69
Eine andere Seite des Fortschritts	74

III. Kapitel
Die Kritik von Frauen an der Ideologie und an der Realität der weiblichen Lebensbedingungen — 78

Zur Situation oppositioneller Frauen bis 1850	78
Oppositionelle Frauen im Zweiten Kaiserreich	80
Kritik an der Ideologie	83
Die alltäglichen Beobachtungen widersprechen den Behauptungen der Männer	83
Die Theorien von Comte, Michelet und Proudhon sind nicht »wissenschaftlich«	85
Hausarbeit ist eine mühevolle Arbeit	88
»Liebe«, wie sie von Comte, Michelet und Proudhon bestimmt wird, bedeutet die materielle und seelische Ausbeutung der Frau	89
Die Kritik an den realen gesellschaftlichen Verhältnissen	91
Die Versorgungssituation der Frauen vor und nach der Großen Revolution — Vom Regen in die Traufe?	91
Die Einsamkeit in den Städten	96
»Ausweg« Prostitution	97
Prostitution und Reglementierung	98
Die Bedeutung der »anderen Frauen« für die »ehrenwerten Frauen«	101
Der Einfluß der »anderen Frauen« auf das Heiratsverhalten der Männer	101
Die Fangeisen der bürgerlichen Ehegesetzgebung des Code Civil	103

Die Kurtisane als Bild von Weiblichkeit — 106

Die Bedeutung der »anderen Frauen« für die Sexualität in der Ehe — 108

Alternative Vorstellungen der Frauen — 112

Les femmes dans cent ans — 113

»Arbeit« und bürgerliche Rechte für die Frauen — 116

IV. Kapitel
Kurtisanen im zweiten Kaiserreich — 126

V. Kapitel
Lebenserinnerungen zweier Kurtisanen
aus der Mitte des 19. Jahrhunderts in Frankreich — 134

Das Leben der Celeste Mogador — 137

Die ersten Jahre — 139

In der »Correction« von Saint-Lazare — 147

»Le pas infernal« — 148

Die Tänzerin von Mabille — 151

Kurtisane und »fille inscrite« — 156

Der Comte Lionel de Chabrillan — 164

Ctesse Lionel de Chabrillan, Ménagère — 166

Mehr als die Hälfte ihres Lebens ... — 171

Cora Pearl — 177

Schlußbemerkungen — 198

Anmerkungen — 201

Literatur — 216

Titelblatt einer Zeitschrift zur Weltausstellung 1867 (aus: Journal amusant, 13.4.1867)

Einleitung

In Frankreich wurde im neunzehnten Jahrhundert mit neuer Eindringlichkeit über zwei Themen geschrieben: über die Liebe und das Geld. Kritiker beklagten sich darüber, daß die Beschäftigung mit dem Geld solche Ausmaße annehme, daß von einer Besessenheit gesprochen werden müsse. In den Theaterstücken wurden die Männer durch die Höhe der Rente, die sie bezogen, charakterisiert, die Frauen durch die Mitgift, die sie erwarten ließen oder schon in die Ehe eingebracht hatten, die Kokotten durch das Geld, das für sie ausgegeben wurde. Zahlreiche Titel[1] zeugen von der Unruhe, mit der der wachsende Einfluß des Geldes auf das Verhalten der Menschen beobachtet und zum literarischen sujet gemacht wurde. Aber auch »Liebe« wurde in einer neuen Weise in das Licht der Öffentlichkeit gerückt. »Liebe« war nicht mehr nur Thema von Romanschreibern und Poeten, Gesellschaftsspiel der adeligen Klasse und derer, die ihr nacheiferten. Seit der Aufklärung wurde »Liebe« zum zentralen Gegenstand gesellschaftswissenschaftlicher Theoriebildung, und die Beziehungen zwischen den Geschlechtern wurden als grundlegend für die Gesellschaft und den Staat erachtet.

Ich bin der Frage nachgegangen, welche Bedeutungen dem Begriff »Liebe« in der Mitte des neunzehnten Jahrhunderts in Frankreich zugemessen wurden, welche Veränderungen in den Lebensverhältnissen von Männern und Frauen darin ausgedrückt wurden und wie Frauen dies wahrgenommen und wie sie darauf reagiert haben. Den Titel habe ich gewählt, weil der Geldkategorie eine Schlüsselfunktion für das Verständnis dessen zukommt, was in der sich entfaltenden bürgerlichen Gesellschaft mit »Liebe« verbunden wurde. Deutlicher als zuvor und danach trat in der Phase der Konsolidierung des Kapitalismus ein Neues hervor, das Marcuse die »Subsumtion der menschlichen Beziehungen unter den Tauschwert« nannte (Marcuse 1967). Auch das Entsetzen darüber und das Gefühl eines neues Mangels kamen zum Ausdruck, so wie häufig Veränderungen in den gesellschaftlichen Beziehungen im Moment ihrer Entstehung klarer diskutiert und in ihren Zusammenhängen richtiger erfaßt werden als zu einem Zeitpunkt, wo die Einsicht in ihre wirklichen Begründungen durch den Prozeß vielfältiger Verschleierungen und falscher Rechtfertigungen verdeckt ist.

Das Thema ist von großer Komplexität, weil das Leben der Menschen in dem betrachteten Zeitraum sich auf vielen Ebenen veränderte. Dabei handelte es sich um Neuerungen von ungeheurer Tragweite, Ausdruck eines Geschehens, das Polany zu Recht als »in der Tat bemerkenswerte Abweichung« der Gesellschaft des 19. Jahrhunderts gegenüber allen vorangegangenen hervorhebt: die

Konstituierung einer Marktwirtschaft und einer Marktgesellschaft, in der die Wirtschaftsordnung nicht mehr ein Teil der Gesellschaftsordnung war, sondern umgekehrt die Gesellschaft an den Erfordernissen des Marktes ausgerichtet wurde, was hieß, »die Gesellschaftssubstanz schlechthin den Gesetzen des Marktes unterzuordnen« (Polany 1978, S. 106).

Gedanklich vorbereitet in den liberalen Wirtschaftslehren von Adam Smith und der klassischen Nationalökonomie entstand beim Übergang vom achtzehnten zum neunzehnten Jahrhundert eine Gesellschaft, deren Organisationsprinzip auf der Annahme beruhte, daß das ökonomische Eigeninteresse jedes Einzelnen dem Wohle aller Mitglieder der Gesellschaft diene, wenn es sich auf der Basis freier Märkte und freien Wettbewerbs entfalten könne. Eine solche Gesellschaftsform beruhte auf der Erwartung, »... der Mensch werde sich so verhalten, daß er einen maximalen Geldgewinn erzielt« (Polany 1978, S. 102). Märkte, Warenproduktion und Geld waren keineswegs neue Erscheinungen im 19. Jahrhundert. Die entscheidende Neuerung waren auch nicht die Größe der Märkte oder die Menge des zirkulierenden Geldes, sondern deren Bedeutung für das Selbstverständnis der Gesellschaft.

Voraussetzung dieser Art gesellschaftlicher Organisation war, daß die Menschen »ökonomisch« dachten und handelten. Die Freisetzung der Marktökonomie als gesellschaftlich maßgebendes Moment bedurfte der Menschen, die durch ihr Verhalten, ihre Denkweise und ihre Wünsche Subjekte und Objekte uneingeschränkten Gewinnstrebens sein konnten. Fundamentale Änderungen in den sozialen Beziehungen und im Verhalten der Menschen waren darin impliziert. Die Normen gesellschaftlich anerkannten Verhaltens in der vorrevolutionären Gesellschaft setzten der persönlichen Habgier durch ein Netz von Verpflichtungen Schranken und sicherten — so sie eingehalten wurden — den Ärmsten (wenn auch nur notdürftig) eine Existenz. Nie zuvor hatte eine Gesellschaft es gewagt, die Motivation der individuellen Bereicherung in den Rang einer sozialen Qualität (und existentiellen Notwendigkeit) zu erheben.

Dem Geld kam dabei, nicht nur im Bewußtsein der Schriftsteller und Gesellschaftstheoretiker, sondern auch im wirklichen Leben der Menschen eine immer größere Bedeutung zu. In dem Maße, wie sich die Warenproduktion und -konsumtion gegenüber traditionalen Formen der Subsistenzwirtschaft durchsetzte, wurden die Beziehungen der Menschen zueinander (im ökonomischen, sozialen, sexuellen und affektiven Bereich) zunehmend mehr über Geld vermittelt. Die Konsequenzen, die die Subsumtion der Gesellschaft unter die Gesetze des kapitalistischen Marktgeschehens für die politische Organisation der Gesellschaft hatte, sind von Marx und von anderen eingehend analysiert worden. Doch wissen wir wenig darüber, was das Leben in einer Gesellschaft, in der sich die Menschen als »Personifikationen der ökonomischen Verhältnisse«, (Marx 1965, S. 100) gegenüberstehen, für ihr Selbstbewußtsein, ihre Ängste, ihre Intellektualität, ihre affektiven und emotionalen Fähigkeiten bedeutete. Ich habe vor allem auch nach solchen Dokumenten gesucht, in denen die subjektive Befindlichkeit artikuliert wird und sie nach der Auskunft befragt, die sie uns über die Geschichte dieser Seite des menschlichen Lebens zu geben vermögen.

Die Neubewertung von Liebe steht in einem engen Zusammenhang mit dieser fundamentalen Umkrempelung der Lebensverhältnisse, die zugleich materieller wie ideeller Art war.

Die Auswirkungen, die die Industrialisierung und Kapitalisierung der Gesellschaft auf die Lebensbedingungen der Frauen hatte, sind in den letzten Jahren unter verschiedenen Aspekten beleuchtet worden. Dabei geriet vor allem die Entwertung der traditionell von Frauen geleisteten Arbeiten durch die Zunahme von Lohnarbeit in den Blick. Weniger Beachtung fand dabei bisher, daß es nicht nur neuer Arbeits- und Verhaltensweisen bedurfte, um Waren zu produzieren, sondern auch, um sie zu konsumieren. Die Konsumtionsarbeit[2] wurde in hohem Maße den Frauen zugeschoben. Sie reicht weit über das hinaus, was einige Autorinnen als »Reproduktion der Ware Arbeitskraft in psychischer, emotionaler und sexueller Hinsicht« fassen (vgl. Walser/Kontos 1978; Bock/Duden 1979). Sie hat weniger mit den Menschen (Männern und Kindern) zu tun als mit Waren, die produziert werden und verbraucht werden müssen.

In einer ungleich tieferen Weise bedeutete die Entgrenzung der Produktion zum Zwecke maximalen Profits einen Eingriff in die Beziehungen der Menschen zueinander: In den modernen, »ökonomischen« Gesellschaften wurde das Zurschaustellen von Wohlhabenheit und das neidische Konkurrieren um materielle Güter nicht eingeschränkt, sondern gefördert. Damit wurde gegenüber den Lebensmotivationen früherer Gesellschaften, die vielerlei Dämme zu errichten wußten, die den Neid hinderten, seine zerstörerischen Kräfte zu entfalten, ein gänzlich neues Verhältnis jedes Einzelnen zu den ihn umgebenden Dingen und Menschen und zu sich selbst geschaffen. Der Verkauf industriell, d.h. in großen Quantitäten hergestellter Waren, war von Anbeginn an mit der Propagierung von »Mode« verbunden. Mode bestimmte viel Umfassenderes als die Art der Kleidung oder die Wohnungseinrichtung oder die Manier, ein Pferd zu besteigen. In der Propagierung der Mode wurde das »mimetische Begehren« (Girard 1961) hervorgelockt, ein Begehren, das sich dadurch auszeichnet, daß es seine Objekte nicht selbständig wählt, sondern daß es das zu besitzen wünscht, was ein anderer hat (oder noch nicht hat).

In von »Mode« gelenktem Wünschen ist eine Widersprüchlichkeit angelegt, die diese Art des Begehrens seinem Wesen nach grenzenlos macht. Zu wünschen, was der andere hat und tut mit dem gleichzeitigen Wunsch, sich von ihm zu unterscheiden, ist der Ausgangspunkt für immer neues Besitzenwollen. Mode als Motivation für Verhalten ist Ausdruck der Logik der Marktökonomie. In der Weise kann das 19. Jahrhundert als das Jahrhundert charakterisiert werden, wo Brauch und Tradition als verhaltenslenkende Kraft durch Mode ersetzt wurde. Dabei bekamen *die* Frauen eine Hauptrolle. Kurtisanen wurden zu modischen Leitbildern. Die Figur der Emma Bovary ist der literarische Ausdruck dafür, wie dicht der bürgerlichen Hausfrau auch in der Provinz die Propagierung des neuen Lebensstils auf die Haut rückte.

Die Stricke, mit denen die Frauen in die neuen Abhängigkeiten gebunden wurden, bestanden aus blanker Gewalt und Machtausübung, aber auch aus Verführung und Schmeicheleien. Sie wurden fest im Code Civil und im gesellschaftlichen Urteil und Vorurteil verankert. Es waren zugleich die wirklichen Herrschaftsverhältnisse wie auch die diese rechtfertigenden ideologischen Bestimmungen. Dabei entstand eine neue Bewertung menschlicher Gefühle und Beziehungen. Der »Liebe« kam eine zentrale Bedeutung zu, Konsumtionsarbeit wurde mit dem Begriff der Liebe verbunden.

Liebes- und Ehebeziehungen waren auch in traditionalen dörflichen Lebenszusammenhängen durchaus »öffentliche« Angelegenheiten, die, als Teil des sozialen Gefüges, erheblichen äußeren (sozialen) Einwirkungen unterlagen. Dennoch blieb diese Einflußnahme in festen Grenzen, sie formte und verlangte ein bestimmtes Verhalten von Männern und Frauen, nicht aber Haltungen und (innere) Einstellungen (vgl. Verdier 1979, Flandrin 1978). Die bürgerliche Gesellschaft kehrte dieses Verhältnis in einer merkwürdigen Weise um. Während die tatsächlichen Äußerungen von »Sexualität« und »Liebe« im Umgang der Menschen miteinander zunehmend mehr aus der unmittelbaren Eingebundenheit in das gesellschaftliche Leben herausgelöst und in die Abgeschlossenheit und Initimität des bürgerlichen Hauses oder in die besonders geschützten Bordelle verbannt wurden, wurde »Liebe« und »Sexualität« zum nahezu besessen verfolgten Gegenstand des öffentlichen Diskurses (vgl. Foucault 1976). Auf der Ebene der moralischen Reden wie auch — inhaltlich scheinbar entgegengesetzt — auf der Ebene der Bilder und der beginnenden Warenreklame wurden »Liebe« und »Sexualität« unablässig in den Dienst politischer und ökonomischer Interessen genommen. Dies wurde zu einem Zugriff, der ungleich fester die Menschen packte.

Die Neuordnung der Gesellschaft verlief nicht einheitlich. Sie stieß auf überkommene Bräuche und Haltungen und auf den Gegensatz von städtischer und bäuerlicher Lebensweise. Sie selber steckte voll der Widersprüche, die die kapitalistische Marktwirtschaft kennzeichnen: Der Rationalität der kapitalistischen Organisation der Produktion, der notwendigen Kalkulation der Produktionsfaktoren widersprachen die Unberechenbarkeit der Börse und die Zufälligkeit der Spekulationsgewinne. Der Voraussetzung, daß die Menschen zu bestimmten Formen praktisch-rationalen Verhaltens fähig wären, widersprach die Irrationalität einer Lebensführung, in der die Menschen für die Berufsarbeit und die Produktion lebten und nicht umgekehrt. Die postulierte Gleichheit stand im Gegensatz zur verschärften Abhängigkeit der Produzenten voneinander, zur Isolierung ihrer Privatinteressen und zur Teilung der Arbeit.

Die Widersprüche berührten die Menschen oft durch einander entgegengesetzte Zeichen und Signale. Mit der Norm »Liebe« konkretisierten sich in Weiblichkeitsbildern und Erziehungshaltungen ideologische Ansprüche an Frauen, die im Widerspruch zu dem Elend standen, das viele Frauen dazu zwang, außerhalb des Hauses und für Lohn zu arbeiten. Auf dem Boulevard und in den Cafés hielten Männer andere Reden als die, die lehrmeisterhaft von den Podesten männlicher Moral verkündet wurden. Die Aufforderungen zum Kauf, die Aufdringlichkeit, mit der die Waren zur Schau gestellt wurden, kontrastierte mit der großen materiellen Not der Mehrzahl der Bevölkerung.

Die Veränderungen hatten unterschiedliche Konsequenzen für Männer und Frauen, für Arme und Reiche, für Stadtbewohner und Landbewohner und wurden unterschiedlich wahrgenommen und beurteilt. Wie die Menschen mit diesen neuen Mächten umgingen, war darum verschiedenartig und abhängig von der Position, die sie in dem Herrschaftsgefüge einnahmen.

Die tatsächlichen Lebenssituationen resultieren aus der Erfahrung dieser Widersprüchlichkeiten. Diese lebendige Vielfalt spottet jedem einseitigen Blick. Will man ihr nahe kommen, dann müssen das Reden und Schreiben von Männern und Frauen ebenso wie die materiellen Lebensbedingungen und deren subjektive Wahrnehmungen durch diejenigen, die sie erlebt haben, zugleich betrachtet werden. Die folgenden Kapitel dieses Buches sind der Versuch, die unterschiedlichen Momente, die mit der Errichtung moderner, »ökonomischer« Gesellschaften die Lebensmöglichkeiten der Frauen bestimmt haben, einzufangen und vorstellbar zu machen.

Die im Zuge der Konstituierung der bürgerlich-industriellen Gesellschaft entstandenen Zuschreibungen und Normierungen in bezug auf »Liebe« wurden in Frankreich in besonderer Deutlichkeit von Michelet, Comte und Proudhon formuliert. Für die Autoren selber stand das, was sie über »die Frauen« und »die Liebe« sagten, im Mittelpunkt ihrer Theorien. In der nachfolgenden (männlichen) Rezeption hingegen wurde dieser Teil weitgehend vernachlässigt, wenn nicht geleugnet[3]. »Ménagère ou Courtisane« war die später zum Schlagwort gewordene Formulierung Proudhons. Mit der Untersuchung zentraler Aspekte dieser »bürgerlich-männlichen Liebesideologie« befaßt sich das erste Kapitel.

Im zweiten Kapitel werden die Veränderungen in den Produktions- und Lebensverhältnissen skizziert, die mit der Durchsetzung der Industrialisierung einhergingen und die für das Verständnis und die Funktion der Liebesideologie bedeutsam sind: Die Technisierung der Produktionsmethoden und die umfassende Rationalisierung des Arbeitslebens, die Zunahme an Lohnarbeit, der Aufschwung der Konsumgüterindustrie und des Handels und schließlich der Wandel im Stadtbild und in den Wohnverhältnissen. Die Bilder der Hausfrau und der Kurtisane und die Lebenswirklichkeit der Menschen wurden von diesen Veränderungen bestimmt, die Horkheimer den »vom Rationalismus verordneten Eingriff: die industrielle Revolution an Leib und Seele« nennt (Horkheimer 1968, S. 90).

Das dritte Kapitel untersucht die Argumente, mit denen sich Schriftstellerinnen, »aufgebrachte Tintenfinger«, gegen Michelet, Comte und Proudhon zur Wehr gesetzt haben. Diese Frauen bemaßen die Liebesideologie an ihren persönlichen Erfahrungen und klagten die Männer an, Bilder von Frauen zu erschaffen, die im Widerspruch zu den wirklichen Frauen und deren tatsächlichen Fähigkeiten und Begabungen stünden. Sie beschrieben die bedrückenden Lebensbedingungen, in denen die Frauen zu Sklavinnen, Prostituierten und Konsumentinnen gemacht würden, und entwickelten Utopien von anderen Lebensformen. Die neuen Abhängigkeiten, in die diese Frauen gerieten, machten sie dem »Fortschritt« gegenüber klarsichtiger und weniger anfällig für die Rechtfertigungen des Industrialisierungsprozesses, über den sie keine Kontrolle und von dem sie nur zweifelhaften Vorteil hatten.

Die soziale und ökonomische Bedeutung der Kurtisane als Konsumtionssymbol wird im vierten Kapitel dargestellt.

Im fünften Kapitel zeichne ich die Lebensgeschichte zweier Kurtisanen nach, die nicht zu den »oppositionellen« Frauen zählten. Auf den ersten Blick mag es so scheinen, als ob es sich um zwei Außenseiterinnen handele. Celeste Mogador, registrierte Prostituierte, Kurtisane und Ehefrau, und Cora Pearl, eine der bekanntesten Kurtisanen des zweiten Kaiserreiches, haben Autobiographien geschrieben, die einen klareren Einblick in Lebensmöglichkeiten und -grenzen einer Vielzahl von Frauen ihrer Zeit geben, als theoretische Abhandlungen dies zu tun vermögen. Beide haben gelebt, was in der bürgerlichen Gesellschaft zunehmend mehr zu einer prinzipiellen Möglichkeit (und vielleicht auch Notwendigkeit) für alle Frauen gemacht wurde: den eigenen Körper als Ware zu entäußern und sich zu sich selbst als Warenbesitzerinnen zu verhalten. Beide Frauen beschreiben aus einem unterschiedlichen Blickwinkel heraus, was es für sie bedeutete, ihre Identität und ihr Selbstbewußtsein durch das Geld, das ihnen der Verkauf ihres Körpers einbrachte, zu gewinnen. Die Ambivalenz ihres Selbstgefühls, Stolz über das erworbene Geld und die daran geknüpfte Kauffähigkeit, aber zugleich auch Einsamkeit und Selbstentfremdung kommen darin zum Ausdruck. In den Erinnerungen der Celeste Mogador werden die Normierungen und Verschränkungen der beiden den Frauen zugewiesenen Lebensformen, der der Hausfrau und der der Kurtisane, deutlich.

Überlegungen, inwieweit die in jener Zeit entstandenen Bedingungen und Motive sich fortentwickelt haben und das Leben und Selbstverständnis von Frauen heute bestimmen, bilden den Abschluß dieser Arbeit.

Je länger ich mit der Arbeit befaßt war, um so vielfältiger und komplexer erschienen mir die Bezüge zwischen den Texten und den gesellschaftlichen und ökonomischen Verhältnissen der Zeit. Ich hätte gerne eine überschaubare Theorie vorgelegt, einfache Erklärungszusammenhänge gefunden. Doch immer entzog sich, was ich zu fassen glaubte, der logischen Reduktion des Einen auf das Andere.

Die Fragestellung reicht über die herkömmlich eng gezogenen Grenzen der Fachwissenschaften, der Literaturwissenschaft, der Geschichtswissenschaft, der Soziologie und auch der Psychologie hinaus und berührt zugleich die Bereiche all dieser Disziplinen. Weil der Mensch gesellschaftliches Wesen ist, ist er Produzent und Produkt seines Lebens und der Gesellschaft, Subjekt-Objekt. Seine Subjektivität ist Objekt, *antikeímenon*, »Gegenliegendes« für andere, und umgekehrt verwirklichen sich die objektiven, den Individuen äußerlichen Gegebenheiten doch immer nur in den Subjekten. Soweit die Fachdisziplinen dieser Verschränkung nicht gerecht werden, können die dort entwickelten Methoden und Kategorien hier nicht weiterhelfen, weil die einzelnen Tatsachen des gesellschaftlichen Lebens nur in ihrer wirklichen Funktion und Begründung in dem gesellschaftlichen Ganzen, dem sie angehören, verstanden und erklärt werden können. Zugleich aber entzieht sich diese Totalität der menschlichen Lebenswirklichkeit dem vermessenen Anspruch auf Vollständigkeit der Darstellung wie auch der Erklärung. Was die Erklärung angeht, so gilt »... daß sie zwar der Erkenntnis notwendig innewohnt, aber notwendig unendlich ist; denn sie ist die Erkenntnis der Totalität. Ihr nähert man sich 'asymptotisch', indem man von den Erscheinungen zu den Wesenheiten übergeht (und umgekehrt) und von einem Wesen zu einem anderen, verborgeneren. Und umgekehrt. Wichtig ist, daß man auf sie abzielt« (Lefèbvre 1969, S. 169).

Ein weiteres, prinzipielles Dilemma kann letztlich nicht aufgehoben werden. Die Erkundung von Ereignissen vergangener Zeiten und die Antwort auf die Frage, wie sich die Menschen darin befunden haben, ist auf die Überlieferung von Texten und Zeichen angewiesen, deren Glaubwürdigkeit prinzipiell vorausgesetzt werden muß. Doch sind den Menschen die Beweggründe ihres Denkens und Handelns zumeist nicht durchsichtig. Auch kann keineswegs immer so etwas wie schriftstellerische Ehrlichkeit vorausgesetzt werden. Es ist zu beachten, daß vielerlei Erwägungen die Autoren und Autorinnen zu Auslassungen oder bewußten Verfälschungen verleiten mögen. Weil solche Texte immer die subjektive Wahrnehmung gesellschaftlicher Zusammenhänge widerspiegeln, müssen die Brechungen und Zerrungen, in denen sich die Realität dem Bewußtsein der Verfasser und Verfasserinnen darstellt, in Rechnung gestellt werden. Darin werden Grenzen der Interpretation deutlich, die in der Überlieferung selber angelegt sind.

Diese Arbeit ist ergänzungsbedürftig. Sie zeigt kein geschlossenes Bild, nur Ausschnitte, sie gibt keine Beweise, nur Hinweise. Wo nur Ausschnitte gezeigt werden, geht in deren Auswahl die Perspektive ein, aus der heraus die Fragen gestellt wurden. Ich war und bin parteilich. Ich möchte, daß die vielfältigen Diskriminierungen, denen Frauen ausgesetzt sind, aufgehoben werden, und suche nach den spezifischen Formen der Unterdrückung, die Frauen in der bürgerlichen Gesellschaft erleiden. Obwohl ich mich der Anstrengung unterzogen habe, meinen Blick nicht durch Vorurteile zu verstellen, wird doch in der Akzentuierung der Darstellung und der Interpretation mein Interesse deutlich. Wenn jedoch die Bedingungen der Möglichkeit von Erkenntnis auch »an ein leibhaftiges Engagement des erkennenden Bewußtseins« (Apel 1971, S. 12) und an das jenem zugrundeliegenden Erkenntnisinteresse gebunden sind, dann mag meine Parteilichkeit nicht mehr als bloßer Mangel gewertet werden.

I. Kapitel

Ménagère ou Courtisane —
Die beiden Pole des bürgerlichen Frauenbildes

»Ich kann, je mehr ich darüber nachdenke, mir um so weniger ein Schicksal der Frau außerhalb der Familie und des Haushalts vorstellen. Kurtisane oder Hausfrau (Hausfrau sage ich und nicht Bedienstete), ich sehe keinen Mittelweg: was ist an dieser Alternative so erniedrigend? Worin ist die Rolle der Frau, die mit der Haushaltsführung beauftragt ist, mit allem was mit der Konsumtion und dem Sparen zusammenhängt, geringer als die des Mannes, dem die Funktion zukommt, die Werkstatt zu befehligen, das heißt, die Produktion und den Tausch zu leiten?« (Proudhon 1923, S. 197).

Mit diesem Satz brachte Pierre-Joseph Proudhon 1848 die Gedanken vieler seiner Zeitgenossen *die* Frauen betreffend auf eine prägnante Formulierung. Eine solche Aussage wäre zu einem früheren Zeitpunkt undenkbar gewesen.

Gewiß hatte Prostitution auch in der alten Gesellschaft eine wichtige Funktion. Die umherziehenden Gesellen und Soldaten, die armen Männer, die aufgrund ihrer ökonomischen Position zur Ehelosigkeit gezwungen waren oder erst spät heiraten konnten, schafften einen großen Bedarf an käuflicher oder auch mit Gewalt erzwungener Sexualität. Die Kirche und die Moralisten wetterten regelmäßig, aber doch nicht allzu hart gegen die Unsitte solcher Beziehungen. Frauen wurden zu Prostituierten, wenn sie in einer sozialen Situation lebten, die ihnen keine andere Existenzmöglichkeit bot oder wenn sie mit Gewalt (durch Vergewaltigung) dazu gemacht wurden. Der Stand der Prostituierten war sorgfältig vom Leben der »ehrbaren« Frauen abgetrennt (vgl. Flandrin 1978, S. 118). Niemals wäre es jemandem eingefallen zu sagen, *die* Frauen seien entweder Hausfrauen oder Kurtisanen. Aus welchen Motiven heraus wurde in der Mitte des 19. Jahrhunderts eine derartige Alternative als die beiden Seinsweisen von Weiblichkeit behauptet?

»L'Amour pour principe, et l'Ordre pour base, et le Progrès pour but«, dieses Leitmotiv, von Comte seinem zwischen 1851-1854 erschienen Hauptwerk »Système de Politique Positive ou Traîté de Sociologie« vorangestellt, deutet in die eingeschlagene Richtung. Liebe, Ordnung, Fortschritt, in der Verknüpfung zwischen diesen dreien wurzelt der bürgerliche Mythos der Hausfrau und Kurtisane. Roland Barthes, der sich den Mythos in der bürgerlichen Gesellschaft zum Thema gemacht hat, nennt als dessen eigentliches Prinzip: er verwandelt Geschichte in Natur und, er zielt darauf ab, als ein System von Fakten aufgenommen zu werden, während er doch nur ein System von Werten darstellt. (Barthes 1986[8] S. 113) In diesem Sinne wurde der Mythos der Hausfrau und der Kurtisane einer der »Mythen des Alltags« und einer von sehr weitreichender Bedeutung.

Vier Jahre nach der Publikation des vierten Bandes von Comtes »Système de Politique ...« erschienen 1858 »L'Amour« von Jules Michelet mit der Fortsetzung »La Femme« (1860) und Proudhons »De la Justice dans la Révolution et dans l'Eglise«, dessen zehnte und elfte Studie dem Thema: Amour et Mariage gilt. In diesen Texten formulierten die drei Autoren als Gesellschaftstheoretiker ihre Theoreme über »die Frau«, die Ehe und die Liebe. Sie waren in ihrer Zeit bekannt, sie hatten »das Privileg, von einem zahlreichen Publikum gehört zu werden« und dies Privileg macht, so urteilte Jenny d'Héricourt, diese Theorien so gefährlich (d'Héricourt 1860, II, S. 280). Michelet, der zu den renommiertesten Historikern der Julimonarchie gehört hatte und dessen Ansehen durch seine demokratische Haltung, die er kämpferisch gegen Napoleon III. vertrat, noch gestiegen war, hatte einen großen Einfluß in der intellektuellen Diskussion. (vgl. Kippur 1981, S. 193; Moreau 1982, S. 29ff.)

Auf Proudhons Ausführungen beriefen sich Teile der französischen Arbeiterbewegung und begründeten damit ihre der Frauenerwerbstätigkeit feindlichen Positionen. Comte, häufig als Begründer der modernen Soziologie apostrophiert, prägte nicht nur in starkem Maße das Gesellschafts- und Wissenschaftsverständnis seiner Zeit, sondern auch das ihm nachfolgender Soziologengenerationen.

Warum über »Liebe« reden, Liebe als Erziehungsaufgabe

Wo Comte, Michelet und Proudhon »Liebe« zu ihrem Thema machen, gehen sie davon aus, zu einem neuen Verständnis des Begriffs beizutragen. Comte begründet die »Neuheit« des Themas damit, daß die Gesellschaft auf einer neuen Stufe ihrer Entwicklung angekommen sei, die die Philosophie vor die Aufgabe stelle, eine Systematisierung aller menschlichen Gedanken gemäß den Erfordernissen des Fortschritts zu entwickeln. Es geht um eine Erziehungsaufgabe. Ziel ist es, eine »moralische Autorität« zu errichten, die für das öffentliche wie auch für das private Leben feste Prinzipien des Urteils und des Verhaltens entwirft. (Comte 1851, S. 3) Die drei Autoren beziehen ihre Ausführungen auf die Erfordernisse ihrer Zeit. Sie berufen sich nicht auf eine gedankliche Tradition, obwohl dies naheliegend gewesen wäre. Nicht alle Ideen und Bilder zur »Liebe« waren wirklich neu. Viele Züge ihres Liebesbegriffs und des damit verbundenen Frauenbildes ähneln den Qualitäten, die Rousseau den

Frauen fast hundert Jahre zuvor zugeschrieben oder abgesprochen hatte und die auch in Deutschland schon am Ausgang des 18. Jahrhunderts zu verbreiteteten Stereotypen der »imaginierten Weiblichkeit« (Bovenschen 1979) zählten. Soweit diese Bilder die im Binnenraum des Hauses waltende liebende Gattin zeichnen, sind sie Teil der bürgerlichen Gesellschaftsauffassung, deren Wurzeln weit vor der Großen Revolution liegen.

Wenn dennoch Comte, Proudhon und Michelet auf der grundsätzlichen »Neuheit« ihrer Gedanken bestehen, dann mag der Grund in der »Neuheit« der gesellschaftlichen Funktion, die diese Ideen bekamen, zu suchen sein. »Neu« war die Situation der bürgerlichen Klasse, die in der Mitte des Jahrhunderts in die Phase ihrer endgültigen ökonomischen und politischen Konsolidierung eingetreten war. Damit war unwiderruflich der Schritt vollzogen, vor dem Aristoteles in der berühmten Unterscheidung zwischen eigentlicher Haushaltsführung und Gelderwerb im Einführungskapitel seiner »Politik« mehr als zweitausend Jahre zuvor gewarnt hatte: nämlich der Ablösung der Produktion für den Gebrauch durch die unbegrenzte und schrankenlose Produktion zu Gewinnzwecken. (vgl. Polany 1978, S. 86ff.) Aristoteles hatte vorausgesagt, daß mit einem solchen Schritt die Menschen zu gänzlich anderen Verhaltensweisen getrieben werden würden. »Neu» war, daß der Umgang der Menschen miteinander zunehmend weniger durch Brauch, Gesetz, Magie und Religion und zunehmend mehr durch Verhaltensregelungen bestimmt wurde, die verselbständigtes ökonomisches Wachstum zum Ziel hatten, daß letztere »herrschend« wurden. Neu war die Bedeutung des Geldes als »Mittler der gesellschaftlichen Synthesis« (Sohn-Rethel 1972, S. 41) In der Verflechtung mit dieser Umstülpung der Lebensverhältnisse bekommt der Mythos der Hausfrau (und der Kurtisane) in der Mitte des 19. Jahrhunders tatsächlich »neue« Bedeutung. Für ihn gilt ein Gedanke von Lukàcs: »Jede isolierte Einzelkategorie nämlich kann — in dieser Isoliertheit — als in der ganzen gesellschaftlichen Entwicklung immer vorhanden gedacht und behandelt werden. ... Der wirkliche Unterschied der Stufen der gesellschaftlichen Entwicklung äußert sich weit weniger klar und eindeutig in den Veränderungen, denen diese einzelnen isolierten Teilmomente unterworfen sind, als in den Veränderungen, die ihre Funktion in dem Gesamtprozeß der Geschichte, ihre Beziehung auf das Ganze der Gesellschaft erleidet« (Lukàcs 1967, S. 22)

Zwei Aspekte der gesellschaftlichen Entwicklung beschäftigen Comte, Michelet und Proudhon vor allem: das industrielle Wachstum und die Veränderung der zwischenmenschlichen Beziehungen, die damit verbunden war. Michelet und Comte teilen mit den meisten ihrer Zeitgenossen die nahezu uneingeschränkte Bewunderung für den Fortschritt der Industrie und der Naturwissenschaften. Doch habe »der moralische Sinn« abgenommen, »Sittenlosigkeit«

sich breitgemacht und dies in so hohem Maße, daß der Fortschritt sich in sein Gegenteil zu verkehren drohe. Nach Michelets Beurteilung der Lage ist es noch nicht zu spät, »das Wasser ist nur trüb und kann wieder trinkbar gemacht werden« (Michelet o.J., S. 27) Den Problemen zwischen den Menschen, die die neuen Produktions- und Distributionsformen geschaffen haben, soll ein Bollwerk entgegengesetzt werden, »die Festigkeit des häuslichen Herdes« (ebd., S. 302) »Liebe« ist nicht nur »Naturgewalt«, sondern auch »Stoff für den Willen« (ebd., S. 32) und es ist »die Reform der Liebe und der Familie, die den anderen Reformen vorangehen muß und sie überhaupt erst möglich macht« (ebd., S. 25) In dieser Bestimmung erscheint »Liebe« als Korrelativ und Korrektiv zur industriellen Entwicklung, der gesellschaftliche Zweck als Ausgangspunkt und die Neubestimmung von »Liebe« als ein notwendiges Erfordernis des ökonomischen Fortschritts.

»Familie« ist für Michelet, wie auch für Comte und Proudhon, gebildet aus einer Ehepaarbeziehung, die durch Kinder ergänzt sein kann, aber nicht muß. Familie wird gedacht als die kleinste Einheit der Gesellschaft, Gesellschaft als die Summe dieser kleinsten Einheiten. Proudhon kommt zu einer ähnlichen Bestimmung, indem er das Mann-Frau-Paar als »androgyne Dualität« faßt (Proudhon 1935, S. 295).

Die inhaltlichen Begründungen und Bestimmungen von »Liebe« und der »Natur« der Frau

Nachdem die drei Autoren, das Interesse der Gesellschaft an »Liebe« hervorgehoben haben, kehren sie jedoch in der Begründung ein anderes Verhältnis hervor. Nicht auf ein gesellschaftliches Ziel hin und von ihm abgeleitet definieren sie »Liebe«, sondern begründen aus der »weiblichen Natur«, was »Liebe« sein soll. In dieser Umkehrung wird der Frau als Natur zugeschrieben, was zuvor als gesellschaftliches Erfordernis erachtet wurde. (Darin liegt, so Barthes, das Eigentümliche des bürgerlichen Mythos: »Die Sache, die bewirkt, daß die mythische Aussage gemacht wird, ist vollkommen explizit, aber sie gerinnt zugleich zu Natur. Sie wird nicht als Motiv, sondern als Begründung gelesen« (Barthes 1986, S. 113).)

Die natürliche Schwäche der Frauen

In der Bestimmung dieser weiblichen Natur konnten sich Comte, Proudhon und Michelet auf die herrschende medizinische Lehrmeinung stützen. Zu Beginn des Jahrhunderts war aus dem Bestreben, die sozialen Bedingungen des Menschen aus seiner Natur zu begründen, eine Fülle von Untersuchungen erwachsen, die das »menschliche Tier« in seinen Entwicklungsstadien, seine Anatomie und seine Körperfunktionen zum Gegenstand hatten. Zahlreiche Abhandlungen über die anatomische und physiologische Beschaffenheit des weiblichen Körpers und seiner Auswirkungen auf die psychische, moralische und soziale Konstitution der Frau wurden veröffentlicht. Die Empfängnis, für die die Mediziner, wie sie zugeben mußten, keine Theorie hatten, die Schwangerschaft und die Geburt wurden allgemein als Ursache für mindere intellektuelle Fähigkeiten der Frauen und für ihre konstitutive Schwäche angeführt. Die Mutterschaft wurde zum weiblichen Lebenszweck deklariert, auf den Anatomie und Physiologie des weiblichen Körpers finalistisch ausgerichtet seien.

Mediziner, die sich auch als Philosophen und Moralisten verstanden, hatten schon vor Comte, Michelet und Proudhon das Bild einer »nature féminine« entwickelt, in dem die intendierte soziale Rolle in der weiblichen Konstitution und Körperorganisation begründet wurde. So kam Moreau de la Sarthes 1803 zu der Schlußfolgerung:

»Die Frau lebt in dauernden Leidens- und Krankheitskrisen, wodurch sie zur Schwäche und Abhängigkeit bestimmt ist.« (vgl. Knibiehler 1976, S. 832) Virey entwickelte 30 Jahre später mit der Autorität des medizinischen Forschers eine Spermentheorie, die auch von Comte, Michelet und Proudhon aufgenommen wurde. Das männliche Sperma durchdringt, so Virey, den gesamten Organismus der Frau und haucht ihr erst das eigentliche Leben ein. Weil sie selber kein Sperma erzeugt, bleibt die Frau dem Kind ähnlich, die verheiratete Frau ist männlicher als die Jungfrau »und die Dirnen werden mehr oder weniger zu Mannweibern, weil sie so häufig mit Männern zusammen sind« (zit. ebd., S. 833)

Michelet macht die »natürliche Schwäche« der Frau an der Monatsblutung fest und der Mutterschaft, »welche selber eine große Krankheit ist und oft noch größere nach sich zieht« (Michelet o.J., S. 61) Er ist wie viele seiner Zeitgenossen fasziniert von der Menstruation. In seiner Bewertung der weiblichen Regel wird eine bedeutsame Verschiebung sichtbar. Auch in den traditionalen Gesellschaften war das Blut der Frau etwas, das mit besonderer Beachtung umgeben wurde, und das einen zumeist rituell gebannten Schrecken einflößte. Ihm wurde eine Kraft zugerechnet, die kulturell unterschiedlich wirksam wurde, häufiger Schaden und seltener Nutzen bringen konnte, doch wegen dieser Eigenschaft mit der Vorstellung rätselhafter Macht der Frauen verbunden war (vgl. Verdier 1982). Für das aufgeklärte Denken der Gelehrten des 19. Jahrhunderts gehörten derartige Vorstellungen in den Bereich mittelalterlichen Aberglaubens. Stattdessen analysierten, maßen und wogen sie das Monatsblut, um ihm sein Geheimnis zu entreißen und um zu beweisen, daß der Wein nicht schlecht, die Seidenwürmer nicht krank und die Milch nicht sauer davon würden. Doch wurde bei diesen Forschungen nicht wirklich die magische Macht gebrochen, sie wurde umgedeutet. Auch Michelet schreibt der Monatsblutung eine geheimnisvolle Kraft zu, doch ist dies nicht mehr eine Kraft *der* Frau, sondern eine *gegen* die Frau. Diese Kraft »ist stärker als sie (die Frau, D.M.) selbst, gleichsam eine schreckliche Gottheit, (...) die sie in vier Wochen gewöhnlich eine Woche krank macht« (Michelet o.J., S. 59ff.). Doch bleibt es, so Michelet, nicht bei einer Woche. Die Woche, die der kritischen Woche vorausgeht, ist die Frau schon voller Aufregung und in den acht oder zehn Tagen, die ihr folgen, bleibt eine Mattigkeit und Schwäche, die man sich nicht zu erklären wußte. Streng genommen ist die Frau von 28 Tagen während 15-20 Tagen nicht nur eine Kranke, sondern eine Verwundete. Comte greift ein anderes »wissenschaftliches« Urteil und verbreitetes Stereotyp seiner Zeit auf und begründet die »schwächere Natur der Frau« mit angeborenen schwächeren Strukturen der Nerven und des Gehirns. Diese Position wird auch im Grand Dictionnaire Universel (Larousse 1865-1876, art. Femme) vertreten.

Die verworrenste und zugleich aufschlußreichste Begründung für die »physische, geistige und moralische Unterlegenheit der Frau« gegenüber dem Mann gibt Proudhon. Zwar geht auch seine Argumentation von der sozialen Interpretation »biologischer Beobachtungen« aus, doch kommen die gesellschaftlichen (ökonomischen) Implikationen darin deutlicher zum Ausdruck als bei Michelet und Comte. »Die physische Minderwertigkeit« der Frau erklärt Proudhon mit der unterschiedlichen Entwicklung des männlichen und weiblichen Körpers bei der Ausbildung der Geschlechtsreife. Wenn nach der Pubertät »die erzeugende Kraft des männlichen Spermas« wirksam wird, entwickelt der Mann seine ganze Kraft, während die Frau kaum über das Stadium hinausgelangt, das sie bis dahin erreicht hat. (Proudhon 1935, S. 182) Im folgenden greift Proudhon das alte Bild: »die Frau ist ein verkleinerter Mann« auf. Dabei kann er — und damit unterscheidet er sich deutlich von seinen Vorgängern, die sich dieses Bildes bedient haben — das Maß, in dem *die* Frau eine Verkleinerung *des* Mannes ist, genau angeben. Der körperliche Wert der Geschlechter zueinander verhält sich wie 3 : 2. Diese Relation bezeichnet zugleich, so Proudhon, das Produktivitätsverhältnis, »wenn jeder nach seinem Kräftevermögen arbeitet.«

Die intellektuelle Unterlegenheit der Frau begründet er wie viele seiner Zeitgenossen mit der geringeren Hirnmasse der Frau. Doch nicht allein diese physiologische Anlage beweist seiner Ansicht nach die mindere Intelligenz, jene ist zugleich auch eine »logische« Konsequenz der geringeren Körperkraft. Auch in bezug auf die Intelligenz argumentiert Proudhon mit der »Produktion«: So wie die Seele nicht unabhängig vom Körper ist, ist die Intelligenz nicht unabhängig von den Produkten, die sie produziert, zu bemessen. Die Qualität der Produkte, die Frauen herstellen, ist geringer, die Zeit, die sie dazu benötigen, ausgedehnter, womit bewiesen ist, daß die Frauen weniger intelligent sind. (ebd., S. 192). Für die Kräfte des Geistes unterstellt Proudhon das gleiche Verhältnis wie bei den Körperkräften: Der geistige Wert der Frau zu dem des Mannes verhält sich wiederum wie 2 zu 3. Da im politischen, ökonomischen und sozialen Leben die Kräfte des Körpers und des Geistes sich multiplizieren, ist der Wert des Mannes 3 mal 3 und der der Frau 2 mal 2, also insgesamt wie 9 zu 4.

Anders als die meisten seiner Zeitgenossen behauptet Proudhon zudem die moralische Unterlegenheit der Frau. Ihr Gewissen ist debil und das, was sie für gut oder schlecht hält, ist etwas anderes als das, was der Mann darunter versteht. Ihr mangelnder Sinn für Gerechtigkeit läßt sie die Gleichstellung der Frauen fordern (ebd., S. 206).

Das moralische Verhältnis zwischen Mann und Frau bestimmt Proudhon in der gleichen Relation wie die vorangegangenen. Aus der Multiplikation aller Faktoren folgt: das Verhältnis zwischen Mann und Frau in bezug auf die physischen, intellektuellen und moralischen Kräfte ist wie 27 : 8.

Proudhons Argumentation ist nicht deswegen so aufschlußreich, weil sie so offensichtlich misogyn ist und leicht zu widerlegen — auch mit dem Wissen der damaligen Zeit (s.u., S. 78 ff.) —, sondern weil in ihr am deutlichsten zum Ausdruck kommt, nach welchem Maßstab und zu welchem Zweck männliche Ideologie eine »nature féminine« definiert. Es geht darum, die entscheidende Voraussetzung für alle weiteren Zurichtungen und Normierungen zu schaffen: die Diskriminierung der Produktionsarbeit der Frau.

Die Geringschätzung der Arbeit von Frauen, zu deren Rechtfertigung eine »nature féminine« ersonnen wurde, war erst möglich und nötig, als Arbeit von Männern und Frauen miteinander vergleichbar geworden war. Erst aufgrund der realen Erfahrung der Konkurrenz zwischen Männern und Frauen bestand die Notwendigkeit, Frauenarbeit zu diskriminieren. Während die Bourgeois die geringere Bewertung der weiblichen Lohnarbeit dazu nutzten, die Löhne gering zu halten, versuchten Teile der Arbeiterbewegung mit demselben Argument die Frauen als Konkurrenz in der Erwerbstätigkeit auszuschalten (vgl. Grubitzsch/Lagpacan 1980, S. 245).

Proudhon betont, daß die Frauen weniger produzieren, daß sie ein verkleinerter Mann seien etc. Das Weniger, das Kleiner setzt einen gemeinsamen Maßstab voraus, dem Männer und Frauen zugleich unterworfen sind, die Diskriminierung setzt einen geschlechtsneutralen Begriff von Arbeit voraus (vgl. Illich 1982, 1983). Eine derartige Auffassung von Arbeit entstand erst mit der industriellen Gesellschaft. Es ist dies ein fundamental anderer Begriff von

Arbeit, als er in traditionalen Gesellschaften bestand. Solange die Arbeit von Männern als eine grundsätzlich andere Arbeit als die von Frauen angesehen wurde, war das Urteil »weniger wert« oder »zwei Drittel wert« wie bei Proudhon, welches Diskriminierung ausmacht, nicht zu fällen. Proudhon reflektiert die Situation, wo einerseits Lohnarbeit als eine geschlechtsneutrale Arbeit entstanden war, Männer mit Frauen darum in Konkurrenz standen und andererseits durch die Lohnarbeit noch eine andere Form von Arbeit, nämlich die, den Lohn in Waren umzusetzen, die Konsumtionsarbeit, nötig geworden war. Konsumtionsarbeit wurde den Frauen aufgebürdet.

Die »Natur« bestimmt die Frau dazu, »nicht zu arbeiten«. Sie bestimmt sie zur Hausarbeit.

Die kränkliche und oft verhinderte Frau ist, so Michelet, ein schlechter Arbeiter. Sie eignet sich auch dann nicht zur Arbeit, wenn sie völlig gesund ist. Michelet meint nicht wirklich, daß die Frauen nicht arbeiten sollten, im Gegenteil. Nur, sie sollen nicht außerhalb des Hauses und für Lohn arbeiten. Sie sollen die Hausarbeit machen und diese Arbeit soll nicht als Arbeit empfunden werden. Als Beispiel dafür, wie dies zu tun ist, führt er Frauen an, »die täglich zwölf Stunden arbeiten und nichts zu tun glauben« (Michelet o.J., S. 64)

Die Hausarbeit, die Michelet vor Augen hat, umfaßt alle Arbeiten im Haus und im Garten sowie die Pflege und Aufzucht der Kinder. Wo Hausarbeit keine Arbeit ist, geschieht das Wunder, das aus nichts viel wird:

> »Und indem die Frau wenig oder nichts tut, schafft sie die beiden Kostbarkeiten dieser Welt. Welche? Das Kind, den Menschen, die Schönheit, die Blüte der Kunst, Milde und Humanität, die man Zivilisation nennt« (ebd., S. 64).

Zur Hausarbeit gehört auch die Kunst einer sparsamen Wirtschaftsführung.

> »Wenn die Frau keine Freundinnen hat, deren Rivalität sie verwirrt und sie zur Putzsucht verleitet, gibt sie gar nichts aus. Im Gegenteil, sie verringert die Ausgaben so, daß nicht zwei, sondern vier Personen mit demselben Geld auskommen, denn sie ernährt überdies noch die Kinder« (ebd., S. 54).

Ihre Sparsamkeit und Bescheidenheit ermöglichen es, daß sogar noch etwas für den Mann übrigbleibt.

Das »natürliche Gesetz«, das die Frauen zur Arbeit im Haus bestimmt, bestimmt den Mann zur Lohnarbeit. Der Mann hat die Pflicht, die Frau »zu ernähren«, die er zur Ehe gewählt hat. Besser als alle subversiven Träume, erklärt Comte, garantiert ein »natürliches Prinzip« voll die weibliche Existenz:

»Der Mann muß die Frau ernähren! So lautet im Einklang mit dem wesentlich häuslichen Charakter des weiblichen Daseins das Naturgesetz unserer Gattung« (Comte 1894, S. 236f.)[2]

Das Prinzip, daß der Mann die Frau »ernährt«, hat Konsequenzen für die gesamte gesellschaftliche Organisation und vor allem für die Löhne der Männer.

»Alle Vervollkommnungen, welche die jetzige Lage der Frauen erheischt, sind nichts als eine bessere Anwendung dieses Grundprinzips, dessen Folgerungen auf sämtliche sozialen Verhältnisse und namentlich auf die Arbeitslöhne einwirken müssen« (ebd.)[3]

Über Geld sollen nur die Männer verfügen, damit die Frauen ganz und gar die Reinheit ihrer Gefühle bewahren können. Comte plädiert aus diesem Grunde dafür, die Frauen von der Erbschaft auszuschließen. (ebd., S. 238)

Aus »Liebe« — nicht für Geld

Das Motiv für die Arbeit der Frau ist, so Michelet, nicht das Geld, der Lohn, sondern die Liebe zu ihrem Gatten und ihren Kindern. Arbeit aus »Liebe« hat einen anderen Charakter als Arbeit gegen Geld. Sie ist nicht gleichgültig ihrem Gegenstand gegenüber und nicht gleichgültig gegenüber der Person, für die diese Arbeit gemacht wird. Im allgemeinen, so führt Michelet aus, wird den Männern die Nahrung durch »unsere Dienstboten, unsere Feinde« bereitet. Die Köchin kümmert sich nicht darum, ob die Nahrung ungesund und aufregend ist oder ob sie schwer im Magen liegt. Die Gattin aber wird sich nicht ohne weiteres auf die einfältige, gleichgültige Köchin verlassen, die dem Magen des Mannes schwerverdauliche oder kraftlose Nahrungsstoffe zumutet.

»In allen Liebeswerken ist sie wohl erfahren. Sie weiß sehr gut, wieviel Nahrungsstoff die Speisen enthalten, weiß, welche schnell, welche langsam wirken. ... So sehr läßt sich die Gattin dies alles angelegen sein, daß sie oft mehr seinem Essen zusieht, als selber ißt« (Michelet o.J., S. 263).

Dabei ist die Frau sich selbst gegenüber schonungslos. Sie weiß, daß der Arbeiter, »der Produzent«, in einem Jahrhundert, das zunehmend mehr Geist und Kraft bei der Arbeit verlangt, »in der Natur den Ersatz dafür suchen muß. Und daß sie die Natur selber ist, das heißt die Wiedererstattung, der Trost, das Glück, die Lust« (ebd., S. 152).

Michelet und Proudhon führen beide aus, worin der Unterschied zwischen Arbeit »aus Liebe« und Arbeit »gegen Geld« besteht. So wie nicht der Inhalt der Arbeit die Köchin von der Gattin unterscheidet, sondern die ökonomische

Form der Arbeit, gilt auch die Umkehrung. Arbeit »aus Liebe« kann nur von der Gattin geleistet werden. Ehefrau und Dienstbotin haben nichts gemein. Selbst wenn ein Mann mit einer Frau im Konkubinat lebt und Kinder mit ihr hat und sie ihm den Haushalt führt, reicht dies nicht aus, diese Frau in den Rang einer Ehefrau zu erheben, denn:

> »All dies kann mit Geld entgolten werden, wohingegen die Stunden der Ehefrau weder in Waren noch in Scheinen veranschlagt werden können« (Proudhon 1935, S. 276)[4]

Der Lohn, den der Mann nach Hause bringt und mit dem die Frau die Lebensmittel kauft, verwandelt sich durch ein Lächeln von ihr in eine »récompense idéale« (ebd., S. 278). Geld darf nicht nur in der Ehebeziehung keine Rolle spielen, es wird darüber hinaus dadurch, daß der Mann es der Frau gibt, zu »nicht Geld«, nämlich zu »Liebe«.

Es handelt sich keineswegs um eine andere Tätigkeit, die Gattin und Köchin verrichten, sondern um die Art und Weise, in der sie diese ausführen. »Aus Liebe« meint Arbeit, die keinen Tauschwert erhält, die darum nicht gleichgültig ist gegenüber der konkreten Form der Verausgabung und ihrem Konsumenten. In solche Arbeit geht nicht nur die abstrakte Arbeitskraft ein, sondern die ganze Person. Dort herrscht nicht die Rationalität der Tauschgesetze, sondern die Negation derselben. »Aus Liebe« hat gerade die Qualitäten, die »für Geld« entgegengesetzt sind. In dieser Entgegensetzung werden die anderen Qualitäten belanglos gegenüber der einen: »für Geld« oder »aus Liebe«. Das macht die Unterscheidung zwischen der Dienstbotin und der Ehefrau aus.

In dieser Dichotomie wird das Geld zum Maßstab und »Liebe« als seine Negation bestimmt. Wo Geld ist, kann Liebe nicht sein und umgekehrt. Als Negation bleibt Liebe dem Maßstab »Geld« verhaftet. Das bürgerliche Weltbild reduziert menschliches Leben und die darin entwickelten Verhaltensmöglichkeiten in letzter Konsequenz auf diesen Maßstab. In der Weise ist in ihm das Geld, der Tauschwert, das abstrakteste und allgemeinste Prinzip.

Die Abgeschlossenheit des Hauses, der Binnenraum

Das Ideal vom Leben zu zweit bedarf der Abgeschiedenheit. Es läßt sich am besten in einem Haus verwirklichen, das dem Paar »Abstand vom großen Haufen, von jeder unreinen Berührung bringt« (Michelet o.J., S. 88). Dem Mann obliegt es,

> »diesen allerliebsten, behaglichen Käfig zurechtzumachen, um sein Vögelchen zu locken, den Wunsch in ihm zu erwecken, als seine Gefangene zu leben, um endlich seine Königin zu sein« (ebd., S. 93).

Nicht nur aus den sozialen Beziehungen dörflicher Gemeinschaften und vom nachbarschaftlichen Kontakt in den Städten soll die Frau ferngehalten werden, sie soll auch die alten Bindungen zu ihrer Mutter, zur Familie und zu ihrem Kindermädchen aufgeben, damit diese nicht Stellung gegen den Mann beziehen. Michelet fürchtet den Einfluß der Mütter, die ihre Töchter in der Gedankenwelt des Mittelalters großziehen. Auch im Kontakt mit einem Priester und zur Kirche wittert Michelet Gefahr. Die Beichte soll in der Ehe stattfinden, nicht einem Fremden gegenüber, der der Frau möglicherweise Ideen in den Kopf setzt, die denen des Mannes zuwiderlaufen. Die Frau soll in ihrem Mann »Vaterland, Priester und Mutter, die Garantie des dreifachen Priestertums« finden (ebd., S. 98).

In der Abgeschlossenheit »des eigenen Nestchens« bereitet die Frau dem Mann die Idylle, die der Wirklichkeit des Erwerbslebens entgegengesetzt ist. Hier, mit der Frau als Mittelpunkt, sollen alle Gesetze des kapitalistisch organisierten Arbeitsprozesses nicht nur außer Kraft gesetzt sein, sie sollen aufgehoben werden. Mit dem Eintritt in das Heim verwandelt sich der Konkurrenzkampf, dem der Mann beim Erwerb ausgesetzt ist, in einen Traum. Die Arbeit verliert ihre abstrakte, unpersönliche Qualität, die entfremdete Arbeit wird zur Arbeit »für sie«, denn:

> »Das ist das Paradies der Ehe, daß der Mann für die Frau arbeitet, daß er das Nötige allein herbeischafft, daß er das Glück hat, für sie sich abzumühen, für sie dulden zu können, daß er ihr die Mühe der Arbeit abnimmt und die Kränkungen erspart. Zerschlagen kommt er des Abends nach Hause. Die Arbeit, die plumpen Dinge und die böswilligen Menschen haben ihn angegriffen. Er hat gelitten, er hat an seiner Kraft eingebüßt, er ist nicht der Mann, der heute über die Schwelle ging. Aber er findet in seinem Haus eine Welt voller Güte, eine so himmlische Ruhe, daß er fast an der Wirklichkeit aller der Bitternisse zweifelt, die er den Tag erduldet hat: 'Nein, das alles, war nicht wirklich, war nur ein Traum. Die Wahrheit bist du!« (ebd., S. 66)

Die Liebe adelt (diszipliniert) den Mann

Die Aufgabe, Priester und Arzt der Frau zu sein, fordert den Mann immer von neuem auf, sich dieser Ämter würdig zu erweisen. Sie gibt ihm zugleich die Kraft dazu. Dem jungen Mann reicht, so meint Michelet, der Gedanke an die auf ihn zukommende Verpflichtung, um ihn »von Torheiten« abzuhalten. Als ein wunderbarer Spiegel, der den, der hineinschaut, stärker und schöner macht, gewinnt die Frau bei Proudhon Bedeutung.

> »Je mehr ich liebe um so mehr fürchte ich, zu mißfallen, folglich werde ich gerecht sein. ... es bedarf der LIEBE. Hier gewinnt die Frau, deren Schicksal uns vorhin so kompromittiert erschien, die Oberhand; wie Maria, die Neue Eva, gelangt sie von der schmerzhaften Rolle in die ruhmreiche Rolle, allein

durch ihre Anwesenheit schafft sie Freiheit und Gerechtigkeit« (Proudhon 1935, S. 265)[5]

Die Frau ist nicht nur in ihrer Schönheit Spiegel des Mannes, sie ist es auch in ihrer Unterhaltung. Sie macht, vorausgesetzt sie strebt nicht nach Pedanterie, so viele »niedliche Worte«, die den Mann anregen. Auch Michelet und Comte wissen die Inspirationskraft der »reizenden Elektrizität« zu schätzen, »die von ihr ausströmt, wenn sie vorbeigeht und ihr Gewand euch leicht streift« (Michelet o.J., S. 116).
Beide heben jedoch auch eine andere Qualität, die sie weiblichem Denken zuschreiben, hervor. Die Frau kann nicht abstrahieren, keine Gedankenketten aufbauen.

> »Die Kraft des Mannes besteht im Abstrahieren, im Teilen; aber die Kraft der Frau ist gerade, daß sie nicht abstrahieren kann, daß sie jede Sache, jede Idee ungeteilt und lebendig in sich trägt und sie nur dadurch eben desto lebendiger und fruchtbarer macht. ... Euer Gehirn, die Rüstkammer der feinsten Stahlklingen, hat Messer, um alles zu teilen. Anatomie, Krieg, Kritik, das ist der Kopf des Mannes. Aber die Frau ist anders organisiert« (ebd., S. 141).

Der Mann erschafft die Frau — Träume männlicher Potenz

Die zentrale Voraussetzung für das Gelingen solcher Zweisamkeit ist die, daß der Mann die Frau erschafft. Gleichsam wie ein Sakrament hat jeder Mann von der Natur die Verpflichtung und die Fähigkeit zu diesem Schöpferakt erhalten. Der Eintritt in die Ehe wird für die Frau eine Art Wiedergeburt und der Mann ihr Schöpfer.

> »Wir sind Arbeiter, Schöpfer und Baumeister, die wahren Söhne des Prometheus. Wir wollen nicht eine fertige Pandora, sondern eine, die wir selber machen« (Michelet o.J., S. 79).

Proudhon erklärt die Stärke mancher Frauen dadurch, daß diese von Männern ihrer Familie (symbolisch) »besamt« wurden.

> »Die Frau ist durch Rezeptivität bestimmt. So wie sie vom Mann den Embryo empfängt, empfängt sie von ihm den Geist und das Pflichtgefühl« (Proudhon 1935, S. 211).[6]

Und sie ist

> »... das personifizierte Gewissen des Mannes. Sie ist die Verkörperung seiner Jugend, seiner Klugheit und seines Gerechtigkeitsempfindens, die Inkarnation seiner reinsten, intimsten und sublimsten Bereiche, deren lebendiges, sprechendes und agierendes Bild ihm geboten wird, um ihn grenzenlos zu stärken, zu beraten und zu lieben. Sie ist aus dem dreifachen Strahl der von dem Antlitz, dem Hirn und dem Herzen des Mannes ausgeht und der, Körper, Geist und Bewußtsein werdend als Ideal der Menschheit das Vollkommenste aller Geschöpfe schuf, geboren« (ebd., S. 272)[7]

Comte träumt ähnliche Träume männlicher Potenz.

Das Ideal und die Wirklichkeit der Erwerbswelt

Die Frau, als Ideal, hat eine unmittelbare ökonomische Bedeutung. Sie wird zur »excitation puissante«, ohne die der Mann weder arbeitsam wäre noch klug noch würdig; stattdessen würde er im Nichtstun verharren. Die Frau, dieses »wirklich und lebendig gewordene Ideal« wird zur

> »Nahrung, aus der der Mut des Mannes sich speist, die seine Genialität entwickelt und sein Bewußtsein stärkt. Durch diese göttliche Gnade lernt er die Scham und die Reue kennen; er wird arbeitsam, zum Philosophen, zum Dichter; er wird ein Held und ein gerechter Richter, er überwindet seine Animalität und gelangt zum Sublimen. Dies ist die Gedankenkette, die die Erschaffung der Frau bestimmt und ihre Rolle festgelegt hat« (Proudhon 1935, S. 276).[8]

Warum wird ein solches Ideal so vehement aufgebaut, verteidigt und in den Binnenraum eines Hauses gebannt, in eine Ehebeziehung, die hermetisch abgesperrt wird von der übrigen Welt? Man kann vermuten, daß das Ideal — die Frau — in das häusliche Leben eingeschlossen wird, weil es aus dem politischen und ökonomischen Leben ausgeschlossen wird. Die Frau als Ideal verdient immer die zärtlichste Anbetung, doch, und hierin besteht Einigkeit bei den drei Autoren:

> »... ein solch natürlicher Vorgang kann den Frauen nicht den sozialen Einfluß verschaffen, der manchmal, wenn auch ohne ihre Einwilligung, für sie erträumt wurde. ... In allen Angelegenheiten, die Kraft erfordern — nicht nur die des Körpers sondern auch die der Klugheit und des Charakters — übertrifft der Mann die Frau offensichtlich, dem allgemeinen Gesetz tierischen Lebens zufolge. Das praktische Leben aber wird notwendig von der Kraft und nicht vom Gefühl beherrscht ...« (Comte 1851, S. 210)[9]

Das Ideal hat keinen Platz in der harten Arbeitswelt, dort sind Stärke, Konkurrenzgeist und auch ein gehöriges Maß an »Unmoral« vonnöten. In einer Welt, »in der die Güter knapp sind und schwer zu bekommen« (ebd. S. 211), gehört die Herrschaft nicht denen, die am meisten lieben, sondern denen, die am mächtigsten sind. In der Ökonomie muß mit Energie gehandelt werden. In der Welt der männlichen Arbeit herrschen »Gegnerschaft, Spekulation, Streit, Krieg, wenig Respekt, wenig Zärtlichkeit, wenig Ergebenheit. Freundschaft dort ist selten und wenig sicher: der Fortschritt hängt von anderen Dingen ab« (Proudhon 1935, S. 263).[10]

Darum, so folgert Comte, kann keine Freundschaft wirklich vollständig sein, außer der zwischen den Geschlechtern (Comte 1851, S. 235). Nur sie ist außerhalb aller aktuellen und zukünftigen Konkurrenz. Das »soziale Gefühl«, die Affektivität soll gegenüber der idealisierten Frau entwickelt werden, an einem Ort, der getrennt bleibt von der politischen und ökonomischen Welt.

Der Mann kann und soll diese Affektivität nicht zu anderen entwickeln, er muß sich im Gegenteil dagegen wappnen, um seine Aufgabe erfüllen zu können. Denn darin ist ja gerade der Ausschluß der weiblichen Macht aus allen ökonomischen, politischen und sozialen Entscheidungsbefugnissen begründet, daß die besänftigende Macht in diesem Bereich keinen Einfluß auf die bestimmende Macht haben darf.

Wird die Ordnung der kapitalistischen Rationalität auf der Seite der Herrschenden dadurch garantiert, daß die erforderliche Härte nicht durch menschliches Mitgefühl behindert wird, so gilt dies doch nicht für die Arbeiter. Hier ist der Einfluß der Frauen von Nutzen.

> »Bei den Proletariern soll diese weibliche Einwirkung daher vor allem ihrem naturwüchsigen Streben entgegenwirken, die ihnen eigentümliche Tatkraft zu mißbrauchen, um durch Gewalt zu erreichen, was sie von freier Übereinkunft erwarten sollten. ... Der weibliche Einfluß, dem sich der Instinkt der Proletarier gehörig unterwirft, ist tatsächlich unser Hauptschutzmittel gegen die gewaltigen sozialen Störungen, welche die jetzige Anarchie der Geister augenscheinlich herbeiführen muß. Vermag der Verstand auch umstürzlerische Sophismen nicht richtigzustellen, so weiß uns das Herz doch vor den Unruhen zu schützen, die sie hervorrufen« (Comte 1894, S. 217f.).[11]

Der wesentlichste Grund jedoch, warum »das Ideal« aus dem Bereich der Produktion ausgeklammert werden muß, liegt noch tiefer. Es geht Comte um Herrschaftssicherung. Die »Gesetze« der Gesellschaft zu kennen, bedeutet, diese zielgerichtet anwenden zu können. Comte bindet »Fortschritt« an die Existenz und Stärkung einer besitzenden Klasse. Diese sollte, zum Wohle aller, ihren Besitz vermehren und dadurch Wissenschaften, Technik und Industrie vorantreiben. Unabdingbare Voraussetzungen dafür sind ihm »Ordnung«, »Autorität«, die »Systematisierung« (d.h. Berechenbarkeit, D.M.) der menschlichen Eigenschaften. Die Häufigkeit, mit der Comte die drohende Anarchie beschwört, die hinter allem lauert, was sich in der gesellschaftlich-ökonomischen Sphäre als nicht kalkulierbar erweisen könnte, zeigt, wie sehr er diese fürchtete. »Anarchie« drohte von den Proletariern, von den Frauen, und vielleicht am allermeisten von den männlichen Subjekten, die doch die Ordnung verwirklichen sollten, selber.

Die Sexualität in der Ehebeziehung

Auch wenn, wie Comte anführt, die eheliche Zuneigung von seiten der Männer oft einem »ganz egoistischen sexuellen Trieb« (Comte 1851, S. 235) entspringt, ist doch in der hehren Funktion, die er der ehelichen Beziehung als Tempel des

Kultes der Frau zuschreibt, ein solcher Trieb störend. Die vollkommenste Vereinigung sei die absolut keusche Beziehung, aus der die Sinneslust ausgeklammert bleibe. In einer solchen Beziehung könnte das Problem des Nachwuchses »vernünftig« gelöst werden. Comte träumt hundert Jahre vor ihrer Realisierung die Gentechnologie. Er entwirft eine »Utopie der jungfräulichen Mutter«, ohne Koitus sollen die Frauen Kinder gebären können. Wie dies zu bewerkstelligen sei, hofft er von der voranschreitenden Wissenschaft zu erfahren. Ein solches System würde es erlauben, die Nachkommenschaft zu kontrollieren und zu systematisieren, nur »die besten der Rasse« würden zur Fortpflanzung zugelassen werden (Comte 1858 Bd. IV, S. 276-281).

Einen anderen Standpunkt in dieser Frage nimmt Michelet ein. In den Bereich der Arbeit zur Stärkung der männlichen Psyche fällt auch die Sexualität. Michelet geht davon aus, daß die Frau zumindest in den ersten Jahren im allgemeinen keine Lust beim sexuellen Akt empfinde. Dennoch übernimmt sie, unabhängig davon, ob sie fruchtbar ist oder nicht, »ihre erste Frauenpflicht, die Pflicht, das Herz des Mannes zu verjüngen« (Michelet, o.J. S. 151). Auch in höherem Alter (mit vierzig) soll sie sein Verlangen nicht lächerlich finden und ihm nur mit kalter Ironie begegnen. Dem Mann genügt dabei nicht die traurige Passivität, die ihn bis ins Herz erkältet. Er bedarf des süßen Trostes, »ein Kuß von euch, ein Wiedererwachen von Zärtlichkeit, Teilnahme an seinem Kummer, mit einem Worte, jene innige Vereinigung, die seine ermüdete Seele erquicken würde, das ist es, dessen er bedurfte« (ebd., S. 264).

Bei der Frage, ob die Untreue des Mannes oder der Frau schwerer wiege, fällt die Antwort klar gegen die Frau aus.

> »Die Lüge einer Gattin kann die Geschichte auf tausend Jahre hinaus verfälschen ... Keine Strafe wäre groß genug, wenn sie wüßte, was sie tut« (ebd., S. 232).

Im allgemeinen, so Michelet, wissen die Frauen nicht, was sie tun.

Landstreicherinnen und Mannweiber

Es gibt Frauen, die den Dienst, den Michelet und Proudhon ihnen erweisen, nicht verstehen, ja ihn sogar bekämpfen. Doch haben diese, so sagen die Männer, keine Gefolgschaft.

> »Die Frauen haben nirgends das Feldgeschrei, das man in ihrem Namen ausgab, angenommen. Überall, wo nicht gefällige Freundinnen ihnen den Krieg predigen, sind sie sanft, friedliebend und wollen nichts als geliebt sein« (ebd., S. 39).

Die Frauen, die selbst Michelet seinem Weiblichkeitsbild nicht mehr zuordnen kann, die Bäuerinnen oder diejenigen, »die durch übermäßige Arbeit gezwungen sind, ihr Geschlecht zu verleugnen, sind Frauen, die sich zu Männern machen« (ebd., S. 61) Wenn jedoch eine Frau geschickt genug ist, sich vom Mann loszureißen, ihn zu verlassen, dann ist sie »eine Landstreicherin« (ebd., S. 51)

In der Wortwahl härter geht Proudhon mit solchen Frauen um, es sind Wesen »hors de nature«, die Mitleid oder Bestrafung fordern (Proudhon 1935, S. 226). Sie gehören nicht mehr der menschlichen Gattung an. Sie sind von einer anderen Natur. »Die Unreine steht außerhalb ihres Geschlechts, außerhalb der Menschheit: das ist ein Weibchen eines Affen, eines Hundes oder eines Schweines, das die Gestalt einer Frau angenommen hat« (ebd., S. 270)[12] Auch bei Comte verfällt eine Frau, die über die idealen Qualitäten, welche doch zuvor als »natürlich« behauptet worden waren, nicht verfügt, dem Verdikt der »Unnatur«. Sie ist eine »soziale Mißbildung«, noch verwerflicher als ein Mann ohne Mut. Auch wenn sie noch so viel Intelligenz oder sogar Energie besäße, würde sie doch nur »Zerstörung« herbeiführen. Sie würde durch ihren Charakter zu einem vergeblichen Aufstand gegen die reale männliche Autorität getrieben und ihr Kopf wäre damit beschäftigt, subversive Sophistereien zu schmieden, »wie sie in dem Anarchismus des gegenwärtigen Zeitalters schon gar zu häufig vertreten werden« (Comte 1851, S. 227).

Hausfrauen und Kurtisanen: Bollwerk gegen die wilde Natur der Frauen

Bei der Betrachtung der Theorien ist es wichtig zu beachten, daß es sich bei dem »Kult der Frau« um Wunschbilder und Phantasien in den Köpfen von Männern handelt, die, obwohl unmittelbar aus den Erfordernissen der gesellschaftlichen Realität hervorgehend und auf diese ausgerichtet, — und somit Teil dieser Realität — die wirklichen Verhältnisse doch keineswegs beschreiben. Die Männer erschaffen die Frauen, das ist ein wesentlicher Teil der Phantasien, es sind Träume männlicher Potenz. Die wirklichen Frauen, die diese Männer in der Alltäglichkeit vor Augen hatten, hatten wenig damit gemein. Tatsächlich waren diese Männer viel häufiger von den von ihnen gefürchteten »Affenweibern«, »Schweinefrauen« und »sozialen Monstern« umgeben, Wesen, die es ganz offensichtlich nicht zu bewundern, sondern zu beherrschen ga't.

Wie dringlich den Männern die Herrschaft über und wie groß ihre Angst vor den Frauen war, kam 1872 anläßlich des Prozesses Du Bourg in vollem Umfang an die Öffentlichkeit. Leroy Du Bourg war angeklagt worden, seine Frau getötet zu haben, nachdem er sie beim Ehebruch ertappt hatte. Er wurde durch einen ganz ungewöhnlichen Spruch zu fünf Jahren Gefängnis verurteilt. In einer wahren Flut von Zeitungsartikeln, Pamphleten und Broschüren wurde die Verurteilung als ungerechtfertig angeprangert. Wortführend in dieser Kampagne war Dumas fils, dessen Streitschrift »L'Homme-Femme« innerhalb von drei Wochen eine Auflage von 50.000 Exemplaren erreichte und 35 Auflagen in sechs Monaten. Dumas fils, der, wie Tony Kellen berichtet, eine derartige Autorität genoß, »daß keine Diskussion und keine Abstimmng über irgendein psychologisches Problem, bei dem etwas Weibliches mit im Spiele ist, stattfindet, ohne daß eine Zeitung ihn um seine Ansicht fragt oder um einen Beitrag bittet, oder daß ein Reporter ihn interviewen geht« (Kellen 1892, S. 12), verdiente mit dieser Schrift in einem Jahr 80.000 Francs an Autorenrechten. Der Erfolg des Pamphlets, das auf 150 Seiten sämtliche misogynen Sterotypen der Zeit, wie sie in den Texten von Comte, Michelet und Proudhon zusammengefaßt sind, resümiert, war zum Teil auch dadurch bedingt, daß Widerspruch dagegen laut wurde. (vgl. Krakovitch 1980, S. 102ff.) Dennoch entsprach der Schluß:

> »Heirate nie eine spöttische Frau. Der Spott ist bei einer Frau das Symptom der Hölle. ...; wenn sie dich betrügt, TÖTE - SIE!« (Großschreibung im Text, D.M., Dumas fils 1972, S. 152)

offensichtlich einem nicht geringen Teil der öffentlichen Meinung. Als in dem Dumas'schen Theaterstück »La femme de Claude« die ehebrecherische Frau auf der Bühne getötet wurde, klatschte das Publikum begeistert Beifall. (Dumas fils, o.J. vol 5)

Die Ideologie kann die Angst nicht offen artikulieren, soll sie doch gerade dazu dienen, die Angst zu bannen. Abseits der großen Theorien hat Proudhon während eines Exils in Brüssel in den »Notes et Pensées« aphorismenhaft Gedanken formuliert, die auf ein ganz anderes Verhältnis zwischen Männern und Frauen verweisen. Die Notizen waren, 1862 verfaßt, als Antwort auf die Kritik, mit der sich Frauen gegen Michelet, Proudhon und Comte zur Wehr gesetzt hatten, konzipiert (s.u., S. 81 ff.). Proudhon hat sie selber nicht veröffentlicht. Der bombastischen theoretischen Einkleidungen entledigt, drücken sie deutlicher aus, worum es Proudhon ging und welches seine Ängste waren.

Proudhon betreibt an dieser Stelle nicht mehr den Aufwand, den wissenschaftlichen Apparat für sich zu bemühen. Er beruft sich auf das Recht seines Vorurteils als Philosoph.

> »Ich, ich muß keine Schädellehre, Anatomie und Physiologie betreiben; zu suchen, welcher Teil des Körpers mit welchem Akt des Gewissens oder des Verstandes zusammenhängt, ist Sache neugieriger Fachwissenschaftler. Zweifellos ist es interessant, durch Untersuchungen des Schädels und der Physiognomie Tatsachen, die der Verstand und das Gewissen erschließen, bestätigt zu finden; der Philosoph geht so nicht vor. Wie das

menschliche Geschlecht schreitet er durch die a priori gegebene Intuition durch den Überfluß des Herzens und die Fülle der Idee voran« (ebd., S. 416)[13]

Proudhon etabliert in dieser Passage als Recht des Philosphen, was er den Frauen bisher als Zeichen ihrer intellektuellen Minderwertigkeit angeheftet hat. (Was aber sollte der Umweg über die abenteuerlichsten Gedankenkonstruktionen, wenn es letztlich die »Fülle des Herzens« und die »Intuition« sind, die die Grundlage seiner Theorien ausmachen?)

Wenn Proudhon sich »die durchschnittlichen« Frauen (das heißt: die lebendigen, wirklichen Frauen) ansieht, kommt er zu dem Schluß, daß er diese nicht mag (ebd., S. 416) War in der Theorie die »Natur« der Frau angeführt als Zeichen ihrer größeren Schwäche und Hilflosigkeit und erschien zuvor die soziale Stellung der Frau als Konsequenz dieser Schwäche der »nature féminine«, so kehrt sich nun ein anderes Verhältnis hervor. Der zivilisatorische Prozeß ist der, der die wilde Natur der Frau, ihre Naturhaftigkeit unter männlicher Kontrolle bringt. Die Dämme müssen stark sein, weil sie dauernd vom Einriß bedroht sind.

> »Das, was ich hier sage, ist Naturgeschichte. Ich beziehe mich auf die Frau in ihrer *Natur* (Sperrdruckung im Text, D.M.), nicht in ihrem vervollkommneten Zustand. Die Erziehung verdeckt die Laster und beruhigt die Furie; das längere Verbleiben im Haus, die Generationsfolge und die Ernährung ändern allmählich dieses wilde Tier. Doch muß man, um sie zu beherrschen, wissen, was sie von Natur her ist«. (ebd., S. 466)

Die Intuition, die Proudhon zu seinen Theorien verleitet hat, sagt ihm, daß der Mann trotz seiner Intelligenz, seines Mutes und seines Willens immer in Gefahr ist, »in den Liebesseen zu ertrinken« (ebd.) Er muß unentwegt auf der Hut sein und seinen Herrschaftsanspruch durchsetzen, wobei er sich keinen Moment der Unachtsamkeit oder mangelnden Selbstdisziplin erlauben darf. Die Frauen lassen mit zunehmendem Alter nicht nach, durch ihre Liebeslust die Männer zu bedrohen. Sie verlieren zwar von einem gewissen Zeitpunkt an die Fähigkeit, Kinder zu gebären, doch nicht ihre sinnliche Begierde (la fureur d'aimer). Sie lechzen nach Küssen, wie die Ziege nach dem Salz.[15]

Es gibt einen entscheidenden Faktor, der die ganze Konstruktion bedroht. Offensichtlich existiert eine dünne Stelle in der Festung der männlichen Stärke gegenüber dem weiblichen Element: die sexuellen Wünsche der Männer und die Potenz der Frauen. In Wirklichkeit sind die Frauen nicht die idealen Wesen, sondern wilde, kaum bezähmbare Tiere. Sie reizen die Sinne und versuchen, die Männer von ihren eigentlichen Aufgaben abzulenken, um dadurch die Herrschaft an sich zu reißen. Wehe den Männern, die da unterliegen. Wenn die

Männer ihre Frauen nicht hinreichend beherrschen, sollen sie zu Kurtisanen gehen. Die Macht der Frauen kann nur dadurch gebrochen werden, daß ihre sinnliche Kraft verachtet und körperliche Liebe mit Geld abgegolten wird. Proudhon formuliert dies so:

> »Junger Mann, wenn du das Bedürfnis verspürst, zu heiraten, wisse zuerst, daß die wichtigste Bedingung für einen Mann ist, seine Frau zu beherrschen und Meister zu werden. Wenn dein Blick auf eine Frau gefallen ist und du alles wohl überlegt hast und du dich in der Summe deiner Fähigkeiten nicht doppelt so stark fühlst wie sie, heirate nicht. Wenn sie wohlhabend ist und du es nicht bist, mußt du viermal so stark sein wie sie. Wenn sie ein Schöngeist ist, eine Frau mit Talent etc., mußt du siebenmal so stark sein wie sie, andernfalls keine Heirat. Ein Mann hat keine Würde und er findet keine Ruhe, wenn er sich kritisiert fühlt und wenn ihm widersprochen wird, die Gefahr der Hahnreischaft droht, und das ist die allergrößte Schande und das schlimmste Elend. Lieber zu den Kurtisanen gehen als in eine schlechte Ehe. Man muß so oft wie möglich Recht behalten. Und weil es schwierig ist, sich niemals zu täuschen, dulde keine Ermahnungen ohne Widerspruch. Wenn deine Frau offenen Widerstand leistet, muß sie um jeden Preis niedergeworfen werden (Proudhon 1939, S. 467).[16]

Eine Lektüre Michelets, die seine Begründungen stärker in den Vordergrund rückt, entdeckt dort eine ähnliche Angst in unmittelbarer Nachbarschaft mit dem Ideal. Moreau hat aus dieser Warte die Texte Michelets als »Bericht eines Geschlechterkampfes« (Moreau 1982, S. 151) gelesen. Wie immer die Michelet'sche Frau dem Mann begegnen mag, sinnlich und fordernd oder spöttisch und abweisend oder auch nur gleichgültig, hat sie Macht über sein sexuelles Begehren. Alle männliche Anstrengung muß darauf ausgerichtet sein, den Zusammenbruch zu vermeiden. Moreau deutet diese Angst psychoanalytisch als Kastrationsangst, die mit einer tiefen, aus einer ödipalen Konfliktsituation herrührenden Angst vor der Sexualität verbunden sei. Ich meinerseits mag solche Kategorien nicht zur Erklärung heranziehen, weil darin allzu leicht der gesellschaftlich-rationale, ökonomische Kern dieser Ideologien, Verhaltensweisen und Ängste übersehen wird.

Es ging in der bürgerlichen Gesellschaft nicht darum, »die Sexualität« (der Männer) zu unterdrücken. Die Beschäftigung mit Sexualität auf der Ebene der Diskurse, der Mystifikationen und Beschwörungen hat mit der Durchsetzung kapitalistischer Verhältnisse nicht ab-, sondern zugenommen. Seit dem 18. Jahrhundert wurden vielfältige Gedankengänge, Forschungs- und Überwachungsstrategien entwickelt, die zu einer permanenten Achtsamkeit und Kontrolle gegenüber den Äußerungen sexueller Wünsche führten und diese zum

Objekt unablässiger Beobachtung machten. (vgl. Foucault 1976) Doch nicht nur in der von Foucault offengelegten indirekten Form wurde unaufhörlich Sexualität modelliert, sondern auch in sehr direkter Weise durch die Plakatierung der Kurtisane.

Sexualität bekam als Ausgleich für die zunehmende Vereinzelung und den wachsenden Mangel an anderen Formen menschlicher Nähe immer größere Bedeutung. Der Verlust an konkreten und sinnlichen Bezügen der Menschen untereinander, zur Natur und zu den produzierten Gegenständen, ließ Sexualität zu einer Art Kompensationsmöglichkeit werden. Bei der Abnahme selbstverständlicher emotionaler und körperlicher Kontakte war sie eine der wenigen Möglichkeiten, individuell Wärme und Sinnlichkeit zu verspüren. (vgl. Grubitzsch 1982)

Es ging eher darum, die Sexualität (der Männer) zu kanalisieren, ihr eine Form zu geben, die dem industriellen Fortschritt entsprach. Die dafür geeigneteste Form war die der prostitutiven Sexualität. Denn in ihr ist garantiert, daß der Fluß weiblicher Wünsche mit Geld blockiert wird, daß er nicht eigenständig wird, übergreift. Solange die Küsse und Umarmungen der Frau mit Geldscheinen abgegolten werden können, bleiben ihre Forderungen kalkulierbar, als Ausgabe im Rechnungsbuch führbar. Die Autonomie des Geldbesitzers bleibt dabei unangetastet, sie bewährt sich einmal mehr in diesem Akt. Es ist nicht »die Sexualität« (die, herausgelöst aus dem kulturellen Zusammenhang, in dem die Menschen leben, nicht gedacht werden kann), die Angst macht, sondern die Macht eines »weiblichen Elements«, das mit den Mitteln der Rationalität nicht mehr beherrschbar ist. Die Angst vor der sexuellen Potenz der Frau ist, so scheint mir, in erster Linie die Angst, die gesellschaftliche Ökonomie zu gefährden, d.h. die Männer außerstande zu setzen, sich als Personifikationen ökonomischer Kategorien zu verhalten. »Hausfrau und Kurtisane« sind unter den Bedingungen der bürgerlich kapitalistischen Gesellschaft die beiden Lebensmodi von Weiblichkeit, die die Herrschaft des »männlichen Geschlechtscharakters« garantieren.

Der »Kult der Frau« als die andere Seite des Fortschrittskults

Soweit es die von den Autoren für die Veröffentlichung vorgesehenen Theorien betrifft, stimmen Comte, Proudhon und Michelet in den wesentlichen Aussagen überein. Proudhon hat viel von Comte übernommen, doch sind auch Proudhons und Michelets Ausführungen »zwei Formen desselben Gedankens. Der Unterschied besteht darin, daß der eine süß wie Honig, der andere bitter wie Absinth ist« (D'Héricourt 1860, Bd. I, S. 220)[17]. Der Brutalität Comtes und Proudhons ist, so die Frauen, die sich mit ihnen auseinandergesetzt haben, politisch leichter zu begegnen, weil sie die Herzen zur Revolte bringt. Diejenigen, die wie Michelet die Eisen mit schmeichlerischen Worten schmieden, verführen die Frauen dazu, sich einschläfern und in Ketten legen zu lassen.

Der Kreis der Menschen, die im zweiten Kaiserreich von ihrer Lebensweise her eine Grundlage für die Theorien abgeben konnten, war sehr klein. Betrachtet man die Eigentumsverhältnisse, die Zahlen über die weibliche Erwerbstätigkeit und den hohen Anteil an landwirtschaftlicher Produktion, so ergibt sich, daß allenfalls in 15% der Haushalte die materiellen Voraussetzungen dafür gegeben waren, daß die Frauen in der Weise Hausarbeit leisten konnten, wie Michelet, Comte und Proudhon sie propagieren. Als typisch, auch schon in der Zeit, kann diese Form der Arbeitsteilung in den Beamtenhaushalten gelten, die jedoch nur einen sehr geringen Prozentsatz der Bevölkerung ausmachten (s.u., S. 67ff.). Für die überwiegende Mehrzahl der Frauen war die Hausarbeit eine mühsame und anstrengende Beschäftigung, die zusätzlich zu anderen Tätigkeiten verrichtet wurde (s.u., S. 88f.). So ist offensichtlich, daß es sich in den Ausführungen Michelets, Comtes und Proudhons nicht um die Beschreibung verbreiteter realer sozialer Zustände handelt.

Der Ausschnitt der Gesellschaft, den die drei Autoren reflektieren, ist der zahlenmäßig noch verhältnismäßig kleine Bereich in dem komplexen gesellschaftlichen Gefüge, der die Lebensweise und ökonomische Situation der bürgerlichen Klasse umfaßt. Der Blick, aus dem heraus sie »Familie« bestimmen, kennzeichnet eine bürgerliche Sichtweise. Zuvor hatten in den begüterten Kreisen Dienstboten und Verwandte stets mit zur Familie gehört (vgl. Flandrin 1976). In der bürgerlichen Familie hingegen wurden alle vermittelnden Strukturen, die in der alten Familie zwischen der Kernfamilie und dem Staat in der Form von Verwandtschaftsbeziehungen oder Hausgemeinschaften bestanden hatten, eliminiert. Die auf den eigenen Verbrauch ausgerichteten Produktionsweisen, die gegenüber dem Markt weitgehend unabhängig sein konnten, bedurften des Zusammenspiels vieler unterschiedlicher Kräfte und Fähigkeiten. Die wirtschaftliche Absonderung einzelner Mitglieder, die mit der Lockerung des Familienzusammenhangs einherging, setzte eine sehr weit entwickelte Geldwirtschaft voraus. Denn erst diese erlaubte es, die wirtschaftliche Existenz ganz auf die individuelle Begabung zu stellen, erst die Geldform des Äquivalents gestattete die Verwertung sehr spezialisierter Leistungen, die ohne diese Umsetzung in einen allgemeinen Wert kaum zum gegenseitigen Austausch gelangen könnten. Mit der Durchsetzung der Waren- und Marktwirtschaft und, damit eng verbunden, der Lohnarbeit, wurde »Familie«, das von Proudhon dargestellte Paar, in der Tat »kleinstes Element« der Gesellschaft. Die »androgyne Dualität« (Proudhon 1935, S. 264), gebildet aus einem Mann, der produziert und verkauft, und einer Frau, die konsumiert und kauft (wozu die Tugenden der Sparsamkeit und der Verschwendung gleichermaßen benötigt werden), ist realiter die Monade der bürgerlichen Warengesellschaft.

In dem Maße, in dem Waren produziert werden, müssen sie auch konsumiert werden, es sind dies die beiden untrennbar miteinander verbundenen Seiten des Warenproduktionsprozesses. Auf welcher Stufe auch immer, ob auf der des Bourgeois und »autonomen Warenbesitzers« oder auf der des Lohnarbeiters, muß Geld in Ware und diese in ein verzehrbares Konsumtionsgut verwandelt werden. Familie, deren Lebensunterhalt an den Verbauch von Waren gebunden ist, muß diese beiden Funktionen erfüllen, keine kann bestehen ohne die andere. Diese Familie ist unabhängig von Verbindungen zu anderen Menschen, die nicht über den Kauf oder Verkauf von Waren vermittelt sind, sie ist in höchstem Maße abhängig von der Marktsituation und vom Geld. Aus einer ökonomischen Perspektive heraus stehen der Fortschritt der industriellen Entwicklung unter den Bedingungen der bürgerlich-kapitalistischen Produktionsweise und die »Familie«, wie sie von den drei Autoren bestimmt wird, in einem realen und logischen Verknüpfungszusammenhang. Dieser ist auch »neu«, wie dies von den Autoren behauptet wird, und die »Reform der Liebe« gewann unter diesem Aspekt zentrale gesellschaftliche Bedeutung.

Die bürgerliche Familie isolierte die Frauen voneinander und löste sie aus der Kollektivität traditionaler ländlicher Lebensformen. Dort waren das gesamte Leben, die Liebe, die Arbeit, der Tod und die Geburt in eine Netz des Austausches zwischen Frauen eingebettet. Alltägliche und schwierige Lebenssituationen fanden ihre Deutung und Bewältigung im Rahmen tradierter Vorstellungen und Gebräuche. Diese beruhten auf wechselseitiger Hilfe und auf der Überzeugung, daß die Probleme der/des Einzelnen zugleich die Sache des ganzen Dorfes sei. (vgl. Verdier 1979) Auch wenn in traditionalen Gemeinschaften die Lebensgrenzen oft eng gesteckt waren, waren diese doch in einer sehr umfassenden Weise in sozialen Erfahrungen und Zweckmäßigkeiten begründet. Demgegenüber war die Unterwerfung der vereinzelten Frau unter die Entscheidungen selbst des dümmsten Ehemannes, wie sie ideologisch von den drei Autoren gefordert und rechtlich im Code Civil verankert wurde, sicher keine leichtere Aufgabe.

In den Kernpunkten gleichen sich die Bestimmungen und Begründungen dessen, was allerorten in der Phase der Industrialisierung und der Durchsetzung der kapitalistischen Produktions-, Distributions- und vor allem auch Konsumtionsweisen dem Bild der bürgerlichen Frau als Hausfrau, Gattin und Mutter zugeschrieben wurde. Auch die diesem zugrunde liegenden Veränderungen der gesellschaftlichen Verhältnisse sind im Kern miteinander vergleichbar. Die Qualitäten, die das häusliche Leben, für das die Frau verantwortlich gemacht wird, haben soll, sind von Michelet am eingehendsten dargestellt worden. Es sind gerade dieselben, die Barbara Duden, Gisela Bock und Karin Hausen als Wunschbilder deutscher bürgerlicher Männerköpfe dingfest gemacht haben (Duden 1977; Bock/Duden 1976; Hausen 1978). Die Konstituierung der häuslichen Idylle, in der die »Liebe« regiert als Komplement zur harten Arbeitswelt, in der das Geld herrscht, ist Ausdruck der Neuordnung der Lebensbereiche in der bürgerlichen Gesellschaft. Daß beide, komplementär zueinander, strikt getrennt bleiben müssen, wird am klarsten von Comte begründet.

In der neueren Frauenforschung ist verschiedentlich und ausführlich auf die psychische Reproduktionsfunktion, die Frauen als Konsequenz der »Dissoziation von Erwerbs- und Familienleben« (Hausen 1978) aufgebürdet wurde, hingewiesen worden (Grubitzsch/Lagpacan 1980; Duden 1977; Duden Bock/1976; Hausen 1978). Doch geht es dabei um mehr als die seelische Stabilisierung, mit der die liebenden Frauen ihre Männer für die Unannehmlichkeiten des Arbeitslebens ausrüsten sollen. Es geht mindestens in gleicher Weise darum, all solche Gefühle, Wünsche, Bedürfnisse und Sehnsüchte der Männer, die der Zweckrationalität einer auf Profitmaximierung ausgerichteten Gesellschaft widersprechen oder doch dieser nicht zweckdienlich sind, aus dem Verwertungsprozeß des Kapitals zu eliminieren. Begriffe — von kirchenfeindlichen Männern vorgebracht —, die die Ehe ein Sakrament nennen, die Liebe ein Mysterium, die Frau eine »Nouvelle Eve« und die die Idealisierung zu einem Kult überhöhen, verraten eine Beteiligung der männlichen Subjekte an diesen Theorien, die der Ideologie den Charakter einer neuen Religion verleiht. Die beschwörende Eindringlichkeit, mit der »das Ideal« errichtet wurde, verweist darauf, daß hier Glaubenssätze propagiert wurden. Die entscheidende These, die es zu beweisen und an die es zu glauben galt, war die, daß der ökonomische Fortschritt und die wachsende Industrialisierung dem Glück der Menschen diene. Diese These war keineswegs unumstritten.

Comte, Michelet und Proudhon grenzen sich von den »gefeierten Utopisten«, den »falschen Propheten«, den »Schwärmern« ab und geben damit an, wogegen sie ihre Theorien setzen. In der ersten Jahrhunderthälfte hatten Fourier, die Saint-Simonisten, die Icaristen und Kommunisten und vor allem die Frauen der Frauenbewegung zwischen 1830-48 andere Vorstellungen und Forderungen entwickelt, die noch lebendig waren. Fourier hatte das Verhältnis zwischen »Fortschritt« und »Glück« in einer grundsätzlich anderen Weise bestimmt. Ihm galt der Grad der Freiheit der Frau als Maßstab für den Entwicklungsstand, den »Fortschritt« der Gesellschaft. (Fourier 1841, S. 132)

Für die Unterdrückung der Frau in der gegenwärtigen Gesellschaft hatte Fourier zwei Gründe als maßgeblich erachtet: die Verhinderung der freien Entfaltung der menschlichen Leidenschaften und die falsche Organisation der Arbeit. Der Grundgedanke dabei war, daß alle menschlichen Triebe und Bedürfnisse gut seien und für die Gesellschaft nützlich, wenn sie sich in Freiheit entfalten könnten. Im »Gesetz der leidenschaftlichen Anziehung« sei das Glück aller Menschen angelegt. Dieses Gesetz gelte es zu erkennen und die gesellschaftlichen Verhältnisse so zu gestalten, daß in ihnen die Menschen gemäß ihrer naturgegebenen Bedürfnisse, Neigungen und Fähigkeiten leben könnten. Ein glückliches kollektives Leben in Freiheit sollte durch eine Lebens- und Arbeitsform ermöglicht werden, in der Leidenschaften nicht unterdrückt, sondern in sinnvolle gesellschaftliche Betätigungen gelenkt würden. Die Unterdrückung der Leidenschaften bewirke oft das Gegenteil von dem, was angestrebt sei. »Jede angestaute Leidenschaft bringt ihr Gegenstück hervor, das ebenso schädlich ist, wie die natürliche Leidenschaft heilsam gewesen wäre« (Fourier 1977, S. 115).

Dies zeigt sich deutlich am Umgang, den die Gesellschaft mit der Liebe hat, deren Kraft in Haß umschlägt, wo sie sich nicht entfalten kann. Die Ehe als eine Zwangsinstitution bringt Prostitution und Vergewaltigung hervor. Gerade die Unterdrückung des Wunsches nach sinnlichem Liebesgenuß führt oft zu einem stärkeren Bedürfnis nach körperlicher Befriedigung und zu gewalttätigen Formen (vgl. hierzu und zum Folgenden Grubitzsch/Lagpacan 1980, S. 78-88).

Die Arbeit in der Gegenwart ist, so Fourier, so zerstückelt, daß sie den Menschen kein Vergnügen bereitet. Arbeiten, die angenehmer und effektiver kollektiv geleistet werden könnten, sind in Tausende von vereinzelten und spezialisierten Tätigkeiten aufgeteilt, die für diejenigen, die damit beschäftigt sind, monoton und eintönig werden. Dies gilt auch für die Hausarbeit, die, wenn sie zusammengefaßt würde, weniger Arbeitszeit beanspruchen würde und nicht mehr nur von Frauen geleistet werden müßte, sondern von allen, die dazu Lust haben. Die Eintönigkeit und Spezialisierung widerspricht dem menschlichen Bedürfnis nach Abwechslung und Vielfalt.

In der neuen Gesellschaft, die Fourier entwirft, liegt der Schwerpunkt bei der landwirtschaftlichen Produktion. Industrielle Produktion wird nur in einem geringeren Umfang nötig sein (Fourier sagt dies auf dem Produktionsniveau von 1808!). Es wird dort genossenschaftlich, in Assoziationen und für den eigenen Bedarf produziert werden. Da keine Waren produziert werden, entfällt auch die Trennung zwischen Produktion und Konsumtion. Die Produktion wird von den Bedürfnissen der Mitglieder der Assoziation bestimmt. Vergnügen ist eine wichtige Richtschnur bei der Organisation des Lebens. Liebe und Arbeit gehören in der neuen Gesellschaft zusammen, die Arbeiten werden so aufeinander abgestimmt, daß die verschiedenen Leidenschaften einander ergänzen und beflügeln. Alle Arten von Liebesbeziehungen können gelebt werden, ohne daß eine davon diskriminiert wird. In einer solchen Situation wird die Frau ebenso frei wie der Mann sein, beide werden miteinander wetteifern und zur wechselseitigen Entfaltung ihrer Fähigkeiten beitragen.

In den Vorstellungen Fouriers war das Verhältnis von Produktion, menschlichen Bedürfnissen und Glück gerade andersherum bestimmt als in den Theorien von Michelet, Comte und Proudhon. Nicht den industriellen Fortschritt sah Fourier als Basis für menschliches Glück an, sondern umgekehrt galten die Bedürfnisse und Leidenschaften ihm als Voraussetzung und Maßstab für die Produktion. Nicht eine Unterdrückung der Gefühle und spontanen Regungen im Dienste industriellen Wachstums strebte er an, sondern die Öffnung und Entwicklung affektiver Fähigkeiten.

Die Ideen der Saint-Simonisten unterschieden sich an einem wichtigen Punkt von Fourier insofern, als sie sich von der Ausbreitung der industriellen Produktion »eine Verbesserung des Schicksals der ärmsten und zahlreichsten Klasse« versprachen, wie dies 1931 von Isaac Pereire formuliert wurde (zit. n. Plessis 1970, S. 86). Doch auch sie sahen die Geschichte der Menschheit als eine fortschreitende Entwicklung zu immer größerem Glück der Menschen an. Wohl erfolge diese Entwicklung nach einem göttlichen Plan, doch könne der Mensch durch seine Handlungen sein Glück fördern und damit das allgemeine Glück.

Die Beschreibung der zukünftigen Welt, in der alle Menschen in der »Association universelle« zusammengeschlossen sind, in der es keine Ausbeutung des Menschen durch den Menschen mehr gibt, umfaßt hauptsächlich die Art der menschlichen Beziehungen, die dort herrschen werden und geht erst in zweiter Linie auf die konkrete ökonomische Organisation des zukünftigen Lebens ein. Für die Leitung der Gesellschaft und auch für viele andere Funktionen dort, wurde die »sympathische Fähigkeit«, die Liebe und die Liebesfähigkeit als wichtige Qualität angesehen, vor Wissen und körperlicher Stärke.

Es bestand für die Männer, die diese Gedanken teilten, nicht die Notwendigkeit, die gefühlsbetonte und liebesbedürftige Komponente ihrer Persönlichkeit aus ihrem öffentlichen Handeln auszuschließen. Wenn auch die Kraft des Gefühls eher bei den Frauen vermutet und dort für besser ausgebildet angesehen wurde, war dies doch keineswegs eine für Männer als unwürdig erachtete Eigenschaft (vgl. Grubitzsch/Lagpacan 1980, S. 68ff.). In einer solchen Auffassung kommt der Bereitschaft und Fähigkeit aller Menschen zur Liebe und ihrer Erziehung zu Einfühlsamkeit und Emotionalität ein wichtiger Stellenwert zu. Der Frau wurde von den Saint-Simonisten die größere Liebesfähigkeit zugesprochen, doch dies immer mit dem Vorbehalt, daß sich das wahre Wesen der Frau erst zeigen könne, wenn diese Gelegenheit gehabt hätte, sich in Freiheit zu entfalten. Die hervorragende Bedeutung der Frau als Mutter und allgemeiner: Erzieherin des Menschengeschlechts sicherte ihr in diesem Zusammenhang eine gesellschaftliche Achtung, die gleichbedeutend war mit der Bewunderung, die dem Manne für seine Leistungen zugesprochen wurde. Der Primat, der der Liebesfähigkeit als allgemeiner und gesellschaftlicher Qualität beigemessen wurde, machte es selbstverständlich, daß diese Teil aller gesellschaftlichen Leitungsfunktionen zu sein hatte. Daher war, selbst wenn in den Frauen ein größere naturgegebene Begabung zur Emotionalität und spontaner

Fürsorglichkeit für die Mitmenschen vermutet wurde, dies kein Grund — im Gegenteil —, die Frauen von irgendeinem gesellschaftlichen Recht auszuschließen. Jede soziale Funktion sollte, wenn möglich, von je einem Mann und je einer Frau bekleidet werden. Da die saint-simonistische Lehre davon ausging, daß sich die wirklichen Eigenschaften der Frauen erst in völliger Freiheit zeigen würden, konnten viele der um Selbständigkeit und Befreiung kämpfenden Frauen ihre Bedürfnisse in diesen Vorstellungen wiederfinden. Bis 1848 waren die Frauen stolz auf ihre Emotionalität und »Liebesfähigkeit« und übernahmen für ihre eigene Identität die positive Bewertung des Gefühl (vgl. Grubitzsch 1980). Die Mütterlichkeit war ein wichtiges Element dabei, wurde sie doch als »natürlicher Grund« erachtet, die die Frauen über die individuelle Mutter-Kind-Beziehung hinaus zur allgemeinen sittlichen und moralischen Erziehung aufrief.

Demgegenüber bestanden Comte, Michelet und Proudhon in den Bildern, die sie vom »Männlichen« und vom »Weiblichen« entwarfen, darauf, daß in der Welt der Arbeit, der Politik und der Wissenschaft von den Gefühlen der eigenen Person abzusehen und ein auf den Zweck hin kalkuliertes, selbstbeherrschtes Verhalten an den Tag zu legen sei. Der Primat des ökonomischen Wachstums unter kapitalistischen Bedingungen erforderte Produzenten, die sich nach den dort geltenden Gesetzen verhielten. Es bedurfte der Herausbildung des ökonomischen Menschen, des homo oeconomicus, ausgestattet mit dem Willen und der Fähigkeit, sich den Zwängen und den Zielsetzungen industrieller Arbeitsdisziplin zu unterwerfen.

Comte verstand sein System als ordnungsstiftende Theorie und empfahl es als solches zur Konsolidierung der bestehenden Macht- und Eigentumsverhältnisse. (Comte 1908, Bd. IV, S. 80) Ordnungsstiftend war diese Theorie nicht nur in ihrer Zielsetzung: durch die Kenntnis der Gesetze der Gesellschaft diese zu beherrschen, sondern mindestens ebenso in dem zur Erreichung dieses Ziels vorgeschlagenen Weg: die Entwicklung der kapitalistischen Warenproduktion. Sie war, wie John Stuart Mill zutreffend beschrieb: »die große Schule der Unterwerfung« (zit.n. Negt 1974, S. 138) Die »positive Philosophie« knüpfte die Entfaltung der menschlichen Gattungskräfte unmittelbar an die Entwicklung der industriellen Produktion: »... der politische, moralische und intellektuelle Fortschritt der Menschheit ist untrennbar mit ihrem materiellen Fortschritt verbunden ...« (Comte 1908, Bd. IV, S. 266) Dabei wurden die »activité industrielle« und die dieser zugrunde liegenden Eigentumsverhältnisse, indem sie zum Mittel der Selbstverwirklichung des menschlichen Wesens transzendiert wurden, jeder auf die gegenwärtige Situation bezogenen Kritik enthoben.

Ökonomisches Tun, Arbeit, (die auch für Hegel den Menschen zu dem macht, was er an sich, seinem Begriffe nach ist) mußte erst gelernt werden. Daß Arbeitslosigkeit nicht mehr als etwas Erstrebenswertes galt, sondern daß es als das Höhere angesehen wurde, daß der Mensch sich durch Industrie und Gewerbe unabhängig mache, war eine sehr neuzeitliche Lebenssicht (vgl. Illich 1981, S. 78ff.; Löwith 1958, S. 258ff.). Auf der untersten Ebene der sozialen Privilegien waren die Maschinen selber ein Mittel, um die Lohnarbeiter und Lohnarbeiterinnen in die neuen Zwänge einzupassen. Wie schwer dies war, beschrieb 1835 der englische Philosoph Andrew Ure in einem Lobgesang auf die neuen Baumwollverarbeitungsmaschinen:

> »Meiner Ansicht nach war das Hauptproblem Arkwrights (des Erfinders dieser Maschinen, D.M.) nicht so sehr, einen selbsttätigen Mechanismus zu erfinden, der die Baumwolle herausziehen konnte, als vielmehr (...) den Leuten ihren unsteten Arbeitstag abzugewöhnen und sie dazu zu bringen, sich mit der unveränderlichen Ordnung eines komplexen Automaten zu identifizieren. Es ging darum, ein System der Fabrikdisziplin zu planen und zu verwalten, das den Ansprüchen an Sorgfalt und Fleiß genügte; das war eine herkulische Aufgabe. Sogar heutzutage, nachdem das System perfekt organisiert ist, und die Arbeitsbedingungen weitaus günstiger sind als einst, hält man es fast für unmöglich, Arbeiter vom Lande oder aus Handwerksberufen zu nützlichen Fabrikarbeitern zu machen, wenn sie einmal die Pubertät hinter sich gelassen haben« (Ure, zit. in Ullrich 1980, S. 27).

Auch in besser gestellten Positionen bedurfte es strenger Disziplin. Damit der Mensch (der Mann) sich als Gattungswesen durch Arbeit verwirkliche, zu seiner wahren »Natur« gelange, mußten, an diesem Punkt stimmen Comte und Hegel überein, seine ungebändigten Triebe durch Zucht überwunden werden.

> »Ohne diese, den Eigenwillen brechende Zucht erfahren zu haben, wird niemand frei, vernünftig und zum Befehlen fähig sein« (Hegel 1958, Bd. 11, S. 288).

Die Kalkulierbarkeit des Produktionsprozesses beruhte darauf, daß alle beitragenden Faktoren berechenbar waren. Größtmögliche Berechenbarkeit nicht nur der materiellen Gegebenheiten sondern auch menschlichen Verhaltens wurde zur Voraussetzung für die »rational-kapitalistische (betriebliche) Organisation von(formell) freier Arbeit« (Weber 1969, S. 14). Der Bereich der kapitalistischen Produktion erforderte ein ganz neues Maß an Anstrengung, Härte und ein Zurückstellen solcher Wünsche, die nicht auf Produktionssteigerung ausgerichtet waren. Menschen, die unter solchen Bedingungen arbeiteten, bedurften der Fähigkeit, ihre eigenen Gefühle zu beherrschen.

Norbert Elias hat das zivilisatorische Erlernen dieser Fähigkeit als den Erwerb eines Gefühlspanzers beschrieben (Elias 1969). Dieser Prozeß begann in der höfischen Gesellschaft, als ein erheblicher Teil des Hofadels durch Hofämter, Pensionen aus königlicher Schatulle oder militärische Ämter in die Abhängigkeit von der Gunst des Königs geriet. Für diese Schicht wurde es notwendig, eine überaus differenzierte und genau reflektierte Strategie in allen Beziehungen mit Gleich- und Höhergestellten zu entwickeln. Dies unterschied die Adeligen, die durch die Belohnung von Diensten und Verdiensten durch den König in der Form von Geldanweisungen aus dessen Kasse in einer dauernden Abhängigkeit von ihm standen, von den Adeligen der naturalwirtschaftlichen Entwicklungsperiode, die von dem Ertrag ihrer Lehen und der Ausschröpfung ihrer Pächter lebten.

Die Qualitäten, die Michelet, Comte und Proudhon für »den Produzenten des Jahrhunderts« für notwendig erachten, entsprechen den Zwängen zum Selbstzwang, deren frühe Formen Elias in der höfischen Gesellschaft aufzeigt. Man(n) mußte an-sich-halten, durfte Ärger und Feindseligkeit, aber auch den Wünschen nicht mehr die Zügel schießen lassen. Die Maskierung spontaner Impulse und die Verwandlung elementarer Gefühlsregungen hatten in der höfischen Gesellschaft noch eine andere Gestalt und Struktur als in den Schichten industrieller Gesellschaften, die auf Arbeits- und Karrierezwänge abgestimmt waren. Sie war weniger allumfassend, weil sich nicht das ganze Leben der Höflinge in Beziehungen abspielte, wo eine solche Maske anzulegen nötig war und es immer niedriger gestellte Schichten oder Gegner gab, denen gegenüber Affekte ungehindert ausgelebt werden konnten. Im Kern jedoch waren dies die Eigenschaften, die in zunehmendem Maße den ökonomisch denkenden und handelnden Menschen abverlangt wurden.

Eine wesentliche Folge dieses Panzers der Selbstzwänge war, daß durch ihn die Menschen voneinander distanziert wurden.

> »Überlegungen, die rasche Bestandsaufnahme der Situation, das Auspeilen des Handlungskurses, kurzum Reflexionen schieben sich nun mehr oder weniger automatisch zwischen den mehr affektiven und spontanen Handlungsimpuls und die tatsächliche Ausführung der Handlung in Wort und Tat« (ebd., S. 360).

Betrachtet man die Theorien Michelets, Comtes und Proudhons unter dem Aspekt einer solchen Panzerbildung, dann fällt ein neues Licht auf den »Kult der Frau« und auf die Alternative »Ménagère ou Courtisane«. In der Utopie Fouriers bedurften die Männer keines Panzers, weil in ihr die Bedürfnisse der Menschen, ihre Leidenschaften und spontanen Impulse zum Ausgangspunkt für die Organisation der menschlichen Produktion und Konsumtion gemacht worden waren. Da Fouriers oberstes Ziel nicht Wachstum war, wurde dieses auch nicht zur Richtschnur für menschliches Verhalten gemacht. Die Menschen sollten, so wünschte es Fourier, den in den vier Stufen der Zivilisation erworbenen Harnisch ablegen und die unterdrückten Gefühle und Wünsche sich in Freiheit entfalten lassen, um glücklich miteinander zu leben. Die Befreiung der Frau wurde als Konsequenz der Tatsache gedacht, daß Produktion und Konsumtion in den Dienst der menschlichen Bedürfnisse gestellt würden, nicht aber umgekehrt.

Demgegenüber ging es Comte um die Ausrichtung der menschlichen Gedanken auf die Erfordernisse des Fortschritts. Der Wunsch nach freier Entfaltung der affektiven Fähigkeiten und grundsätzlich solcher Bedürfnisse, die nicht der Profitmaximierung dienen, durfte im Bereich der Produktionsarbeit dann nicht aufkommen, wenn diese nach den Gesetzen des Wachstums funktionieren sollte. Doch nicht nur die steigende Arbeitsintensität veränderte die Lebensbedingungen sondern auch die Tatsache, daß außerhäusliche Arbeit zunehmend Lohnarbeit wurde.

Präzise Angaben für das tatsächliche Ausmaß der Lohnarbeit im Zweiten Kaiserreich zu machen, ist nicht möglich, weil in dieser Zeit die Befragungen zur Berufssituation der Franzosen noch sehr ungenau waren und zudem in ihren Kriterien nicht eindeutig. Dies gilt auch für spätere Untersuchungen noch für einen längeren Zeitraum. Die Historiker, die diese Frage untersucht haben, stellen ihre Ergebnisse darum nur unter großem Vorbehalt zur Interpretation.[18] Insgesamt verlief die Entwicklung zur Lohnarbeit in Frankreich zwar kontinuierlich, doch nicht sprunghaft und eher zögernder als in Deutschland und England. Dennoch nahm sie in den Theorien der Zeit einen zentralen Platz ein. Sie bestimmte die gesellschaftliche Vorstellung von »Arbeit«.

Die Tätigkeiten, die gegen Lohn verrichtet wurden, waren in höchstem Maße unterschiedlich in bezug auf die Belastungen derer, die sie leisteten, und auch in bezug auf die Wertschätzung, die sie dabei genossen. So war die Arbeit eines hohen Staatsbeamten in fast nichts vergleichbar mit der eines Postangestellten oder der eines Landarbeiters oder einer Landarbeiterin. Auch innerhalb der Arbeiterschaft gab es große Unterschiede. Die Arbeit eines contremaître in der großen Industrie oder in einer Manufaktur hatte wenig gemein mit der Qual einer Arbeiterin, die unter seiner Aufsicht die Maschinen bediente. Gemeinsam ist diesen unterschiedlichen Tätigkeiten die ökonomische Form der Lohnarbeit, durch die sowohl die Beziehungen der Menschen zueinander als auch deren Bezug zur Arbeit bestimmt wurden.

Waren die traditionellen Arbeitsverhältnisse durch persönliche Abhängigkeit vom Meister geprägt, die menschliche Bedingungen, Streitigkeiten und Gefühle zuließ, so wurde diese in der industriellen Lohnarbeit zunehmend mehr durch den rationalen Akt des Kontrakts ersetzt. Je größer die Betriebe wurden, um so mehr trat die Person des Arbeitgebers hinter der Maske des

Käufers von Arbeitskraft zurück. Heute sind viele Konzernherren anonym für die Belegschaft ihrer Betriebe. Beim Tausch ist die Person des Käufers dem Verkäufer gleichgültig. Im Tausch kommt es ihm auf den Tauschwert an, den er erzielen kann, den Tausch einzugehen, bedeutet für den Arbeitnehmer, seine Arbeitskraft als Ware zu betrachten und zu verkaufen. Dies verlangt eine weitgehende Gleichgültigkeit den eigenen Wünschen und Bedürfnissen gegenüber, ebenso wie gegenüber dem Inhalt der Arbeit.

Lohnarbeit war knapp, und die, die danach suchten, waren bereit, fast jede Arbeit anzunehmen. Doch war Gleichgültigkeit gegenüber den Inhalten der Lohnarbeit nicht nur Ausdruck übergroßer Not, sie ist strukturelles Merkmal aller Lohnarbeit. Als Lohnarbeit hat die Arbeit zwei Charaktere, die widersprüchlich zueinander sind. Als konkrete, nützliche Arbeit, »zweckmäßige Herstellung von Gebrauchswerten, Aneignung des Natürlichen für menschliche Bedürfnisse, allgemeine Bedingung des Stoffwechsels zwischen Menschen und Natur« (Marx 1965, S. 198) ist sie sinnliche Tätigkeit, die eine Berührung zwischen dem Menschen, seinen Organen und seinen Empfindungen und den von ihm benutzten Arbeitsmitteln verlangt. Insoweit beansprucht sie diejenigen, die sie ausführen, in einer je spezifischen Weise. Bei der Fabrikarbeit wurden und werden die Kräfte schnell durch einseitige Belastungen und körperschädigende Einflüsse zerschlissen, viele Schilderungen geben davon ein eindrucksvolles Zeugnis. In ihrer ökonomischen Formbestimmtheit als Arbeit, die gegen Lohn verrichtet wird (von der Seite des Arbeiters her gesehen) und als mehrwertproduzierende Arbeit (aus der Perspektive des Kapitalbesitzers) hat Lohnarbeit einen ganz entgegengesetzten Charakter. Da ist sie abstrakt allgemeine, gesellschaftliche Arbeit, gänzlich unabhängig vom Kräfteeinsatz dessen, der sie leistet. Für den Kapitalbesitzer, der Gebrauchswerte nur produziert, weil und sofern sie materielles Substrat, Träger des Tauschwertes sind, ist die im Produkt geronnene Arbeit »bestimmte Masse festgeronnener Arbeitszeit«, und die Quanta Produkt sind nur noch »Materiatur von einer Stunde, zwei Stunden, einem Tag gesellschaftlicher Arbeit« (ebd., S. 204). Welche Art der Arbeit das Produkt hergestellt hat, welche Arbeitsmittel dazu verwendet wurden, ist im realisierten Tauschwert der Ware unsichtbar geworden. Wie hoch der Lohn ist, den einer oder eine bekommt, richtet sich nicht danach, wie erschöpft er oder sie am Abend ist, sondern nach einem hinter ihrem Rücken auf dem Markt sich abspielenden Geschehen, das den Wert ihrer Arbeitskraft festlegt.

Aber auch für den Arbeiter und die Arbeiterin selber ist die Arbeit abstrakt. Denn das ist ja die Besonderheit von Lohnarbeit, daß ihr Zweck für die, die sie annehmen müssen, nicht die Herstellung eines Produkts ist, sondern das Geld, das sie für die Arbeit bekommen. Das Produkt gehört ihnen nicht und sie haben nichts mehr damit zu tun, sobald es fertiggestellt ist. Sie stehen im Dienste und unter der Verfügung eines anderen, sie können weder über das Was noch über das Wie dessen, was sie zu produzieren haben, entscheiden. Sie haben ihre Tätigkeit so auszuführen, wie dies ihnen vom Rhythmus der Maschine oder von den entsprechenden Regelungen vorgeschrieben wird. Die wesentliche Beziehung dabei ist nicht die zwischen Arbeiter oder Arbeiterin und Arbeitsgegenstand, sondern die des Arbeiters, der Arbeiterin zu den ihnen gegebenen Verordnungen. Im Extremfall brauchten sie nur diese zu kennen. Lohnarbeit bedeutete nicht nur eine Zunahme der Vereinzelung und den Verlust traditioneller Bindungen sowie häufig mörderische Arbeitsbedingungen, sie bedeutete darüber hinaus — und dies auf allen Stufen —, daß die Menschen sich mit abstrakt gesellschaftlicher Arbeit identifizieren, d.h. diese zu ihrer eigenen Sache machen mußten.

Formen äußerster Unterdrückung und brutaler Ausbeutung von Menschen gab es auch in vorkapitalistischen Gesellschaften, und immer war die Sorge für den Lebensunterhalt mit mühevoller Arbeit verbunden. Doch wie hart und schwer die Arbeit auch war, war ihre konkrete Nützlichkeit doch unmittelbar einsichtig. Mit der Universalität der Warenkategorie ändert sich dies radikal, denn »die Warenform ist abstrakt und Abstraktheit herrscht in ihrem ganzen Umkreis« (Sohn-Rethel 1972, S. 41). Das Maß der in den Waren vergegenständlichten Arbeit ist der Tauschwert, das Geld, das als Zirkulationsmittel funktioniert. Dem Geld aber sieht man nicht mehr an, welche Art Arbeit darin verwandelt ist und im selben Zuge, wie Arbeitsprodukte zu Waren werden, wird gebrauchswertschaffende, nützliche und konkrete Arbeit zu »abstrakt menschlicher Arbeit«. Eine Marktgesellschaft ist notwendigerweise eine »demokratische« Gesellschaft, denn »wie im Geld aller qualitative Unterschied der Waren ausgelöscht ist, löscht es seinerseits als radikaler Leveller alle Unterschiede aus« (Marx 1965, S. 143). Doch ist dies eine Demokratie, die nicht auf der Achtung der Qualitäten der Menschen beruht, sondern auf deren Entqualifizierung. »Im Geld wird auch der Reichtum zum abstrakten Reichtum, dem keine Grenzen mehr gesetzt sind. Als Besitzer solchen Reichtums wird der Mensch selbst zum abstrakten Menschen, seine Individualität zum abstrakten Wesen des Privateigentümers. (Sohn-Rethel 1972, S. 41).

Michelet, Comte und Proudhon sind nicht nur deswegen die Philosphen der kapitalistischen Warenproduktion und der Lohnarbeit, weil sie die Ideologie liefern, die die Frauen von der Erwerbstätigkeit ausschließt und somit die Männer vor deren Konkurrenz schützt oder weil sie den Frauen die Arbeit der physischen und psychischen Reproduktion der männlichen Arbeitskräfte anheimstellen. Sie sind es in einer viel fundamentaleren und grundsätzlicheren Weise: Sie schaffen das Denkmodell, das es den Menschen ermöglichen soll, ökonomische Subjekte zu werden, die sich mit abstrakt menschlicher Arbeit identifizieren. Dazu bedarf es des »Frauenkults«.

Daß es sich bei einer Ideologie immer um Gedachtes handelt, darf nicht außer Acht gelassen werden. In der Realität ist die Produktionsarbeit der Männer nur sehr eingeschränkt »Arbeit für sie«, da sind Frauen in einer großen Anzahl erwerbstätig — es sei denn, sie werden aus konjunkturellen Gründen ausgeschlossen —, da wird in der Ehe um Geld gestritten, da werden Einnahmen und Ausgaben kalkuliert. Die Ökonomie macht nicht Halt an der Schwelle zum Binnenraum des Hauses, und daß Hausarbeit »Arbeit« ist, wissen Proudhon und Michelet sehr wohl. Wenn die Ideologie dennoch darauf beharrt, daß Geld in der Ehe nicht getauscht, daß die Arbeit der Ehefrau nicht bezahlt werden darf, tut sie dies, um einen Bereich zu denken, der außerhalb der Ökonomie steht. Innerhalb des kapitalistischen Verwertungsprozesses ist alle Arbeit ihrer ökonomischen Formbestimmtheit nach abstrakte Arbeit. Zwar ist jede Arbeit für das Individuum konkrete Arbeit — es sitzt an den Maschinen oder im Büro oder steht vor einer Schulklasse —, nicht aber konkret nützliche Arbeit. Der Nutzen, den es davon hat, ist das Geld, sein Lohn. Derart ergibt sich der Widerspruch: das Motiv für die Identifikation, die nötig ist, damit eine Arbeit ausgeführt werden kann, ist abstrakter Natur.

Weil sich unter der Ägide des Tauschwerts die Frage nach der konkreten Nützlichkeit der Arbeit für die, die sie leisten, nicht stellen läßt, doch aber die Überzeugung, daß die Arbeit nützlich sei, notwendig ist, bedarf es eines Orts, an dem sich die Arbeit als nützlich denken läßt, dieser Ort muß außerhalb der Ökonomie liegen. Wo Liebe ist, darf Geld nicht sein, wo sich die konkrete Nützlichkeit erweisen soll, darf Arbeit, die bezahlt wird, nicht erscheinen. Wenn die gigantische Produktion nur mehr Arbeit erzeugte, in den Fabriken und im Haus, bräche die Illusion von deren Nützlichkeit zusammen. Aus diesem Grunde muß, so scheint mir, Konsumtionsarbeit als »Arbeit« geleugnet werden. In der Weise verstehe ich die gedankliche Konstruktion des häuslichen Glücks nicht nur als bloße Kompensation, sondern als notwendige Bedingungen dafür, daß der Widersinn der Identifikation mit abstrakt gesellschaftlicher Arbeit gelingt.

Wenn das Dogma, daß die Menschen umso glücklicher seien, je mehr sie Waren produzieren und konsumieren, glaubhaft sein soll, müssen die Menschen sich nicht nur als Warenproduzenten und -konsumenten verhalten, sondern darüber hinaus ihre Wünsche und Lebensziele so formen, daß sie nichts anderes wollen. Weil im wachsenden Produktionsbereich ein Mehr an Kräfteverschleiß und Entfremdung nötig wird, muß die Konsumtion als das verheißene Glück erscheinen. Hausfrauen (und Kurtisanen) sollen das (Konsumtions-)Glück hüten — und zur Schau stellen. So wurde der »Kult der Frau«, wie er von Comte und den anderen Autoren eingeleitet wurde, nötig, um die Vorgabe zu beweisen, daß die wachsende Industrialisierung die Menschen glücklich mache.

»Jeder von uns wird von Jugend auf lernen, in ihrem gesamten Geschlecht die Hauptrolle menschlichen Glücks und menschlicher Vervollkommnung im öffentlichen wie im privaten Leben zu sehen ... Der Kult, der anfangs aus einer spontanen Dankbarkeit entstanden ist, wird nach einer systematischen Würdigung als neues Mittel des Glücks und der Vervollkommnung eingeführt werden« (Comte 1851, S. 235)[19]

Industrielle Welt und »ökonomischer Geschlechtscharakter«

Es handelt sich bei den Theorien von Comte, Michelet und Proudhon um Bilder und Gedankengänge in den Köpfen dieser Männer. Die männlichen Normen und Wünsche, die Frauen betreffend, sagen in erster Linie etwas über die Männer aus, weil diese deren Subjekte sind. »Die Frau« wird mit all den Qualitäten ausstaffiert, die die Männer ablegen müssen. Sie trägt in ihrem Herzen das Ganze, während die Männer Messer im Kopf haben, sie ist »irrational« und gefühlsbetont, während die Männer berechnend und kalt sein müssen, sie ist passiv, während den Männern Aktivität abverlangt wird. Das Ideal als der abgespaltene Teil in den männlichen Köpfen erzeugt Bewunderung und Angst. Es ist des Mannes Werk, in ihm liebt er sich selbst. Doch ist »das ewig Weibliche«, das den Mann hinanziehen soll, immer in Gefahr, selber herunterzustürzen. Bei jeder Begegnung mit einer Frau droht die Gefahr des Zusammenbruchs des Ideals, es muß darum immer wieder neu errichtet und den lebendigen Frauen entgegengesetzt werden.

»Die Frau«, das idealisierte Selbst des Mannes, sein »personifiziertes Gewissen«, ist eine Projektion. Über die lebendigen Frauen sagen die männlichen Phantasiebilder nur insoweit etwas, als sie, zum gesellschaftlichen Ideal erhoben, Normen beinhalten, die Einfluß auf die Lebensmöglichkeiten der Frauen nehmen. Wenn ich hier darauf insistiere, daß es sich um Projektionen, Bilder, Träume, Wünsche handelt, dann nicht, weil ich meinte, sie seien nur dies und es käme ihnen keine andere Realität zu. Doch scheint es mir wichtig, die Aufmerksamkeit zuerst auf die Subjekte solcher Träume zu richten. Es sind Männer, die sich ein Ideal aufbauen, von dem sie erhoffen, daß es sie über die Korruptheit des Lebens hinwegtäusche, die einen Ort sich erspinnen, an dem die Harmonie waltet, die in der kapitalistischen Wolfsgesellschaft nicht bestehen kann. Dies geschieht in einer Zeit, in der die Gesellschaft deutlich macht, daß sie romantische Schwärmer nicht gebrauchen kann. Die Emotionalität muß herausgeschält werden, damit Rationalität walten kann und dies immer wieder neu.

In der Verachtung, die Proudhon der »femme normale« entgegenbringt, macht er keinen Hehl aus dem tiefen Graben, der zwischen dem Ideal, das er sich aufbaut und der Wirklichkeit, wie er sie wahrnimmt, besteht. Das Ideal existiert erst einmal in der männlichen Vorstellung. Soweit die Ideologie nicht bloßer »Priestertrug«, Mittel, um die Frauen in Ketten zu legen, sondern eine Form der ideellen Rechtfertigung und Interpretation gesellschaftlicher (ökonomischer) Zusammenhänge ist, betrifft sie die Männer, die daran glauben wollen (und müssen), gerade so wie die Frauen, die damit konfrontiert werden.

Das Ideal, die irrationale Kehrseite des rationalen männlichen Denkens, ist permanent bedroht, und zwar von zwei Seiten, vom Inneren der Männer selber und von außen durch die Frauen. Klaus Theweleit hat an den Männerphantasien soldatischer Männer der deutschen Freikorps — die sich wie eine Fortsetzung und Zuspitzung der von Comte, Michelet und Proudhon entwickelten Vorstellungen lesen — aufgezeigt, wie sehr der Damm, der Körperpanzer sich von einer Flut bedroht fühlt. Unter dem Begriff der Flut werden Grenzüberschreitungen subsumiert: Überschreitungen der Grenzen des Anstands, des Körpers, der Gewohnheit, des Landes, sie betreffen Verbotenes (Theweleit 1977, Bd. I). Die Flut ist zugleich in den Männern und um sie herum, es ist »die Fahne der Wünsche« im Inneren, und es sind die Forderungen, die von außen (von den Frauen und vom Proletariat) an sie herangetragen werden.

Wenn ich auch der Theweleit'schen Auffassung des »menschlichen Unbewußten als einer Produktionskraft« (ebd., S. 261) nicht zu folgen vermag, ebensowenig wie der »Deterritorialisierung« der Wunschmöglichkeiten und deren »Reterritorialisierung« im Kapitalismus, so scheint mit doch die folgende Beobachtung zutreffend:

> »Am Fließen der Wünsche waren die neuen Herren nur soweit interessiert, wie es zum Beispiel das Fließen des Geldstroms verstärkte — da ergab sich die Möglichkeit der Codierung. Wunschströme sind durch Geldströme codiert worden: Zirkulation statt freier Fahrt. (...) Nicht, daß der 'vom Tellerwäscher zum Konzernherr'-Slogan gar nicht stimme, Ideologie sei, ist der Jammer, sondern vielmehr, daß der Wunsch dazu gebracht wurde, nichts anders mehr zu wünschen, als vom Tellerwäscher zum Konzernherrn aufsteigen zu wollen« (ebd., S. 280).

Der Wunsch »vom Tellerwäscher zum Konzernherrn« verlangt die Unterdrückung anderer Wünsche. Die zentrale These, daß die Entwicklung der Ökonomie mehr Glück bedeute, der »Fortschritt« also der zentrale Wunsch zu sein habe, macht den Weg, den das »Glück« zurücklegt, zu einer Einbahnstraße.

Der Bereich von Glück mußte so bestimmt werden, daß von ihm aus kein hemmender Einfluß auf den kapitalistischen Warenproduktionsprozeß ausgeht, darf doch »die besänftigende Macht« im Bereich der Ökonomie keinen Einfluß auf die »bestimmende Macht« haben, weil dem Reichtum Priorität zukommt. Über das Fleisch, das in der Küche fehlt, wird in der Küche nicht entschieden, wie Brecht formuliert hat. Doch ist dies zu ergänzen. Auch über das Fleisch, das in der Küche verbraucht werden soll, wird in der Küche nicht entschieden. Der Mann in seiner Eigenschaft als Produzent, als Sachverwalter des industriellen Fortschritts, muß die Frau als die Verkörperung der abzuspaltenden, einzuschließenden Wünsche beherrschen, mit Zucht und Prügel oder besser, mit »Liebe«. Dies gilt je individuell wie auch für die Gesellschaft insgesamt.

Männer und Frauen sind, in welcher Gesellschaft auch immer, Menschen mit Sinnen, Gefühlen und Verstand. Eine Gesellschaftsform, die ihren Zusammenhang darauf aufbaut, daß Menschen im Umgang miteinander und mit der Natur all dies abstreifen und sich als Personifikationen ökonomischer Kategorien zueinander verhalten, erzeugt die Spaltungen, die in den Theorien der drei Autoren ausgedrückt sind. So verstanden ist die Sphäre des Hauses, der Liebe nicht, wie Marcuse schreibt, durch ihre Nicht-Bestimmtheit durch Tauschbeziehungen gekennzeichnet, sondern sie unterliegt im Gegenteil als Negation derselben demselben Maßstab des Geldes (vgl. Marcuse 1967, S. 133).

Die Ideologie dient in erster Linie der Konstituierung einer industriellen Welt und eines »ökonomischen« Geschlechtscharakters.

Wir wissen nicht so genau, wie Frauen sich wirklich verhalten haben, wie »rational« oder »irrational«, »tyrannisierend« oder »erduldend«, »aktiv« oder »passiv«, aber wir wissen dies auch nicht von »den« Männern. Was wir kennen, sind die Normen, die Frauen von Männern gesetzt wurden, die Wünsche, wie Männer wollten, daß Frauen sich verhalten und die Mittel, mit denen die gesellschaftlichen Bedingungen so gestaltet wurden, daß Frauen sich mit den ihnen zugedachten Eigenschaften identifizierten. Karin Hausen geht davon aus, daß es im Bürgertum tatsächlich »hinsichtlich der Rationalität zwischen Mann und Frau erhebliche, anerzogene Wesensunterschiede gab. Die auf traditionelle Weise im Hause sozialisierten Frauen hatten offenbar Verhaltensweisen konserviert, die als irrational, emotional, spontan, unbeherrscht von denen der formal ausgebildeten Männer abstachen und in dem Moment, wo der Rationalismus sich als allgemeines Prinzip durchzusetzen begann, nicht mehr als Selbstverständlichkeit hingenommen, sondern als bemerkenswertes Phänomen hervorgehoben wurden« (Hausen 1978, S. 176).

Wenn man der Kritik der Frauen jener Zeit an den männlichen Vorstellungen Rechnung trägt, ergibt sich ein anderes Bild. Demnach waren die realen Verhaltensunterschiede keineswegs so ausgebildet, als daß sie überzeugend »Wesensunterschiede« derart, wie die Männer sie proklamieren, begründet hätten. Die Frauen argumentieren vor allem mit dem Hinweis auf Gegenbeispiele, die so zahlreich seien, daß sie die Regel darstellten und die von den Männern angeführten Frauen die Ausnahmen. Die Frauen, die diese Kritik äußern, gehören selber der bürgerlichen Klasse an. Sie geißeln den realitätsfremden Charakter der männlichen Behauptungen, die die Lebenssituation, die vielleicht für einige Frauen aus den »classes oisives« kennzeichnend sei, verallgemeinern. Die bürgerlichen Frauen waren vielfach höchst »vernünftig«, auch rechnend, Pfennig um Pfennig kalkulierend, wenn es um die Kontoführung des Geschäfts oder um eine sparsame Haushaltsführung ging. Die Bäuerinnen und die Proletarierinnen hatten sicher keine Zeit für Überschwenglichkeiten, und auch die Frauen des Adels hatten andere Qualitäten.

Es soll nicht in Zweifel gezogen werden, daß mit der Dissoziation von Erwerbs- und Familienleben die ökonomische Basis der bürgerlichen Ideologie gegeben ist. Doch ist diese in bezug auf die Frauen nur zum Teil Reflex auf schon entwickelte unterschiedliche »Geschlechtscharaktere«. Sie dient zu einem ebenso großen Teil der immer wieder notwendig werdenden Herausbildung und gesellschaftlichen Durchsetzung dieser »Geschlechtscharaktere«. Vieles am Verhalten von Frauen war weder so »irrational«, wie Männer behaupteten, noch so »rational«, wie die Männer es selber von sich forderten. Wie sah es demgegenüber mit der »Rationalität« der »formal ausgebildeten« Männer aus? Comte, Michelet und Proudhon, die doch als auf diesem Gebiet hervorragend ausgebildete Vertreter ihres Geschlechts anzusehen sind, werfen in bezug auf die Frauen sämtliche Prinzipien rationaler Beweisführung über Bord und verfahren, an ihren eigenen Kriterien von Rationalität bemessen, zutiefst irrational.

Dieser Irrationalität muß, so scheint mir besondere Aufmerksamkeit geschenkt werden. Geht man davon aus, daß die Frauenbilder zu einem wesentlichen Teil Vorstellungen sind, die in den Köpfen dieser »rationalen« Männer entstehen, so ist die »Irrationalität«, die in das Frauenbild projiziert wird, gerade so »männlich« wie der von ihr abgespaltene Teil der »Rationalität«. Die Dichotomie Rationalität — Irrationalität selber wurde in Gesellschaften herausgebildet, in denen den Gedanken von Frauen kein Gehör geschenkt wurde. Alfred Sohn-Rethel zeichnet die geschichtliche Genesis »des reinen Verstandes« im Zusammenhang mit der Trennung von Hand- und Kopfarbeit nach. Er zeigt dabei die Verschränkungen zwischen den Denkabstraktionen der quantitativen Naturerkenntnis und der ökonomischen Wertabstraktion, die in warensubsumierten Gesellschaften sich herstellen. Seine Analyse wirft ein neues Licht auf die »Rationalität«, die männliches Denken für sich reklamiert. Denn,

> »erst mit der Warensprache im Bewußtsein werden die Warenbesitzer zu rationalen Wesen, die ihres Tuns mächtig sind und erreichen können, was sie wollen. ... Diese Übertragung des menschlichen Bewußtseins auf die Waren und die Ausstattung des menschlichen Hirns mit Warenbegriffen, diese 'menschlichen Verhältnisse der Sachen und sachlichen Verhältnisse des Menschen' sind es, die Marx Verdinglichung nennt« (Sohn-Rethel 1972, S. 54).

Weil die Menschen mit Sinnlichkeit und konkreter Lebendigkeit begabt sind, bleiben sie menschliche Wesen mit komplexen Wahrnehmungen und Empfindungen, auch wenn sie ihre Beziehungen zueinander und zur Natur entsinnlichen und »rationalisieren«. Mit der Ökonomisierung der Gesellschaft fallen die Bereiche sinnlicher, leiblicher und sozialer Erfahrungen, die zuvor in Bräuchen und magischen Vorstellungen ausgedrückt und sozial bewältigt wurden, aus dem gesellschaftlichen Zusammenhang heraus und werden den individuellen Ängsten und Bearbeitungsmechanismen der Einzelnen überlassen. Doch bedeutet Verdinglichung nicht, als Mensch zur Sache zu werden, sondern, als Mensch sich sachlich zu verhalten. Die Reduktion auf das »vernünftige Ich« kann nur als Spaltung gelingen. Ob es an der Verdinglichung des rationalen Bewußtseins liegt, daß die Männer »Messer im Kopf haben«, wenn sie am Schreibtisch sitzen und nicht abstrahieren, nicht teilen können, wenn sie an Frauen denken?

Wenn Verhalten von Frauen zugleich »nicht rational« und »nicht irrational« ist, dann kann das auch heißen, daß die Trennung von Rationalität und Irrationalität in ihm nicht vollzogen ist. Die Gleichsetzung von »nicht rational« und »irrational« setzt die Spaltung voraus und die Verallgemeinerung eines Maßstabs, an dem Rationalität bemessen wird ebenso wie das von ihr Negierte.

Die »Irrationalität«, als Kehrseite männlicher »Rationalität«, verdient es, von Frauen in besonderer Weise gefürchtet zu werden.

II. Kapitel

Die französische Gesellschaft im 19. Jahrhundert

Zur Entwicklung des Kapitalismus in Frankreich

Mit der Großen Revolution und der napoleonischen Gesetzgebung wurden in Frankreich die politischen und rechtlichen Voraussetzungen für die Durchsetzung kapitalistischer Wirtschafts- und Verkehrsformen geschaffen. Im Vergleich zu England verlief der Prozeß der Kapitalisierung in Frankreich zögernd, er schritt in der ersten Jahrhunderthälfte nur langsam voran. Der französische Kapitalismus hatte sein besonderes Gesicht dadurch, daß in seiner Entwicklung die einfache Warenproduktion nicht beseitigt, sondern gestärkt wurde. Der Verkauf der Nationalgüter, der einer großen Zahl gutgestellter Bürger und Bauern zugute kam, und ein egalitäres Erbgesetz (Realteilung) schufen eine verhältnismäßig breite Schicht von kleinen Bauern, die von der Bewirtschaftung ihrer Parzellen leben konnten. Zwar gab es schon im ersten Drittel des Jahrhunderts eine Masse bettelnder und hausierender Pauper, die in manchen Jahren mehr als 10% der Bevölkerung der Departements ausmachten und den Besitzenden als »classes dangereuses« (Louis Chevalier, 1978) Furcht und Schrecken einjagten, doch war gesamtgesellschaftlich die Trennung der Produzenten von ihren Produktionsmitteln noch nicht durchgesetzt.

Auch fehlte in der ersten Jahrhunderthälfte ein ausgebautes Transportsystem, das unabdingbare Voraussetzung dafür war, daß industriell hergestellte Güter in die abgelegenen Märkte West-, Südwest- oder Südostfrankreichs dringen konnten, um in Konkurrenz zu den traditionell gefertigen Produkten zu treten. Eine wichtige retardierende Rolle spielte die strukturprägende Bedeutung einer Bourgeoisie, deren ökonomisches Interesse mehr mit manufakturkapitalistischen Zuständen verbunden war, Kaufleute, die Rohstoffe einkauften und diese unter den zumeist ländlichen Heimarbeitern verkauften oder Wucherer, die die Unzulänglichkeiten der Kreditorganisation besonders auf dem Lande mit hohen Zinsforderungen ausnutzten. Erst im zweiten Kaiserreich gelang der entscheidende Durchbruch der Großen Industrie. Obwohl auch in der zweiten Jahrhunderthälfte noch die verschiedensten Produktionsweisen nebeneinander fortbestanden — teilweise war in ländlichen Gebieten die Bevölkerung noch denselben Lebens- und Arbeitsformen verhaftet wie zu Beginn des Jahrhunderts oder sogar wie zur Zeit vor der Revolution —, drangen doch kapitalistische Produktions- und Lebensweisen zunehmend in alle gesellschaftlichen

Bereiche ein und wurden zur das Leben der Menschen bestimmenden Kraft. »Frankreich wird kapitalistisch nicht nur in den latenten Bedingungen, sondern auch in den manifesten Formen seiner Kultur. Der Kapitalismus und der Industrialismus bewegen sich zwar in längst bekannten Bahnen, sie wirken sich aber erst jetzt in vollem Umfang aus, und das tägliche Leben der Menschen, ihre Behausung, ihre Verkehrsmittel, ihre Beleuchtungstechnik, ihre Nahrung und Kleidung machen seit 1850 radikalere Veränderungen mit als in all den Jahrhunderten seit dem Beginn der modernen städtischen Zivilisation« (Hauser 1978, S. 814).

Das Nebeneinander von traditionellen und industriegesellschaftlichen Lebensweisen ließ die Janusköpfigkeit des »Fortschritts«, seine Gewinne, aber auch seine Verluste, deutlich hervortreten (vgl. Haupt/Mey 1974).

Napoleon III. war zu einem Zeitpunkt an die Macht gekommen, als sich die verschiedenen Bourgeoisiefraktionen gegenseitig lähmten und sich weder über eine gemeinsame Politik einigen konnten noch dazu fähig waren, wirkungsvoll ihre Herrschaft gegenüber den wachsenden Unruhen zu sichern. Die Aufgabe Napoleons III. war es nun, aus der Pattsituation herauszuführen und die Vorherrschaft der kapitalistischen Großindustrie zu sichern.

Napoleon III. unterstützte mit allen Kräften die Entfaltung der großen Industrien wie auch der Agrarwirtschaft. Sein autoritäres Regime garantierte nicht nur politische Stabilität durch die Niederhaltung aufsässiger Bauern und Kleinbürger, es trug auch durch verschiedene Maßnahmen dazu bei, daß sich die Interessen der industriellen Bourgeoisie gegenüber denen der »alten« Bourgeoisie durchsetzen konnten. Dazu zählten neben der Mobilisierung von Geldkapital für industrielle Unternehmungen, die aus einer Neuordnung des Bank- und Kreditsystems erwuchs, auch die Schaffung nationaler und internationaler Absatzmärkte. Die hervorragende Rolle des Eisenbahnbaus in diesen Zusammenhängen ist hinreichend bekannt.

Napoleon III. sah die Chance eines industriellen Aufschwungs weniger in protektionistischen Einschränkungen, die er gegen den Widerstand auch eines Teils der Industriebourgoisie schrittweise abbaute, als vielmehr in einer Ausweitung des Handels begründet. Alle anderen Maßnahmen zur Förderung der industriellen Produktion setzten, um erfolgreich zu sein, voraus, daß die Waren verkauft werden konnten. Daher war der Handel und dessen Prosperität ein wesentlicher Faktor in dem Gesamtgefüge. In einem Brief an den Staatsminister Fould, der im »Moniteur« vom 15. Januar 1860 veröffentlicht wurde, betonte der Kaiser:

> »Wir müssen die Möglichkeiten zum Tausch vervielfachen, um den Handel in Schwung zu bringen; ohne Handel stagniert die Industrie und hält an hohen Preisen fest, die den Fortschritt der Konsumtion behindern; ohne prosperierende Industrie, die die Kapitale entwickelt, bleibt auch die Landwirtschaft in den Kinderschuhen stecken.«[1]

Die Erweiterung des internationalen Handels, symbolisiert und vorangetrieben durch die Pariser Weltausstellungen, eröffnete der französischen Industrie nicht nur neue Absatzmärkte, sondern setzte sie auch der Konkurrenz ausländischer Industrien aus und förderte damit die Konzentration des Kapitals und die Anwendung fortgeschrittener Produktionsmethoden. Im nationalen Bereich bedeutete die Ausweitung des Marktes nicht nur, daß die rechtlichen und infrastrukturellen Voraussetzungen hierfür zu schaffen waren, sondern auch, daß neben der Kaufkraft der Bevölkerung die Bereitschaft der Menschen zu kaufen stimuliert werden mußte.

Die ökonomische Bedeutung der Konsumtion

Die der kapitalistischen Produktionsweise innewohnende Notwendigkeit, zum Zwecke der Mehrwertrealisierung immer mehr zu produzieren und zu verkaufen, setzte eine gigantische Produktions-Konsumtionsspirale in Gang. Auf der Seite der Produktion erzielte die Große Industrie durch die Intensivierung der Ausbeutung der Arbeiter und Arbeiterinnen und durch zunehmende Technisierung und Rationalisierung der Produktionsmethoden Extraprofite. Als Folge der damit verbundenen Arbeitsproduktivität wuchs die Menge der produzierten Waren. Da nicht nur mehr Waren produziert wurden, sondern durch die vehement sich durchsetzende Maschinisierung der Wert der einzelnen Waren erheblich sank, nahm insgesamt das Quantum der Waren in weit größerem Umfang zu, als es den Anschein hat, wenn man sich nur die Wirtschaftswachstumsraten ansieht. Zwischen 1827 und 1847 stiegen Förderung und Verbrauch der Steinkohle um 300%, auch Braunkohle wurde mehr verbraucht. Einen ähnlichen Zuwachs konnte die Eisenindustrie verzeichnen. Hohe Steigerungsraten gab es beim Verbrauch der Rohstoffe in der Textilindustrie. Der Wollverbrauch stieg von 45.000 Tonnen im Jahr 1812 auf 83.000 Tonnen im Jahr 1852. Der jährliche Verbrauch von Baumwolle vervierfachte sich im selben Zeitraum. Die Zahl der beförderten Briefe verdreifachte sich. Für andere Güter des täglichen Lebens ist eine vergleichbare Entwicklung anzunehmen (vgl. Braudel/Labrousse 1976, S. 297).

Marx hat in der systematischen Analyse des kapitalistischen Verwertungsprozesses auf den Widerspruch hingewiesen, der zwischen dem Interesse des einzelnen Kapitalisten und dem des »Gesamtkapitalisten« in diesen Zusammenhängen besteht. Um den Lohn, den der einzelne Kapitalist seinen Arbeitern zahlen muß, niedrig zu halten, ist er daran interessiert, daß jene wenig konsumieren wollen, damit der »Wert der Arbeitskraft«, bestimmt als »Summe von Lebensmitteln« gering bleibt. Um aber seine Waren absetzen zu können, bedarf der Kapitalist der Konsumenten, und zwar solcher, die sich nicht so schnell zufrieden geben, sondern im Gegenteil solcher, die auf einer immer höheren Stufenleiter zu konsumieren bereit sind. Während die Frage, wie die Konsumtionsfähigkeit und -bereitschaft breiterer Gesellschaftsschichten mit dem Interesse des Kapitals an Mehrwertabschöpfung durch Lohnsenkung in Einklang zu bringen sei, die bürgerliche Theorie immer wieder beschäftigt hat, hat die marxistische Theorie diesem Zwiespalt wenig Bedeutung beigemessen. In der berechtigten und notwendigen Kritik an den bürgerlichen Aneignungsverhältnissen darf nicht außer acht gelassen werden, daß damit nur eine Seite des Problems bezeichnet ist. Die Aneignung des Reichtums durch eine Klasse hat zunächst da ihre Grenze, wo deren Bauch voll, ihre Konsumtionsfähigkeit erschöpft ist. Die Mehrwertproduktion ist aber ihrem Wesen nach schrankenlos, sie kann nicht einmal dann aufhören, wenn schon längst keiner mehr Interesse an ihren Produkten hat, also muß sie grenzenloses Interesse erzeugen.

Von einem kapitalistischen Standpunkt aus ist es Napoleon III. als entscheidendes Verdienst anzurechnen, die Bedeutung der Konsumtion erkannt und gefördert zu haben.

Die Konsumgüterindustrie

Die in Frankreich im 19. Jahrhundert bedeutendste Industrie, die noch einen relativ großen handwerklichen Anteil hatte, war die Textilindustrie. Sie beschäftigte im Jahre 1866 mehr als eine Million Arbeiter und Arbeiterinnen. Nach einer Schätzung von Mossé betrug ihr Anteil am Gesamtindustrieprodukt im zweiten Kaiserreich um 40%. Auf dem Weltmarkt stand Frankreich an dritter Stelle hinter England und den USA (Kuczynski 1967, S. 26).

Die meisten Erwerbstätigen waren nach der Textilindustrie (25% aller Beschäftigten) in der Bekleidungsindustrie (17%) beschäftigt. An dritter Stelle standen Holz und Möbel (16%), gefolgt von Bau (10%), Metall (8%) und Nahrung 7%) (ebd., S. 34). Die Konsumgüterindustrie insgesamt hatte einen überwiegenden Anteil an der industriellen Produktion, er betrug noch 1890 etwa drei Viertel der Gesamtproduktion (Braudel/Labrousse 1976, S. 1007).

Frankreich war schon im 18. Jahrhundert auf die Fabrikation von Luxusartikeln spezialisiert. Kostbare Stoffe und Spitzen, aber auch die »Pariser Artikel« (Seidenblumen, kleine Dekorationsartikel, Seifen und Parfüms), die die Wohnstätten der gehobeneren Schichten in ganz Europa dekorierten, wurden traditionellerweise aus Paris bezogen. Die französische Textil- und Luxusindustrie hatte bis zum Anfang des Jahrhunderts ihre Käufer und Käuferinnen vornehmlich in den reichen aristokratischen Kreisen gefunden. Nach dem Frieden von 1815, der dem Handwerk und der Industrie den Zugang zu ausländischen Märkten eröffnete, wurde nicht mehr nur für die adlige und bürgerliche Elite des »Hofes« und der »Stadt« produziert, sondern für eine Kundschaft, die der industriellen Welt entsprach. Es mußten neue Käuferschichten interessiert werden, in- und außerhalb des Landes. Die Weltausstellungen in den Jahren 1857 und 1867, deren Idee von London übernommen war, »Wallfahrtsstätten zum Fetisch Ware« (Benjamin 1982, S. 50), dienten diesem Zweck. Die Ausstellung von 1867 versammelte alles, was Rang, Namen und Geld in Europa hatte.

Der Aufschwung des Handels

Die große Bedeutung, die der Verkauf von Konsumgütern gewann, spiegelte sich in dem bemerkenswerten Aufschwung, den der Handel und vor allem auch die kleinen Geschäfte nahmen. Obwohl in der ersten Jahrhunderthälfte der Handel noch eng mit dem Handwerk verbunden blieb und sich nur relativ langsam aus dieser Verquickung löste, wuchs die Anzahl der Zulassungen von 900.000 im Jahr 1815 auf 1.437.000 im Jahr 1850 (Braudel/Labrousse 1976, S. 282).

Je komplizierter und komplexer der Kontakt zwischen Produzenten und Konsumenten wurde, um so wichtiger wurden die vermittelnden Einrichtungen des Handels. Der Kommissionär begann in allen Bereichen eine große Rolle zu spielen. Ihm oblag es, ein Gespür für die Nachfrage zu entwickeln und dementsprechend solche Artikel in Kommission zu nehmen, von denen er sich einen guten Absatz erhoffen konnte. In Paris entstanden im Quartier du Sentier die großen Kommissionshäuser, die ihre Angestellten in alle wichtigen Industriezentren schickten. So wurde Paris Teil und Promotor des neuen Lebens, zum Mittelpunkt der neuen Angebote und der damit verbundenen Geschäftigkeit, zum Handelszentrum und allgemein zum Umschlagsplatz des »Fortschritts«. Im Laufe der Zeit hatten fast alle Textilzentren dort ihre eigenen Vermittlungshäuser. Manchmal machten sich auch diese wieder selbständig und arbeiteten in Kommission für das Mutterhaus. Sie boten die Möglichkeiten, die Assortiments und die Kundschaft zu erweitern und dadurch die allgemeinen Kosten auf einen größeren Umsatz zu verteilen.

Diese Entwicklungen verdeutlichen einen Prozeß der wachsenden Dissoziation von Produktion und einer neuen Form des Handels. Das alte Handelskapital hatte seinen Gewinn in erster Linie daraus bezogen, daß es die Vermittlung zwischen Produzenten und Käufer organisierte, was vor allem den Transport der Ware bedeutete. Der Absatz der Produkte hing bis dahin wesentlich von der Überwindung der räumlichen Distanzen ab. Der Ausbau der Infrastruktur erweiterte und erleichterte die Transportmöglichkeiten, so daß diese nicht mehr das Hauptproblem für den Absatz der Waren darstellten.

Mit der wachsenden Produktivität und der Möglichkeit des größeren und vielfältigeren Angebots stellte sich die Notwendigkeit ein, die kommende

Nachfrage sehr genau vorherzusehen und sie zu provozieren. Im Wirtschaftsprozeß der vorindustriellen Gesellschaften ging die Nachfrage dem Angebot voraus, die Produktion folgte Schritt für Schritt der Konsumtion. Dieses Verhältnis kehrte sich um. Die Großindustrie, die gezwungen war, in ständig größerem Maße zu produzieren, konnte die Nachfrage nicht abwarten, sie mußte sie hervorlocken. Von nun an ging die Produktion der Konsumtion voraus, das Angebot erzwang die Nachfrage. Der relativ eingeschränkte und krisenanfällige Markt bedeutete für die Produzenten nicht nur das Risiko, in der Konkurrenz um die Preise einem Nebenbuhler zu unterliegen, sondern auch, die potentielle Kundschaft nicht richtig eingeschätzt, d.h., Ladenhüter produziert zu haben. Dies erklärt das Aufkommen solcher Handelsformen, deren Hauptfunktion darin bestand, den Kontakt mit den Kunden herzustellen.

Im Einzelhandel fanden die Veränderungen zögernd statt, doch sollten sie sich für die Zukunft als von großer Tragweite erweisen. In den ersten Jahren der Julimonarchie wurden spezialisierte Kaufhäuser gegründet, die besser ausgestattet waren und eine größere Kundschaft ansprachen. Sie hatten mehr Waren vorrätig, und es wurde begonnen, diese mit festen Preisen auszuzeichnen. Mehr Verkaufspersonal wurde eingestellt. Neben solchen Kaufhäusern wie »La belle Jardinière« (1826 gegründet), die zum ersten Mal Konfektion anbot, oder »Le Bonhomme Richard«, der auf demselben Gebiet erfolgreich war, entstanden die Kaufhäuser der »Nouveautés«, die eine vielfältige Auswahl an neuen und modischen Artikeln führten. Die luxuriöse Innenausstattung und räumliche Weitläufigkeit förderten ebenso wie eine rationelle Geschäftsleitung den Verkaufserfolg. Zwar handelte es sich in der Julimonarchie vorläufig noch um vereinzelte Unternehmen, doch waren diese bedeutsam, weil sie ein neues Verkaufskonzept demonstrierten, da sich dann im zweiten Kaiserreich in größerem Umfange durchsetzen sollte.

Die großen, heute noch bestehenden Pariser Kaufhäuser wurden in dieser Zeit eröffnet. 1852 gründeten Aristide Boucicaut und seine Ehefrau »Le Bon Marché«. Unter der Ägide der beiden und später der Witwe Boucicaut wurde aus einer kleinen boutique de nouveautés innerhalb von 25 Jahren ein Kaufpalast mit einem jährlichen Umsatz von 27 Mill. Francs. Mehrere tausend Verkäuferinnen waren in der Zeit dort angestellt. »Le Louvre« wurde 1855 gegründet, »Le Bazar de l'Hôtel de Ville« 1856, »Au Printemps« 1865, »La Samaritaine« 1869.

Das wesentliche Prinzip dieser Häuser bestand darin, daß sie bei vergleichsweise niedrigen Pro-Stück-Gewinnen durch einen großen Umsatz und schnellen Umschlag des Kapitals hohe Gewinne erzielten. Solche Resultate, die eine enorme Steigerung der verkauften Warenmenge voraussetzten, stellten sich nur dann ein, wenn eine breite Kundschaft herangezogen werden konnte. Die Kunst, die Waren verlockend zu präsentieren, die Vielfalt der Auswahl, der

Luxus und die Eleganz der Räumlichkeiten machte diese Kaufhäuser zu einer permanenten Ausstellung. Die festen Preise, die gemessen an dem die Waren umgebenden Luxus und denen, die man beim Handel erzielen konnte, niedrig erschienen, vermittelten den Eindruck größerer Durchschaubarkeit und Rationalität des Kaufakts. Zudem waren die Produkte frischer, modischer und es gab immer auch Gelegenheit, besonders billig zu kaufen. Vorräte wurden sehr schnell geräumt, wobei regelmäßig in einer Art von Schlußverkäufen zusätzliche Preisnachlässe gewährt wurden.

Die Kaufhäuser waren, ähnlich wie die Auslagen in den Passagen, jedermann zugänglich und konnten darum ihre verführerische Macht auch gegenüber denen entfalten, die gar nicht genug Geld hatten, um es dort auszugeben. Für den kleineren Kreis des wohlhabenden oder gutsituierten Bürgertums und andere konsumtionsfähige Schichten, Teile des Adels und vor allem die reichen ausländischen Besucher und Besucherinnen bot Paris ein zunehmend wachsendes Angebot an Waren und Dienstleistungen, die zum Kauf verführten. Die Veränderungen im Stadtbild und die Auswirkungen, die diese für die Menschen hatten, die darin lebten, wird aus einer Schildung deutlich, in der Ludwig Börne das Leben in seiner deutschen Heimatstadt in der Provinz mit seinen Eindrücken in Paris vergleicht.

»Haben wir in unserer kleinen Heimat die fünf Pforten der Sinnlichkeit verschlossen, dann können wir uns unbesorgt auf die Polster der Tugend niederstrecken; in Paris aber erstürmen die Lüste unser Herz, oder sie schleichen sich verkleidet ein, oder sie suchen sich neue Wege. Man lernt dort wenigstens etwas Psychologie für sein Geld, denn viele Zweige der Begehrlichkeit lernen wir erst kennen, wenn sich Vögel darauf setzen und sie schütteln. In den Mauern kleiner Städte bewahren uns oft Trägheit und Ungeduld vor großen Ausgaben. Möchtet ihr ein neues Kleid haben, müßt ihr dort erst zum Kaufmann gehen und um den Preis des Tuches streiten, dann zum Schneider, der, nachdem er eine Viertelstunde an euch herumzappelt, um das Maß zu nehmen, euch vierzehn Tage auf den Rock warten läßt und geht es auf Pfingsten, vier Wochen. Ihr bedenkt diese Weitläufigkeit und unterlaßt diesen Kauf ... In Paris aber sind Kleider und Stiefel fertig und zu bestimmten Preisen und die Bücher in allen Straßen gebunden zu haben ... Sparsam zu leben fällt hier Menschen von jeder Gemütsart so schwer, weil Seele und Leib zu gleicher Zeit verführt werden« (Börne 1964, Bd. II, S. 17f.).

Die Macht der »Warenseele«, die, »wenn es sie gäbe«, schreibt W. Benjamin, »die einfühlsamste wäre, die im Seelenreiche je begegnet ist« (Benjamin 1969, S. 58), suchte überall sich der Aufmerksamkeit des potentiellen Käufers oder mehr noch der potentiellen Käuferin zu bemächtigen.

Die Zeit markierte den Beginn der »Warenästhetik« (Haug 1976, 1975) jener Schönheit, »wie sie im Dienste der Tauschwertrealisation entwickelt und den Waren aufgeprägt worden ist, um beim Betrachten den Kaufwunsch zu erwecken« (Haug 1976, S. 10). Die Zurschaustellung des wachsenden Warenangebots, die Notwendigkeit, die Waren zu verkaufen, ihren »Gebrauchswert« anzupreisen, öffnete Tür und Tor für unbegrenzte Gebrauchswertversprechen. Die industrielle Produktion mußte nicht nur erheblich mehr Produkte verkaufen, sondern oft auch solche von geringerer Qualität und größerer Gleichförmigkeit. Um so wichtiger wurde der Schein, mit dem die Waren umgeben wurden. L. Börne sah sich auch der Faszination dieses Scheins ausgesetzt:

> »Ich will dieses Mal nur einige der sinnlichen Mittel erwähnen, welche die Warenhändler gebrauchen, die Kauflust zu erwecken und die Kauflustigen anzuziehen. In denjenigen Teilen der Stadt, wo die Theater, die öffentlichen Spaziergänge, die anderen Sehenswürdigkeiten liegen, wo daher die meisten Fremden wohnen und sich herumtreiben, gibt es fast kein Haus ohne Laden. Es kommt auf eine Minute, auf einen Schritt an, die Anziehungskräfte spielen zu lassen; denn eine Minute später, einen Schritt weiter steht der Vorübergehende an einem anderen Laden, worin er auch die Ware findet, die er suchte. Die Augen werden einem wie gewaltsam entführt, man muß hinaufsehen und stehenbleiben, bis der Blick zurückkehrt. Der Name des Kaufmanns und seiner Ware steht zehnmal neben, untereinander auf den Türen, über den Fenstern, auf Schildern geschrieben, die Außenseite des Gewölbes sieht aus wie das Schreibbuch eines Schulknäbchens, das die wenigen Worte der Vorschrift immer wieder wiederholt. Die Zeugen werden nicht in Mustern, sondern in ganzen aufgerollten Stücken vor Türe und Fenster gehängt. So hat hier jeder für die kleinen Fische, die er fangen will, einen großen Haken« (Börne 1964, Bd. II, S. 30).

Das Scheinreich der Warenästhetik schlug seine Wurzeln in der Stadt und bereitete seinen Zugriff auf die Konsumenten und Konsumentinnen vor. Der Zugriff war von außerordentlicher Reichweite. Er wurde zu einer Instanz von »geradezu anthropologischer Macht und Auswirkung« (Haug 1976, S. 54), er veränderte die Sinne der Menschen, ihre Bedürfnisse, ihr Verhalten und ihr Denken.

Konsumenten und Konsumentinnen — Hausfrauen und Kurtisanen

Das Zweite Kaiserreich steht, wie kaum eine andere Epoche, in dem Ruf, daß sich in ihm die Verhaltensweisen und das Lebensgefühl der Menschen grundsätzlich geändert haben. Ein solches Urteil wurde nicht nur von vielen Zeitgenossen gefällt, sondern auch von denen, die rückblickend das Leben unter Napoleon III. kommentierten. Der Vte de Beaumont-Vassy, Angehöriger der alten Aristokratie und Beobachter des sozialen und kulturellen Lebens zu Zeiten Louis-Philippes und Napoleon III. schreibt dazu:

> »Die Zweite Republik hat in ihrer kurzen Dauer die sozialen Gewohnheiten der Gesellschaft Louis-Philippes nicht spürbar verändert; die Gesellschaft des Zweiten Kaiserreiches aber ist ganz und gar verschieden von der der Regierung der jüngeren Bourbonenlinie« (Vte de Beaumont-Vassy 1868, S. 6).[2]

In den unterschiedlichen Beurteilungen werden jeweils der Prunk, der Luxus und die Verschwendung als Zeichen der »neuen Zeit« hervorgehoben. Obwohl der größere Teil der Bevölkerung keineswegs in sorgloser Unbekümmertheit mit Geld um sich werfen und ein arbeitsfreies Leben voller Genüsse führen konnte, wurde das Bild der Epoche von dem Glanz bestimmt, der für alle sichtbar die Stadt überflutete. Paris wurde mit einem Nimbus umgeben, der es zum Sinnbild eines leichten und leichtfertigen, Glück und Rausch verheißenden Lebens machte. Der wesentliche Unterschied zur ersten Jahrhunderthälfte bestand nicht darin, daß so viel mehr Menschen hätten ein leichteres Leben führen können. Doch was sich grundlegend änderte, war die Publizität und Wertung, die ein solches Leben in der öffentlichen Darstellung erfuhr. In einem nie zuvor gekannten Maße wurde das Interesse der Menschen auf den Konsum ausgerichtet.

In der Presse, in den Theatern, in den Warenauslagen auf dem Boulevard wurde »das schöne Leben« gefeiert. Ankündigungen von Bällen und anderen Vergnügungen, Berichte über die Garderobe der Frauen und allgemein über gesellschaftliche Festlichkeiten wurden zu einem wichtigen Thema in den Zeitungen. Die Dimensionierungen solcher Bälle stellten alles andere in den Schatten. Zu den jährlich mehrmals stattfindenden Festen in den Tuilerien waren jedesmal vier- bis fünftausend Gäste geladen. Alles, was in Paris Rang und Namen oder Talent hatte, nahm daran teil. Und jeder, der auf sich hielt, lud in ähnlicher Weise ein, wobei einer den anderen an Prunk und Verschwendung zu übertrumpfen suchte. Für die Frauen waren in diesem Rahmen größte Eleganz und Kostbarkeit der Kleidung obligatorisch.

Napoleon III. verfolgte eine Politik der hohen Staatsausgaben und -verschuldungen. Er unterschied sich darin ganz und gar vom Verhalten des Bürgerkönigs und geriet auch in Gegensatz zu einem Teil seiner eigenen Minister, die gemeinsam mit den Vertretern der orthodoxen Finanzbourgeoisie ein solches Vorgehen nicht als sinnvoll erachteten. Zwischen 1852 und 1865 wurde die Staatsverschuldung verdoppelt, wohingegen sie in den 18 Jahren der Juli-

Monarchie nur um ein Fünftel angestiegen war (Plessis 1973, S. 88). So sehr, wie Napoleon politisch ein Außenseiter war, der keine der herrschenden Gruppen ganz repräsentierte, so sehr waren er und der Hof, den er führte, es auch in ihrem Verhalten. Sein verschwenderisches und prunksüchtiges, dabei »geschmackloses« und »parvenuhaftes« Gebaren entsprach weder den Traditionen vorangegangener Herrscher noch den Konventionen bürgerlicher Lebensweise, an denen Louis-Philippe seine Selbstdarstellung ausgerichtet hatte.

Er, der sich selber als »Emporkömmling«, als Herrscher durch die Gnade des Volkes und nicht durch die Gunst der Geburt bezeichnete, nahm sich alle Freiheiten, seinem Leben und seiner Umgebung ein eigenes Gepräge zu geben. Der verschwenderische Aufwand, den er entfaltete, die ungehemmte Zuneigung, die er Frauen aus allen Schichten in der gleichen Weise entgegenbrachte und gut honorierte, wenn sie ihm erwidert wurde, die öffentliche Leichtfertigkeit seiner moralischen Prinzipien im Verbund mit der Autorität seiner politischen Macht waren dazu angetan, solche Tendenzen auch in anderen Bereichen zu fördern und hervorzukehren.

Von der historischen und der kulturhistorischen Forschung wird der »Prunk«, die »rauschhafte Verschwendungssucht« als hervorstechendes Charakteristikum des Hofes und der Gesellschaft des zweiten Kaiserreichs beschrieben. Doch bleibt das Phänomen selber unverstanden, wenn ein eigentümlicher Charakterzug Napoleons zur Erklärung herhalten muß. So erfaßt weder die Erklärung Kuczynskis: »Aber der eigentliche Zug der Herrschaft Napoleons ist der Zug ins Lumpenhafte, vermischt mit dem Luxus, den sich Lumpen leisten, wenn sie mal Geld haben« (Kuczynski 1967, S. 6) die funktionalen Zusammenhänge noch die Darstellung Siegfried Krakauers:

»Es war (das zweite Kaiserreich, D.M.) eine Farce; denn sowohl das Bürgertum wie die Staatsstreichler parodierten die Wirklichkeit, statt sie zu gestalten. Das Bürgertum, weil es gerade vor der Auseinandersetzung mit der Wirklichkeit in die Diktatur hinein floh, die Staatsstreichler, weil sie die Macht rein um der Macht willen erstrebten. Die Bourgeoisie wurde von ihrem Komplex beherrscht, Louis Napoleon und die seinen nützten den Komplex skrupellos aus. Mit welchem Unernst sie operierten, verrät die Äußerung des Grafen Viel-Castel, daß ihn die ganze Clique an eine Faschingsbande gemahne ... Er (Napoleon, D.M.) wollte das Blendwerk seiner Diktatur am Leben erhalten und hauchte Tendenzen Leben ein, die historisch fällig waren. Sein Sinn stand auf Rausch, und der Zufall fügte es, daß sich gerade während seiner Regierung der industriellen Bewegung Chancen eröffneten, die berauschen mußten. So konnte er freilich aus irrealen Motiven reale Mächte erwecken« (Krakauer 1962, S. 124 und 129).

Dieselbe analytische Hilflosigkeit, die auf Zufälle oder psychologische Dispositionen von Einzelpersonen rekurriert, kennzeichnet auch andere Untersuchungen der Epoche. Dies erstaunt um so mehr, als die Person Napoleons wie auch seine politischen Zielsetzungen in anderer Weise ernstgenommen und gefürchtet zu werden verdienen. Es ist gewiß kein Zufall, daß sich der »Konsumrausch« zu sehr großen Teilen auf Industriezweige bezog, die in Frankreich besonders weit entwickelt waren. Die Propagierung des Genusses hatte eine ökonomische Funktion, und sie bediente sich der Leiber und der Seelen der Frauen.

Inkarnation des Luxus und der Verschwendung im II. Kaiserreich war die Kurtisane. In der Entfaltung ostentativen Reichtums am eigenen Körper, der so ungemein kostspielig war, daß von ganzen Vermögen gesprochen wurde, die die Liebhaber für die Ausstattung und den Lebensunterhalt dieser Frauen ausgaben, verkörperten sie einen neuen Typus des uneingeschränkten Konsums. Die Leichtigkeit, mit der einige Männer Millionensummen in dieser Weise verausgabten, und die allgemein verbreitete Selbstverständlichkeit, mit der auch wenige wohlhabende Männer für die »Phantasien« ihrer Mätressen aufkamen, sind nur erklärlich aus einem gesellschaftlichen Zusammenhang heraus, in dem solches Gebaren, trotz aller anderslautenden Reden, eine positive Wertung erfuhr. Von den Zeitgenossen ist nicht nur die ungeheure Verschwendung, die die Kurtisanen betrieben, bezeugt, sondern auch der Einfluß, den dieser Lebensstil auf die »Damen der Gesellschaft« und deren Modebewußtsein hatte. Augier spricht von einem wahren Wettstreit, den sich die »feinen Damen« mit den nicht ganz so feinen auf dem Gebiet der Eleganz lieferten. Charles Blanc bereitete es Mühe, »allein von der Art der Kleidung her eine ehrenwerte Frau von einer Kurtisane zu unterscheiden« (Blanc 1872, S. 12f.)[3]. Friedell konstatiert: »Der Modetypus ist die grande dame, die die Kokotte spielt« (Friedell 1931, S. 203). Nach dem Tode einer Kurtisane war es üblich, daß ihr Nachlaß von den Damen der Gesellschaft und anderen Frauen inspiziert wurde, wie dies Dumas fils im ersten Kapitel der Kameliendame beschreibt.

Die Kurtisane wurde plakativ in die Öffentlichkeit getragen. Die Medien, über die »Öffentlichkeit« hergestellt wurde, waren die Presse, die Theater, die Boulevards und die Cafés. Kennzeichen dieser Öffentlichkeit war ihre Offenheit. Das Geld spielte darin eine wesentliche Rolle, tendenziell war jeder darin zugelassen, der genug davon zur Verfügung hatte. In der Öffentlichkeit der Stadt verwischte das Geld die Unterschiede, die von Stand und Herkunft herrührten.

Die Öffentlichkeit des zweiten Kaiserreichs war eine Konsumentenöffentlichkeit. Die Teilhabe daran war mit der Verausgabung von Geld verbunden. Auf der untersten Stufe handelte es sich nur um die Eintrittskarte für das Theater, da gab es billige Plätze im Parterre, wo auch Angehörige der ärmeren Klassen ein- oder zweimal im Jahr hingehen konnten. Die Zeitungen waren im Lesekabinett einzusehen, und auf dem Boulevard konnte man sich aufhalten, auch ohne ein »Boulevardier« zu sein. Die Warenauslagen, ihre verführerische Aufforderungskraft richtete sich an jeden Passanten, sie schmeichelten sich ein auch in die Träume derer, die niemals würden derartigen Luxus kaufen können.

Die neue Öffentlichkeit war eine Art Reklame. Reklame für die eine oder andere besondere Ware, aber mehr noch für die Ware allgemein, für den Genuß der Ware. Die Aufwertung, mit der die Bereiche des Konsums bedacht wurden, war mehr als die bloße Konstatierung größeren Reichtums. Es war die Propagierung eines neuen Lebensstils und zugleich eine Anweisung, wie der Reichtum zu verwenden sei. Die Bedeutung, die dem 'Luxus' auch in der politischen Diskussion beigemessen wurde, drückt aus, daß darin ein zentrales und komplexes Thema der Zeit bezeichnet ist.

Die Publizität, mit der die Kurtisanen umgeben wurden, schaffte Erwartungshaltungen. Sie erzeugte Bilder und Vorstellungen in den Köpfen von Männern und Frauen. Es entstand ein Bild von Weiblichkeit, das sich mit den Eigenschaften der Kurtisane verband. Dieses Bild wurde zu einer Art internationalem Markenartikel. Das Paris des Zweiten Kaiserreichs war unbestritten die Hauptstadt des europäischen Amüsements, und es förderte die Grundlagen für diesen Ruf nach besten Kräften. Die Pariser Textil- und Luxusindustrie florierte nicht nur durch den Absatz auf dem Binnenmarkt, sondern auch durch den Export. Exportiert wurden mit den kostbaren Stoffen, den künstlichen Blumen und den Seidenstrümpfen auch Chimären eines Glücks, das das »Pariser Leben« einzulösen versprach. Der Nimbus von Frivolität, mit dem die Hauptstadt sich umgab, lockte unzählige, zumeist männliche Besucher nach Paris, die dann die phantastischsten Vorstellungen von den »Pariser Damen« mit nach Hause brachten.

Es war sicher nicht unbedeutend, daß die Besuche europäischer Fürsten immer auch zu einer der bekannten Kurtisanen führten. Und wenn es 20 Jahre später in Deutschland, zu einer Zeit, da dort vergleichbare ökonomische Strukturen entstanden waren, üblich wurde, »im Kreis der modernen Millionäre, des Geldadels und der Spekulanten (...) sich Mätressen zu halten oder — das galt als höchster 'Pschutt' — für einige Wochen ein oder zwei Damen aus Paris kommen zu lassen und sie dann wieder heimzusenden«, dann zeigt dies, daß die internationale Verbreitung des Mythos voll eingeschlagen hatte (v. Leixner, zit. in Schulte 1979, S. 62).

A Décaux sieht den eigentlichen Zweck des Prunks des Zweiten Kaiserreichs darin, daß die Möglichkeit geschaffen wurde, ostentativ Geld auszugeben.

»Der wahre Sinn dieser 'fête impériale', an die sich die Zeitgenossen noch so lange mit Bedauern und Wehmut zurückerinnert haben, lag darin, daß die Französinnen der vornehmen Gesellschaft, die daran teilgenommen haben, einen in diesem Jahrhundert ganz neuen Luxus zur Schau stellen konnten. Zur Zeit Napoleons I. waren nur die Mitglieder der neuen Kaiserlichen Aristokratie zu großen Geldausgaben verpflichtet. Im Zweiten Kaiserreich wird dies zu einer Verpflichtung der gesamten besitzenden Klasse. Um dazuzugehören müssen Millionenbeträge ausgegeben werden. Sie werden ausgegeben« (Décaux 1972, Bd. II, S. 838f.)

Doch wie groß war die »besitzende Klasse«, die reich und sorglos genug war, um dieses Leben zu führen, welches das Bild des Zweiten Kaiserreichs bestimmte?

Während ein Teil der Gesellschaft sich zunehmend mit Prunk und Luxus umgab und diesen so in die Öffentlichkeit trug, daß das Gesicht der Stadt davon geprägt wurde, lebte der andere Teil der Gesellschaft in großer Armut und politischer Repression. Zwei Urteile über Paris im Jahr der Weltausstellung spiegeln deutlich diesen Gegensatz. So schrieb H. Buchot bewundernd:

»Das Paris von 1867 ist eine merkwürdige Stadt, ein vom Glück begünstigter Ort, wo der kaiserliche Luxus so viele Attraktionen geschaffen hat, daß von überall her Menschen, die sich langweilen, kommen, um etwas zum Lachen zu finden. Paris hat seine Theater, seine Frauen, ein Flair der Lebensfreude; es hat sich so verschönert, daß man es gegenüber der Zeit vor zehn Jahren kaum wiedererkennen kann« (Buchot 1896, S. 177).

Demgegenüber nahm V. Brocher das Elend wahr, in dem die Massen lebten, die am Glimmer des »Pariser Lebens« nicht teilhatten:

»Paris war sehr belebt, viele Fremde waren da; das Elend wurde von Tag zu Tag größer, es gab kaum Arbeit. Die Stadt war durch Haussmann, den großen Zerstörer, von Grund auf durcheinander gewühlt worden. Das Leben war schwierig, die Geschäfte gingen schlecht, die Mieten stiegen beträchtlich, wovon die Arbeiterklasse und die mittlere Klasse besonders hart getroffen wurden. ... jeder gab der Bitterkeit, die er gegen das tyrannische, verbrecherische und verschwenderische Regime hegte, Ausdruck (Brocher 1976, S. 177).

Die Frage stellt sich, wer den Luxus konsumierte, wie der Reichtum und die Kaufkraft verteilt waren und allgemein, in welcher Weise die Menschen Waren verbrauchten.

Die Armut war sehr groß, doch ist es schwer, genaue Angaben dazu zu machen. Die Untersuchungen, die nach jeweils unterschiedlichen Maßstäben diese Frage zu beantworten suchten, kommen zu ungefähr dem Ergebnis: etwa vier Fünftel der Pariser Bevölkerung lebte in der ersten Jahrhunderthälfte in sehr großer Armut, wie A. Daumard, die Angaben über die Nachlässe von Personen, die im Erwachsenenalter gestorben waren, ausgewertet hat, festgestellt hat (vgl. Tudesq 1973, Bd. II, S. 209).

Auf ähnliche Verhältnisse deuten die Begräbnisakten, aus denen hervorgeht, daß zwischen 1820 und 1840 75%-80% der Verstorbenen auf Kosten der Stadt beerdigt wurden. Und da ein »anständiges Begräbnis« etwas war, dem viel Wert beigemessen wurde, mag gerade diese Zahl für eine wirklich große Armut zeugen. Die Angaben zu den Mieten und zu den zu zahlenden Steuern ergeben ein ähnliches Bild.

Besondere Beachtung verdient die Tatsache, daß äußerste Armut und Bedürftigkeit in den prosperierenden und mit einer fortschrittlichen Wirtschaftsstruktur ausgestatteten Städten am ausgeprägtesten waren. Dies trifft für Bordeaux, Rouen und Paris zu. In Toulouse hingegen, wo in der ersten Hälfte des 19. Jahrhunderts die handwerklichen Strukturen noch vorherrschten, ebenso wie in allen kleineren Städten, war der Anteil der sehr Bedürftigen deutlich geringer (Braudel, Larousse 1976, S. 855). Als Kriterium einer gewissen Wohlhabenheit ist die Anstellung von Dienstboten anzusehen. Doch darf dieses nicht überbewertet werden, da wegen der sehr geringen Entlohnungen auch häufig solche Haushalte, die sehr sparsam leben mußten, ein Dienstmädchen beschäftigten. Aufgrund von Volkszählungen hat man geschätzt, daß im Jahr 1841 in Paris 38.500 Haushalte Dienstboten hielten (ebd., S. 850).

Aus dem Vergleich aller Zahlen ergibt sich, daß der Anteil derer, die in einer vergleichsweise gesicherten ökonomischen Situation lebten (eingeschlossen die sehr reichen Teile des Adels und der Bourgeoisie, aber auch die bescheidener lebenden Mittelklassen) nicht mehr als 15% ausmachten. Überall waren die großen Vermögen in den Händen Weniger konzentriert. Im Jahr 1847 gehörten 30% des Gesamtvermögens der Pariser Bevölkerung zu 1% der Haushalte. Paris versammelte mehr noch als alle anderen Städte die Extreme, weil dort die mächtigsten Kapitale und die größte Bedürftigkeit nebeneinander existierten. Und während die einen durch die Profite des industriellen Aufschwungs immer reicher wurden, verloren die anderen durch ebendieselben ihre alten Existenzgrundlagen.

Nicht nur von ihrer ökonomischen Lage, auch von ihrer Lebensweise her bestanden im Zweiten Kaiserreich viele »Gesellschaften« nebeneinander. Die adligen Familien des Faubourg St.-Germain lebten weitgehend zurückgezogen und nach Maßstäben, die sie sich in der Julimonarchie gebildet hatten. Sie hatten keinen Kontakt zu der neuen Herrschaft in den Tuilerien, deren parvenuhaftes Gebaren sie verachteten. Es sind dies die Kreise, die die Comtesse de Ségur (1864) beschreibt. Dort wurde den Frauen der eigenen Klasse eine wie im 18. Jahrhundert übliche Hochachtung entgegengebracht. Wenn diese sich von den neuen Verlockungen anstecken ließen, geschah dies doch nur mit großer Zurückhaltung.

Für den größten Teil auch der ökonomisch abgesicherten Gruppe der bürgerlichen und handwerklichen Schichten waren harte Arbeit und sparsamste Lebensführung immer noch die Bedingungen, um eine bescheidene Existenz aufbauen zu können. Sie lebten nach festen ökonomischen und moralischen Prinzipien. Für die Frauen trifft sicher das Urteil nicht zu, sie seien von einer »unstillbaren Gier nach Eleganz« befallen und die Bälle und die Kleidermode seien ihre einzige Beschäftigung gewesen. Erst recht galt dies nicht für die bäuerlichen Schichten und die Arbeiter und Arbeiterinnen.

Dennoch waren es nicht nur die Kaiserin Eugénie und die dem Hof assoziierten Kreise, die immer größeren Wert auf kostspielige und auffällige Garderobe legten. Kleidung wurde in Kreisen des wohlhabenden Bürgertums allgemein mehr Bedeutung beigemessen und vor allem, sie wurde schneller erneuert. Der 'Guide de Paris' von 1855 bemerkt:

> »Früher sah man ein Kleidungsstück wie ein Möbel als von langer Dauer an. Man wählte einen guten und festen Stoff, den man noch ordentlich fütterte. Man nahm ihn sehr weit, weil man sich rühmte, einen Bauch anzusetzen, bevor der Stoff verbraucht sei; jedes Jahr versetzte man es in seinen ursprünglichen Zustand zurück, indem man es stopfen und wieder auffrischen ließ und die Flecken entfernte. ... Heute kauft man ein Kleidungsstück mit Preisnachlaß, aus einem leichten Stoff, zu eng und schlecht genäht, als fürchte man, es sei nicht schnell genug verbraucht, damit es ersetzt werden könne« (zit. in Guiral 1976, S. 174).[7]

Während in der Julimonarchie die weibliche Kleidung verhältnismäßig einfach war, wurde die Mode im zweiten Kaiserreich zunehmend luxuriöser und auffälliger, aber auch künstlicher und einengender. Die Krinoline, ein Gebilde aus vielen Metern Stoff und vier bis fünf Stahlreifen, war sinnfälliger Ausdruck der Einengung der Bewegungs- und Denkfreiheit der Frauen aus den reicheren Klassen. Die Kaiserin Eugénie, die die Mode der Krinolie begründet hatte, nannte ihre Kleider »mes robes politiques«: Der Kaiser wünsche, daß die Industrie unterstützt werden, die die Spitzen und die feinen Baumwollstoffe, die Seide und den Samt produziere (zit.n. Décaux 1972, S. 863). Zur Krinoline, deren Herrschaft solange unumstritten war, bis die Kaiserin sie 1867 mit der Begründung verbannte, daß sie keinen Gefallen mehr daran habe, gehörte das Korsett. In Paris gab es 4.000 Korsettmacherinnen, von denen eine alle zwei Tage ein Korsett herstellen konnte, für das ein hoher Preis gezahlt wurde.

Die Arbeiter und Bauern bekleideten sich zumeist mit einem blauen oder grauen Hemd, dazu eine grobe Baumwollhose. Die Frauen hatten einfache lange Röcke und »wenig Röcke darunter und selten zwei Hemden in gutem Zustand« (Guiral 1976, S. 175). Dienstboten und Dienstbotinnen trugen oft die Kleidung ihrer Herrschaften auf.

Die Kleidung, aber auch die Wohnungseinrichtung wurden ein zunehmend wichtiger werdendes Zeichen der Abgrenzung auch der ärmsten bürgerlichen Schichten gegenüber den Handwerkern und Arbeitern. Bei der Arbeit einen Anzug zu tragen, hieß, keine schmutzige Arbeit leisten zu müssen.

In der bäuerlichen Gesellschaft veränderte sich der Lebensstil nur langsam. Nicht immer drückte sich größere Wohlhabenheit durch einen höheren Verbrauch von Konsumgütern aus. Dennoch wurde auch dort zunehmend mehr für Kleidung und Nahrung verausgabt. Die Qualität des Brotes stieg durch die Verallgemeinerung des Weizens; der Verzehr von Fleisch und Wein erhöhte sich, die Kleidung wurde von feinerer Qualität; die Holzschuhe wurden außerhalb der Arbeit durch Lederschuhe ersetzt, die Matratze hörte auf, ein bürgerlicher Luxus zu sein (Braudel/Labrousse 1976, S. 763). Im Großen und Ganzen steigerte sich der Konsum in den breitesten Schichten der Bevölkerung aber nur sehr allmählich. Dennoch war dieser für die Entwicklung der Industrie von größerer Bedeutung, als es zunächst den Anschein hat.

Ein Indiz dafür, daß das Konsumtionsverhalten der Mehrzahl der Bevölkerung und nicht nur der übersteigerte Konsum der kleinen privilegierten Schicht ausschlaggebend war, ist darin zu sehen, daß zumindest bis 1868 eine sehr enge Verbindung zwischen Krisen der Landwirtschaft und allgemeinen Wirtschaftskrisen bestand. Eine schlechte Ernte oder auch nur die Aussicht auf eine solche provozierte eine industrielle Krise der Konsumgüterindustrie, insbesondere des Textils. Ein steigender Brotpreis lähmte sofort die Kaufkraft des Volkes. So bestand bis zum letzten Viertel des Jahrhunderts eine tendenziell gegensätzliche Bewegung zwischen dem Weizenpreis und der Textilproduktion. Obwohl auch andere Faktoren wie die Rohstofflage oder die internationale politische und wirtschaftliche Situation eine Rolle spielten, war doch die Abhängigkeit vom Brotpreis, d.h. von der Kaufkraft der volkstümlichen Massen, ausschlaggebend (vgl. Braudel/Labrousse 1976, S. 1005-1009).

Paris — das Stadtbild

Die Widersprüche, unter denen sich der kapitalistische »Fortschritt« entfaltete, teilten sich im Stadtbild mit und waren sinnlich wahrnehmbar für die, die dort lebten. Dies galt zumindest für die unteren Klassen, ihre Lebenserfahrung war vom eigenen Elend wie auch von der Anschauung des bürgerlichen Reichtums geprägt. Der Glanz, der auf den Straßen, den Plätzen, in Presseberichten und in den Theatern entfaltet wurde, war für die überwiegende Mehrheit zum Hinsehen, nicht zum Teilhaben. Er gab sich demokratisch: mitmachen konnten alle, die Geld hatten, potentiell war jeder angesprochen, nur hatte nicht jeder Geld.

Die Kontraste von arm und reich, die sich zunehmend stärker ausprägten, fanden sich in Paris in einem engen räumlichen Nebeneinander. Sie bestimmten ebenso wie die Konsummöglichkeiten und Arbeitszwänge, auch die Wohnverhältnisse und die Lebensweise. Unsere Vorstellung vom Paris des 19. Jahrhunderts ist weitgehend geprägt von den Dokumenten, die uns dazu überliefert sind, Zeichnungen, Photographien, literarische Beschreibungen und Bauwerke, die nicht abgerissen wurden. Bei dem Versuch, sich mit geschlossenen Augen in die Zeit zurückzuversetzen, erscheinen mosaikartig diese überlieferten Elemente, um sich zu einem Bild zusammenzusetzen. Es ist ein ganz und gar einseitiges und falsches Bild, das auf diese Weise entsteht. Nahezu alles, was für mitteilenswert und bewahrenswert erachtet wurde, war Teil des Lebens einer zahlenmäßig kleinen Minderheit. Es sind Selbstzeugnisse und Selbstbespiegelungen der bürgerlichen Klasse. Da erscheinen die bürgerlichen Salons mit ihrem Mobiliar, die Mode, in der die reichen Frauen gekleidet waren, die Kutschen, die Gaslampen und die Cafés, in denen die Literaten verweilten. Das alltägliche Leben war viel mehr von großer Armut der Bevölkerung und deren sozialen Verhaltensweisen geprägt, als dies in diesen Zeugnissen zum Ausdruck kommt. Die bürgerliche Perspektive hat nicht nur in der Überlieferung, sondern auch schon in der Darstellung der Zeitgenossen Ausgrenzungen vorgenommen, die nicht durch räumliche Trennungen zu erklären sind.

In den literarischen Beschreibungen der Zeit erscheint vorwiegend eine in sich abgeschlossene Welt, aus der die proletarischen Lebenssituationen weitgehend ausgeklammert bleiben. Wo bürgerliche Autoren sich philantropisch mit Armut, Elend und Prostitution auseinandersetzen, bleibt immer eine große Distanz zwischen ihnen und ihrem Gegenstand gewahrt. Delveau spricht von dem »unterirdischen Paris«, das zu erforschen so interessant sei, wie zu den Indianern zu fahren (vgl. Delveau 1864, S. 19). Ähnlich stellt Sue den Schauplatz und die Ereignisse der »Mystères de Paris« vor, indem er die Leser auffordert, mit ihm auf die Entdeckungsreise zum Volke jener Barbaren zu fahren, »die nicht weniger weit außerhalb der Zivilisation stehen als jene wilden Völkerschaften, deren Eigenarten Cooper so glänzend beschrieben hat« (Sue 1974, S. 5). Daß diese Barbaren »mitten unter uns hausen, daß wir ihnen zu jeder Zeit begegnen können« (ebd.), ändert nichts an der großen Entfernung, die zwischen den Autoren und den Lesern einerseits und den randständigen

Menschen in der Stadt andererseits liegt. Es handelt sich dabei zwar um bedrohliche, aber doch sehr entfernte Minderheiten.

Zahlenmäßig war die bürgerliche Klasse zweifellos in der Minderheit. Die Literatur der Zeit aber und auch die gesellschaftlichen Theorien stellen die eigene Klasse so sehr in den Mittelpunkt, daß auch wir leicht dazu verleitet werden, nur das zu sehen, was da überliefert ist, und uns die städtische Gesellschaft überdimensional und einseitig als Ansammlung bürgerlicher Familien- und Lebensformen vorzustellen. Die Abgrenzungslinie der bürgerlichen Klasse nach unten funktionierte wie ein einseitiges Spiegelglas, in dem die bürgerliche Gesellschaft sich selbst reflektiert, das jedoch von proletarischer Seite aus durchsichtig war. Für die Menschen der armen Klassen, deren Kinder auf der Straße umherzogen, galt diese Blindheit sicher nicht. Sie hatten genügend Freiheit, um sowohl das Leben auf den Boulevards wie auch das in der Gosse wahrzunehmen. Sie konnten sehr wohl die Unterschiede bemerken, die zwischen ihnen und den bürgerlichen Familien bestanden.

Das Stadtbild von Paris hatte vor den Umbaumaßnahmen Haussmanns (ab 1853) viele und sehr gegensätzliche Gesichter. Die Kontraste erstaunten die fremden Besucher. Paläste, königlicher Glanz, wohlhabende Bürgerhäuser und Geschäfte mit reichen Auslagen standen neben armseligen Hütten, die aus Ziegelsteinen und Holz oder sogar aus Lehm und Stroh gebaut waren. Es bestand ein unmittelbares räumliches Nebeneinander von Wohlhabenheit und bitterer Armut und den damit verbundenen unterschiedlichen sozialen Verhaltensweisen.

Die Ausdehnung der Stadt betrug etwa ein Drittel der heutigen Fläche und blieb bis zur Mitte des Jahrhunderts ziemlich konstant. Dem relativ unverändert bleibenden Angebot an Wohlfläche stand eine enorme Zunahme der Bevölkerung gegenüber, die nicht so sehr durch einen Geburtenüberschuß als vielmehr durch Zuzug bedingt war. Die Einwohnerzahl wuchs von 1801 mit 547.000 Einwohnern bis 1831 auf 786.000 Einwohner. Die Zuzugsquote betrug in dieser Zeit zwischen 16.000 und 22.000 Personen jährlich (Tudesq 1973, S. 194). Trotz zunehmender Bautätigkeit stiegen die Mieten und die Wohnungsnot.

Die zuziehende Bevölkerung rekrutierte sich vor allem aus verarmter und entwurzelter Landbevölkerung, die in der Hoffnung auf Arbeitsmöglichkeiten und bessere Löhne in die Stadt gezogen war. Die Arbeit, die sie dort finden konnte, stellte sie auf die unterste soziale und ökonomische Stufe. Die Industrien und der Handel benötigten eine Fülle von niederen und entsprechend schlecht bezahlten Dienstleistungsarbeiten. Für die Frauen waren dies in erster Linie Dienstbotinnenstellen in den Haushalten. Männer wurden als Lastenträger zum Be- und Entladen der Schiffe, zum Transport der Rohmaterialien wie auch der fertigen Waren und als Wasserträger in großem Umfang benötigt. Auf diese Weise stieg der Anteil der ärmsten Schichten überproportional an. Die Zunahme der Bevölkerungsdichte führte in manchen Stadtteilen, insbesondere in den zentral gelegenen, zu einem Verhältnis von 15.000 Einw. pro Quadratkilometer (Gaillard 1976, S. 9). Der Grund für die große Bevölkerungskonzentration in manchen Teilen der Stadt lag nicht in einem Mangel an Platz, da es innerhalb der Stadtgrenzen noch große unbebaute Flächen gab. Er war vielmehr in der ökonomischen Struktur der Stadt, die die Konzentration von Arbeitsmöglichkeiten förderte, angelegt.

Paris trug noch lange Zeit hindurch die Züge eines mittelalterlichen Nebeneinanders von Handel, Handwerk und Industrie. So suchten die Weißgerber die Nähe der Schlächter, von denen sie ihre Häute bezogen, und diese wiederum verkauften am selben Ort das Fleisch der geschlachteten Tiere an die Kunden, ohne Transportwege und die entsprechende Verluste dazwischen zu schieben. Aufgrund dieser Konzeption, in der die Nähe aufeinander bezogener Funktionen für wichtiger erachtet wurde als die Bequemlichkeit der Gebäude und ein fließender Verkehr, wurden die zentralen Viertel immer enger bebaut. Beispielhaft für solche ineinander verschachtelten Bebauungen war das vierte Arrondissement, wo neben den Hallen in sehr engen Straßen ein Druckereizentrum, eine Bank und der Hauptsitz der Sparkasse installiert wurden.

Die dichtere Besiedlung und intensivere Nutzung hatte die Ansiedlung einer Fülle 'nomadisierender' Arbeiten und Menschen im Gefolge. Neben den Trägern, die gerade dort in einer großen Anzahl gebraucht wurden, bestand ein großer Bedarf an Männern für das Baugewerbe. Auch sie fanden nur umherziehend und saisonabhängig eine Beschäftigung. Viel Arbeit gab es für Lumpensammler, Wiederverkäufer und Alteisenverwerter, die einen notwendigen und wichtigen Dienst leisteten, der sie jedoch an den Rand des sozialen Wertgefüges stellte. Alle diese Arbeiten standen ihrem Inhalt nach in unmittelbarem räumlichen Zusammenhang mit den anerkannten Tätigkeiten der gesellschaftlichen Reproduktion, doch boten sie geringe Verdienstmöglichkeiten. Sie waren so zufällig und unsicher, daß diejenigen, die sie ausführen mußten, allein vom Charakter dieser Arbeit her, zu einem anderen Sozialverhalten als Menschen in gesicherten Lebensverhältnissen getrieben wurden. Die aktivsten und in gewisser Weise bürgerlichsten Stadtteile wurden von einer Randbevölkerung überlagert, die in größtem Elend lebte.

Das Nebeneinander von Wohlstand und großer Armut bestand in den meisten Stadtteilen, wie ein historischer Rundgang zu zeigen vermag. Direkt neben den Tuillerien, zum Louvre hin, im Quartier du Carroussel, bestand ein Labyrinth kleinster Straßen und Gäßchen mit alten Hotels, abgerissenen Häusern, die noch einer Baustelle glichen, und Baracken, in denen Vogelhändler und Hundefrisöre hausten oder Leute, die darauf spezialisiert waren, anderen gegen Entgelt die Zähne herauszureißen. Die Königin Amélie soll sich darüber beschwert haben, keinen Fuß aus ihrem Haus setzen zu können, ohne von Gesindel bedrängt zu werden. (Tudesq 1973, S. 197).

Im Norden der Tuillerien entstand ein großes Neubaugebiet zwischen den Straßen Saint-Honoré und der Kirche Madeleine, in dem die Grisetten die neuen Wohnungen 'trockenwohnten'. Dem Palais Royal blieb ein Stück des alten Glanzes erhalten. In seinen Galerien befanden sich Auslagen mit kunstvollen und kostbaren Objekten, berühmte Restaurants und Cafés. Die Besucher der Comédie Française hielten sich dort auf, und zwischen ihnen manch kleiner Gauner und viele Prostituierte. In der mit Gaslampen hell erleuchteten Rue de Richelieu standen Wohnhäuser mit prächtigen Höfen und Gärten. Luxusgeschäfte bester Qualität stellten ihre Artikel aus, doch nicht zur Straße hin, sondern zur hinter dem Haus liegenden Passage. Die in der Zeit sich ausbreitende Passagenbauweise ermöglichte es den Fußgängern, dort ungehindert vom Verkehr zu flanieren. Dies war ein Mittel, um einen intensiven Kontakt zwischen Ware und potentiellen Käufern und Käuferinnen herzustellen. Unweit dieser Pracht, im Bereich der heutigen Avenue de l'Opéra, waren kleine Handwerksbetriebe angesiedelt. Modewarenverkäuferinnen und Kupplerinnen organisierten dort die Geschäfte der niederen wie auch der gehobeneren Prostitution.

Zum belebtesten Teil wurde die Linie der großen Boulevards im Norden, die auch zugleich eine Art innere Stadtgrenze bildete. Jenseits der Boulevards, zum damaligen Stadtrand hin, lagen kleine verschmutzte Siedlungen zwischen Sumpf- und Weideland. Der Boulevard des Italiens war der bevorzugte Ort der »jeunesse dorée« und der »Bohême«, die dort das »Café Anglais«, das »Café de Paris« und »chez Tortoni« frequentierten. Die Fußgänger konnten sich unbehindert neben den Kutschen bewegen, was ein wichtiger Aspekt in einer Stadt war, in der es noch kaum Bürgersteige gab.

Der Boulevard du Temple hatte einen volkstümlichen Charakter. Er wurde wegen der populären Theater, die sich dort installierten und wegen der mit großem Erfolg aufgeführten Melodramen »Boulevard de Crime« genannt. Doch galt auch für die Boulevards, daß sie, wie alle größeren Straßen, inmitten von einem Gewirr von schmutzigen und oft nicht mit der Kanalisation verbundenen Gäßchen lagen, so daß große Armut und reicher Glanz auch visuell unmittelbar aufeinanderprallten.

Im Quartier Latin lebten die Studenten, die Grisetten und die kleinen Rentiers. Auf den Hügeln der Sainte Geneviève hatten die Lumpensammler und andere randständige Gruppen das alteingesessene Handwerk verdrängt, so daß dort, ähnlich wie in der Cité, ein besonders kriminalisiertes Gebiet entstanden war. Gleichermaßen ärmlich war der Faubourg Saint-Marceau, der sich im

Osten der Seine neben den Häfen, in denen Holz, Wein und Schnaps verschifft wurden, erstreckte und von dessen Elend Victor Hugo in den »Miserables« ein eindringliches Bild gegeben hat. An dem Boulevard Montparnasse lag das Vergnügungszentrum der Studenten und ihrer Freundinnen. Die volkstümlichen Ballhäuser »La Chaumière« und die »Closeries de Lilas« waren ein Anknüpfungspunkt für Kontakte, wo manche große Kurtisane ihre erste Bekanntschaft machte.

Die adligen Familien hatten sich aus dem Marais zurückgezogen, sie waren zum großen Teil auf das linke Ufer in den Faubourg Saint-Germain übergewechselt. Ihre alten Häuser um die Place des Vosges wurden von wohlhabenden Bürgern aufgekauft.

Eine andere Seite des Fortschritts

Im Zuge der Industrialisierung hatte sich ein städtisches Proletariat herausgebildet, dessen Lage sich zunehmend verschlechterte. Dieses lebte in Wohn- und Arbeitsverhältnissen, die es zuvor nicht gegeben hatte. Das Wohnungselend war so groß, daß nicht selten 60 Personen in einem 5stöckigen, 5-7m breiten Haus wohnten. Die Straßen, deren Kanalisation mangelhaft war, quollen über von Menschen, Unrat und Gestank. Die langen Arbeitszeiten in den Fabriken (die durchschnittliche Arbeitszeit betrug 14-15 Stunden) oder an anderen Orten in der Stadt, das ständige Umherziehenmüssen und die damit verbundene Isolation erstickten die Bildung von festen sozialen Beziehungen und Bindungen im Keim.

Die Löhne waren so niedrig, daß alle Familienmitglieder saisonweise ohne Unterbrechung arbeiten mußten. Der Unterhalt konnte einzig über den Besitz und die Verausgabung von Geld gesichert werden, da andere Formen der Ernährung, wie sie die Armen auf dem Lande hatten, solange ihnen die Rechte der Nachlese auf den Feldern, des Holzsammelns und andere noch nicht genommen waren, in der Stadt nicht bestanden. Bei Arbeitslosigkeit und auch dann, wenn der Lohn nicht ausreiche, blieb den Menschen kaum etwas anderes übrig, als entweder durch Prostitution oder durch Diebstahl bzw. andere Formen der Kriminialität sich vor dem Verhungern zu bewahren. Louis Chevalier hat diese Seite des neuen städtischen Elends für das Paris der ersten Jahrhunderthälfte dargestellt (vgl. Chevalier 1978, S. 243).

Kriminalität, Alkoholismus, Prostitution, Verwahrlosung der Kinder, Kindesaussetzungen und -tötungen, steigende Selbstmordraten waren auch Teil des »Fortschritts«. In ihnen zeigte sich die Kehrseite der Freiheit der Industrie, der Widerspruch zwischen Lohnarbeit und Kapital in seiner ausgeprägtesten Form. Die Bedrohung, die tatsächliche wie auch die eingebildete, die von diesen Klassen für die Gesellschaft ausging, war größer und von einer anderen Qualität, als es die der Pauper der vorrevolutionären Zeit für den absolutistischen Hof gewesen war.

Die mittellosen Mitglieder der alten Gesellschaft waren mehr oder weniger aus dem allgemeinen Produktionsgefüge ausgeschlossen, doch wurden sie durch dieses miternährt, sei es, daß sie von Stadtverwaltungen oder von den reichen Bürgern unterstützt wurden, sei es, daß sie bettelten oder Gelegenheitsarbeiten machten. Die im Ancien Régime entwickelten Formen des Umgangs mit der Armut und sozialen Randschichten entsprachen aber weder in ihren Voraussetzungen noch in ihren Zielsetzungen den Erfordernissen der neuen Gesellschaft. Das verelendete städtische Proletariat stand nicht außerhalb, sondern war essentieller Teil der bürgerlich-kapitalistischen Produktionsweise.

Die Abschaffung der feudalen Privilegien und Machtverhältnisse hatte die Dämme, mit denen der gesellschaftliche Zusammenhang unter den Bedingungen des Freudalsystems garantiert war, eingerissen. Die sozialen Ordnungen der bürgerlichen Gesellschaft mußten sich erst — und immer wieder neu — herstellen. Der Stadt, Paris, kam dabei eine neue Bedeutung zu; sie wurde zunehmend mehr zum Ort der politischen und sozialen Auseinandersetzungen. Wie zuvor der Hof Ausdruck und Spiegel des sozialen Gefüges gewesen war, wurde es nun die Hauptstadt. Die Agglomeration der Bevölkerung in den Städten und die Beziehungen, die sich dort herstellten, reflektierten den Gesamtzustand der Gesellschaft.

Der Blick, der fortan auf die Stadt gerichtet wurde, nahm die unliebsamen Erscheinungen als »inneren Teil des gesellschaftlichen Organismus« auf. Die Angst vor Kriminalität spielte nicht nur eine so große Rolle, weil sich die statistisch erfaßte Zahl der Verbechen erhöhte, sondern vor allem auch deswegen, weil Kriminalität als wesentlicher Bestandteil der neuen städtischen Lebensweise begriffen werden mußte (vgl. Chevalier 1978, S. 38ff.).

So bedeutete das städtische Proletariat eine doppelte Bedrohung. Zum einen hielt es der bürgerlichen Gesellschaft ihre Kehrseite vor Augen, zum anderen bildete es den Nährboden für revolutionäre Veränderungen.

Sollte die bürgerliche Ordnung nicht in Gefahr geraten, mußten Maßnahmen zur Abhilfe oder Kontrolle ersonnen werden. Aus diesem Grunde entstand ab 1830 in der Bourgeoisie ein lebhaftes Interesse an den Problemen, welche als »soziale Frage« die politischen Diskussionen und Auseinandersetzungen beschäftigte. Die »Armen« wurden von da an zum Gegenstand soziologischer Betrachtung. Staatliche Beauftragte wie Villermé und Buret und viele andere machten sich auf die Entdeckungsreise einer neuen »terra incognita«. Trotz ihres oft moralisierenden Tons waren sich die Enquêten einig über die »Hölle der Fabriken«, über die völlig unzureichenden Löhne und die unerträglichen

Wohnverhältnisse. Doch kamen sie auch weitgehend zu dem Schluß, daß durch administrative Eingriffe wie Unterstützung in manchen Fällen, Kasernierung, Bestrafung und sonstige Reglementierung die Gefahr gebannt werden könne.

Während Verhaltensweisen wie Kriminalität und Alkoholismus eindeutig als Übel verstanden wurden, lag die Sache bei der Prostitution anders. Sie wurde, zumindest von der Mehrzahl der Männer, als ein »notwendiges Übel« aufgefaßt. Prostitution bekam mit der raschen Ausdehnung der Städte zunehmend mehr Bedeutung. Dafür waren mehrere Gründe ausschlaggebend. Durch die ökonomischen und sozialen Veränderungen der Industrialisierung, die sich in den Städten am deutlichsten zeigten, wurden die Voraussetzungen für ein größeres 'Angebot' von seiten der Frauen geschaffen. Das materielle Elend und die ökonomische Diskriminierung der Frauen, der Verlust traditioneller Schranken und Sicherheiten, die daraus resultierende Isolation und vielleicht auch Unkenntnis, aber auch die Verlockung des Warenangebots, die Anonymität des Lebens in der Großstadt und des Geldes, von dessen Besitz die Existenz abhing, weil das Leben über den Konsum von Waren, d.h. vom Geld, bestimmt war, all dies veranlaßte Frauen dazu, sich zu prostituieren.

Zwar gab es Prostitution in unterschiedlichen Formen in nahezu allen patriarchalischen Gesellschaften, und die Rede vom »ältesten Gewerbe der Welt«, die von denen, die sie führen, als Beschwichtigung gedacht ist, verweist auf eine sehr alte Unterdrückung in der Welt. Doch ist offenkundig, daß in Frankreich im 19. Jahrhundert und insbesondere im Zweiten Kaiserreich Bedingungen geschaffen wurden, die sehr zu einer Ausweitung der Prostitution beitrugen. Sichere Angaben über die Zahl der Prostituierten im vorliegenden Zeitraum können nicht gemacht werden, doch bestätigen alle Äußerungen von Zeitgenossen, seien sie von engagierten Frauen wie V. Brocher oder Julie Daubie oder von den im Milieu sich auskennenden Lebemännern wie Houssaye und Maxime du Camp die Zunahme der Prostitution in der Zeit.

Prostitution und alle anderen Formen der käuflichen Liebe wurden zu einem zentralen Thema, das auf den unterschiedlichsten Ebenen problematisiert und diskutiert wurde. Eine Fülle von Zeitungsartikeln, von Petitionen und Diskussionsbeiträgen, die wachsende Anzahl von polizeilichen Untersuchungen und Berichten zu diesem Thema und nicht zuletzt die Häufigkeit, mit der dieser Bereich in den Romanen und dem Theater der Zeit dargestellt wurde, bezeugen die Unruhe, mit der die Prostitution wahrgenommen und auch die Aufmerksamkeit, die ihr geschenkt wurde. Die Weise jedoch, in der das Prostitutionsthema in das Zentrum der allgemeinen Aufmerksamkeit rückte, allein mit dem faktischen Anwachsen des Heeres der Prostituierten erklären zu wollen, wäre unzureichend. Ich meine sogar, daß es gar nicht einmal so entscheidend war, ob die tatsächlichen quantitativen Veränderungen wirklich so groß waren, wie angenommen wurde. Wichtiger waren die neuen Blickrichtungen, aus denen heraus das Phänomen betrachtet wurde.

Prostitution war für die meisten Menschen nicht in erster Linie eine »soziale Frage«, die das Elend der armen Frauen meinte. Prostitution war auch nicht etwas, was nur 'Randgruppen' begraf. Der Gang zu Prostituierten begann für viele Jungen schon in der Schulzeit. Während der Ferien und am freien Donnerstagnachmittag sollen Schüler einen großen Teil der Klientel in den Bordellen gestellt haben (vgl. Zeldin 1978, Bd. I, S. 356).

Die Prostituierten spielten auch im Leben der erwachsenen Männer eine wichtige Rolle. Bei einer Umfrage unter verheirateten, ihren Glauben praktizierenden, katholischen Männern im Jahr 1860 gaben 60 % von ihnen an, vor ihrer Ehe sexuellen Kontakt zu einer Frau gehabt zu haben, und 47 % erklärten, von einer Prostituierten initiiert worden zu sein (vgl. ebd., S. 357). Im offiziellen Moralkodex wurde der Kontakt mit einer Prostituierten ungleich nachsichtiger verurteilt als die Masturbation, gegen die ein besessener Kampf geführt wurde. Es kann sogar angenommen werden, daß der ab dem Ende des 18. Jahrhunderts einsetzende Feldzug gegen die Selbstbefriedigung ein nicht unwesentlicher Faktor der Förderung und Ausbreitung der Prostitution war.

Prostitution reichte in das Zentrum der gesellschaftlichen Beziehungen. Sie betraf die Gesellschaft insgesamt, weil in ihr und durch sie die Sexualität, die Bilder von Weiblichkeit und Vorstellungen über Ehe und Familie und die Beziehungen der Geschlechter zueinander in Frage gestellt und neu gestaltet wurden.

III. Kapitel

Die Kritik von Frauen an der Ideologie und an der Realität der weiblichen Lebensbedingungen

In der Sicht einiger Frauen — es wäre unlauter, hier zu sagen, aus der Sicht *der* Frauen[1] — stellten sich die neuen Verhältnisse grundlegend anders dar als für Comte, Michelet und Proudhon. In der Realität werden, so sagten sie, Frauen dazu gedrängt, Hausfrauen, Kurtisanen (oder auch beides zugleich) und schlecht bezahlte Arbeiterinnen zu sein. Dennoch gibt es viele Frauen, die in selbständiger Arbeit all die Qualitäten entwickeln, die ihnen von der männlichen Ideologie abgesprochen werden. Die Lebensrealität der Hausfrau und der Kurtisane hat nichts gemein mit dem, was die Phantasien der Männer sich dazu vorstellen. Diese um ihre Emanzipation kämpfenden Frauen demaskierten die Ideologie und die darin enthaltene Norm von Liebe als phantastische Verbrämung der Unterdrückung von Frauen und beklagten die realen ökonomischen und politischen Bedingungen als deren Voraussetzung. Sie entwickelten Vorstellungen von anderen Arbeits- und Lebensformen und einen anderen Begriff von Liebe, den sie der männlichen Liebesideologie entgegensetzten.

Zur Situation oppositioneller Frauen bis 1850

Der Kampf gegen die Unterdrückung der Frauen wurde im ganzen 19. Jahrhundert immer auch in der einen oder anderen Form geführt. Viele Frauen hatten an den Kämpfen der Französischen Revolution teilgenommen und sich den gleichen Gefahren wie die Männer ausgesetzt. In ihren theoretischen Schriften wie auch in ihrem kämpferischen Verhalten nahmen Frauen die Ideale von Freiheit, Gleichheit, Brüderlichkeit ganz selbstverständlich auch für ihr Leben in der Gesellschaft und in der Familie in Anspruch. In den Jahren zwischen 1789-1793 erschienen zahlreiche Aufrufe, die gleiche Rechte und Pflichten der Citoyenne in allen ökonomischen, politischen und sozialen Bereichen forderten. Der Kampf war zuerst eine gemeinsame Sache von Bürgern, Handwerkern, Armen, Männern und Frauen. Doch wie im weiteren Verlauf die Masse des Volkes um die Früchte des Sieges betrogen wurde, galt dies für die Frauen in einer noch umfassenderen Weise.

Mit dem Verbot des »Club des Républicaines Révolutionnaires«, 1793, wurde der Prozeß des erneuten Ausschlusses der Frauen aus den politischen Entscheidungsmöglichkeiten eingeleitet. Zunehmend von den Männern bekämpft und auf Herd und Familie verwiesen, hatten die Frauen keine Möglichkeit, ihre

Forderungen durchzusetzen. Im Code Civil wurde die Unterdrückung der Frauen festgeschrieben. Im Kaiserreich und in der Zeit der Restauration blieb die Emanzipation der Frauen ein bloßes Gedankenspiel einiger intellektueller Frauen wie Germaine de Staël, Mme Tastu und die Frauen um »L'Athenée des Dames«.

Erst ab 1830 entstand in größerem Umfang eine Frauenbewegung, in der die »wesentlichen Elemente eines weiblichen Befreiungskampfes entwickelt wurden, der so lange seine materielle Grundlage und Berechtigung hat, als die Unterdrückung der Frau in der bürgerlich-patriarchalischen Gesellschaft fortdauert« (Grubitzsch 1980, S. 61). Im Laufe der 48er Revolution kämpften wiederum Frauen an der Seite der Männer auf den Barrikaden, und wie in den Revolutionen zuvor dachten sie ihre Befreiung als Teil des allgemeinen Freiheitskampfes mit. Ihre Theorien waren gegenüber denen der Großen Revolution weiter ausgearbeitet und an den Gedanken und Erfahrungen der Saint-Simonistinnen und Fouriers orientiert. Ihre Forderungen blieben weitgehend unverändert, sie waren das Resultat der vorangegangenen Erfahrungen und Überlegungen. Politische Gleichheit (aktives und passives Wahlrecht), Recht auf Arbeit, gleicher Lohn wie die Männer, Recht auf Bildung und Zugang zu allen Bildungsinstituten und Berufen, Gleichberechtigung in der Ehe (ökonomische Selbständigkeit, Erziehungsrecht der Kinder), Recht auf Scheidung gehörten zu dem Katalog der über das ganze 19. Jahrhundert vorgebrachten Forderungen.

Die Zeit der Zweiten Republik und insbesondere deren erste Monate waren insofern von besonderer Bedeutung, als die Frauen praktisch-politische Erfahrungen im konkreten Kampf um die Durchsetzung ihrer Ziele machen konnten. Der kurze Zeitabschnitt bis zur Auflösung der Nationalwerkstätten ließ den Frauen deutlich werden, daß sie selbst in einem Moment, in dem die Regierung zu weitestgehenden sozialen Reformen gezwungen war, ihre Ansprüche gegen den Widerstand nahezu aller Männer durchsetzen mußten.

Man kann davon ausgehen, daß die Frauenrechtlerinnen und ihre Ziele weiten Kreisen bekannt waren. Davon zeugen nicht nur die verschiedenen Zeichen positiver Rezeption, Zeit- und Streitschriften, Petitionen, Wahlkampagnen, Clubgründungen und konkrete Aktionen zur Einrichtung von Frauenkooperativen und weiblichen Nationalwerkstätten (vgl. Grubitzsch 1980), sondern auch die Fülle von Angriffen und Zurückweisungen von seiten der Männer.

Die Emanzipation der Frauen wurde zu einem der beliebtesten Gegenstände für jede Art von Spott und karikativer Verzerrung. Der »Charivari« ließ sich in nahezu jeder Ausgabe Geistloses auf diesem Gebiet einfallen, und auch Daumier ließ nicht ab, immer wieder seine Sichtweise des »häßlichen Geschlechts: darzustellen (vgl. Rentmeister 1974; Fuchs 1973). Die Clubsitzungen des »Club de femmes« unter dem Vorsitz von Eugénie Niboyet (zu dem unter anderen zwei Frauen gehörten, die sich auch im zweiten Kaiserreich kritisch äußerten, H. Lesguillon und A. Esquiros), provozierte die Männer derart, daß sie sie in der unflätigsten Weise zu stören und ein öffentliches Spektakel anzuzetteln versuchten. Weil die Empfindlichkeit der Männer allen Versammlungen gegenüber, bei denen Frauen unter sich sein wollen, eine so ungemein aktuelle Angelegenheit ist, sei hier die Darstellung, die Charles Monselet, ein Zeitgenosse, von einer solchen Sitzung gibt, zitiert:

> »Das ist das einzige Theater, das wirklich Erfolg hat; die Menge drängt sich jedesmal, wenn gespielt wird. ... Die Gewitterstürme der gestrigen Sitzung werden sicher dazu führen, daß den Männern der Eintritt in die geweihte Stätte dieser vergnüglichen Veranstaltungen verboten wird. Und das zu Recht. Das Durcheinander war bisher noch nie so groß: Es wurde gelacht, gesungen, gepfiffen; jeder Satz der Vorsitzenden wurde zu einer Salve, für die männliche Bosheit das Feuer gelegt hatte« (zit. in Decaux 1972, Bd. 2, S. 807f.)[2]

Das männliche Publikum fordere immer, daß über die Scheidung geredet werden solle, weil das am lustigsten sei.

> »Die Scheidung! Das Publikum bestand darauf, daß die Frage der Scheidung besprochen werde. Vergeblich versuchten die Damen zu erklären, daß in den vorangegangenen Sitzungen die Frage hinreichend zur Sprache gekommen sei. Das Publikum stellte sich taub. Schließlich zogen die Frauen des Podiums es vor, angesichts des anwachsenden Tumultes, dessen Lautstärke die Schlußszene des Barbier von Sevilla übertraf, sich zurückzuziehen« (zit. in ebd., S. 808)[3]

Unter diesen Bedingungen wurde der Tumult teilweise so groß, daß die Polizei sich veranlaßt sah, einzugreifen und Versammlungen aufzulösen. Die Versuche von seiten der Frauen, die Männer auszuschließen, stießen auf ähnliche Schwierigkeiten, wie sie Frauenseminare, -buchläden und -kneipen heutzutage haben.

Oppositionelle Frauen im Zweiten Kaiserreich

Mit dem Niedergang der Zweiten Republik und der Etablierung der autoritären Herrschaft Napoleons III. wurden die oppositionellen Stimmen der Frauen in der Öffentlichkeit erst einmal zum Verstummen gebracht. Ebenso wie die Männer mußten auch die aktivsten und engagiertesten Frauen der zweiten Republik emigrieren, insofern sie nicht zum Tode oder anderweitig zum Schweigen verurteilt wurden. Pauline Roland starb 1952 in Lyon, als sie todkrank von einer Deportation nach Algerien zurückkehrte, Suzanne Voilquin emigrierte in die Vereinigten Staaten, Jeanne Deroin nach England.

Verhaftungen und Einschüchterungen republikanischer Bürger und Bürgerinnen waren an der Tagesordnung. Die Angst vor den Verurteilungen durch die Staatsgewalt trieb die Opposition in die Hinterstuben der Provinz oder in die Abgeschlossenheit bürgerlicher Salons. Die Aufhebung der Versammlungs- und Assoziationsfreiheit, die strenge Überwachung der Presse und die Zensur unterdrückten in den ersten Jahren des Zweiten Kaiserreiches erfolgreich jeglichen Widerstand. Von den Frauen um 1848 blieb nur die Erinnerung. Die massive politische Repression erstickte politische Aktivitäten der Frauen wie auch der Arbeiter unter dem Getöse des sich entfaltenden Kapitalismus.

Die Frauen, die unter diesen Bedingungen dennoch öffentlich Stellung bezogen, gehörten dem Bildungsbürgertum an (vgl. Albistur/Armogathe 1977, Bd. II, S. 366). Sie kämpften auf der ideologischen Ebene, ohne jedoch praktisch-politische Konsequenzen ziehen zu können. Sie waren Einzelkämpferinnen, zum Teil im Schutz einer persönlichen liberalen Umgebung, zum Teil ohne derartige Rückendeckung. Trotz mancher Unterschiedlichkeiten der politischen Standpunkte und der Begründungen kommt in ihren Texten eine gemeinsame Erfahrung und Einschätzung der weiblichen Lebenssituation zum Ausdruck. Mir geht es im folgenden mehr darum, die Gemeinsamkeit hervorzuholen als die Differenzen zu betonen.

Der Kampf wurde gegen Proudhon, Michelet und Comte geführt. »Ménagère ou Courtisane«, war das die Wahl? Die Auseinandersetzung mit Proudhon hatte schon ab 1848 begonnen, als Proudhon gegen die Kandidatur Jeanne Deroins für die gesetzgebende Versammlung polemisierte (vgl. Grubitzsch/ Lagpacan 1980, S. 112). Im Zweiten Kaiserreich waren es neben einer Reihe kleinerer Traktate und Zeitschriftenartikel vor allem vier Autorinnen, die sich gegen die diskriminierenden Thesen Proudhons, Michelets und Comtes zur Wehr setzten. Hermance Lesguillon veröffentlichte 1859 »Les femmes dans cent ans«. Jenny d'Héricourt faßte ihre zuvor schon in der Revue Philosophique de Paris ausgetragene Kontroverse mit Proudhon 1860 in »La femme affranchie« zusammen, Juliette Lamber publizierte 1858 die »Idées-Anti-Proudhonniennes«, und Adèle Esquiros setzte sich in »L'Amour« (1860) mit Michelet auseinander. Julie Daubie erlangte 1866 mit »La femme pauvre« den Preis der Akademie von Lyon. Sie untersuchte sehr detailliert die realen Lebensbedingungen der armen Frauen. Olympe Audouard hielt ab 1860 regelmäßig Konferenzen ab mit dem erklärten Ziel, die Frauen aus der Unwissenheit und dem Elend zu führen. In unserem Zusammenhang von Bedeutung ist »La morale officielle« (1873). Maria Deraismes, Journalistin und Rednerin, griff das Thema in dem Aufruf »Aux femmes riches« (1865) auf.

Es ist heute schwer, Anhaltspunkte dafür zu finden, wie weit die Ideen dieser Frauen verbreitet waren und diskutiert wurden. Jenny d'Héricourt ging davon aus, daß die Frauen, die die Emanzipation ihres Geschlechts auf ihre Fahnen geschrieben hatten, zwar noch in der Minderheit seien, daß jedoch bald die Mehrheit der Frauen ihnen folgen werde. Proudhon hingegen spricht von »einem halben Dutzend aufgebrachter Tintenfinger« (Proudhon 1935, S. 181), die ungebührlichen Lärm verursachten. Sicher wäre es falsch, diese Frauen als Wortführerinnen einer schweigenden Mehrheit anzusehen[4], doch gleichermaßen ungerechtfertigt erscheint es mir, in ihnen isolierte Einzelgängerinnen zu vermuten. Wenn zu den Konferenzen der Olympe Audouard und später der Maria Deraismes mehr als 300 Teilnehmerinnen erschienen, ist dies als Hinweis dafür zu nehmen, daß unter den Frauen ein beachtliches Interesse an den Gedankengängen der »emanzipierten« Frauen bestand (vgl. Audouard 1873). Es hat Frauen gegeben, die Widerstand geleistet haben, sie sind an die Öffentlichkeit getreten und haben ihr Anliegen vorgebracht. Sie waren auch deutlich und laut zu hören. Wenn ihre Argumente sich nicht durchgesetzt haben, dann lag dies ganz bestimmt nicht daran, daß der Gesellschaft das Wissen dazu gefehlt hätte.

Die Texte der Frauen sind von einer anderen Bauart als die der Männer, sie zeichnen sich dadurch aus, daß sie in sehr konkreter Form die Probleme darstellen und Stellung beziehen. Es handelt sich nicht um große, verallgemeinernde Entwürfe. Die Aufforderung zu moralischem Handeln hat bei ihnen nicht die Form des Kant'schen Imperativs, sie ist auch nicht aus einer Staatstheorie abgeleitet. Es geht den Frauen[5] um ganz präzise Anweisungen, wo und wie die egoistischen Neigungen dem Gesamtinteresse unterzuordnen seien.

Sie gehen von ihrer alltäglichen Erfahrung aus, von dem, was sie allerorten beobachten können und messen daran die Theorien, die ihnen von den Männern entgegengehalten werden. Der Ausgangspunkt, der ihre Zielsetzung bestimmt, ist ihr Frau-Sein. Hermance Lesguillon formuliert ihrer Mutter gegenüber das Motiv ihrer Arbeit so:

> »Fast immer bestimmt unser eigenes Leiden das Gute und das Schlechte, das wir vollbringen. Ich bin eine Frau; ich habe als Frau gelitten; mein Geschlecht hat mein Interesse geweckt«. (Lesguillon 1859, S. 35).[6]

Die Unterdrückung der Frauen ist überall, das ist die zentrale und entscheidende Erfahrung.

Hermance Lesguillon beschreibt die Konsequenzen, die sie um sich herum wahrnimmt: Die Arbeiterinnen verschleißen ihre Kräfte in mörderischen Arbeiten und erhalten dafür einen Lohn, der nicht einmal ihre eigene Existenz sichert. Ihnen bleibt kein anderer Ausweg, als sich »am fünften Viertel des Tages« der Prostitution hinzugeben. Die Frauen, die vermögend sind, aber nicht über Bildung verfügen, sterben in ihren Ehen vor Langeweile. Sie laufen in die Kaufhäuser, denken nur an Kleidung, vertreiben sich die Zeit mit Besuchen und beginnen, um der Langeweile zu entgehen, eine Liebesgeschichte mit einem Mann, der sie im Grunde gar nicht interessiert.

Die Beschreibungen, die die Frauen von ihrer Situation geben, sind sehr lebensnah, und ihre Argumente beziehen sich auf das Elend der Frauen, das sie alle Tage sehen können. Ihr Anliegen ist nicht die Zuschreibung von »Rollen«[7], der Begriff wird sowohl von den männlichen Autoren wie auch von Mme Agénor de Gasparin gebraucht, sondern die »Rollen« durch die Konfrontation mit den wirklichen Lebensbedingungen zu desavouieren. Auch wo sie besondere »weibliche« Fähigkeiten und Begabungen vermuten, tun sie dies doch nur mit großen Vorbehalten, denn, so argumentieren sie, solange die Frauen unterdrückt werden, kann sich deren wahres Wesen nicht entfalten (vgl. unten, S. 87). Wenn die oppositionellen Frauen in allgemeinerer Weise von Aufgaben oder Eigenschaften von Frauen reden, verwenden sie eher die Begriffe »devoir« oder »fonction«, in denen die konkrete Nützlichkeit für den gesellschaftlichen Zusammenhang mitgedacht ist.

Den Frauen hat diese Art zu denken und zu schreiben den Vorwurf eingebracht, es mangele ihnen an der Fähigkeit zu abstrahieren, allgemeine Gesetze aufzustellen, zu deduzieren. Oder aber, fast im selben Atemzug, die Schelte,

> »... nicht wie eine Frau zu schreiben, brutal und ohne Freundlichkeit für die Gegner zu sein, eine herzlose Argumentationsmaschine« (D'Héricourt 1860, Bd. I, S. 10)

Für uns haben die Texte in ihrer Direktheit den Vorteil, daß wir unmittelbar erfahren, was den Frauen wichtig war und daß wir nicht erst mühsam aus den »verhimmelten Formen« die reale gesellschaftliche Basis erschließen müssen, um die es letztlich auch den männlichen Philosophen und Theoretikern ging.

Kritik an der Ideologie

Die alltäglichen Beobachtungen
widersprechen den Behauptungen der Männer

Das immer wieder von den Frauen den Männern entgegengehaltene Argument lautet: Die Behauptungen der Männer widersprechen den realen Zuständen und somit dem wissenschaftstheoretischen Postulat der vorurteilslosen Beobachtung. Jenny D'Héricourt konstatiert, daß Comte, Michelet und Proudhon blind seien dafür, daß die Frauen in der Realität all das sind, was sie ihrer »Natur« nach nicht sein dürfen (D'Héricourt 1860, Bd. II, S. 41; Bd. I, S. 88). All die nützlichen Frauen, die in den Künsten und in der Lehre beschäftigt sind, die Werkstätten gründen und leiten, die Handelshäuser führen oder in den Geschäften oftmals die Fehler ihrer Männer wiedergutmachen, aber auch die tatkräftigen Bäuerinnen und alle diejenigen, die durch mühselige Arbeit ihren Lohn verdienen, passen nicht in das Bild, das die drei Männer von »den Frauen« entwerfen.

In den Beschreibungen von männlichen Zeitgenossen finden sich gleichfalls Darstellungen, die auf eine andere Realität von Frauensituationen hinweisen. Taine beschreibt die Arbeit einer Kaufmannsfrau (»einer von hunderttausenden«) in der folgenden Weise:

> »Bis Mitternacht bleibt die junge Frau in ihrem Glaskäfig und erledigt die Schreibarbeiten; sie hat einen Kohlentopf, um die Füße zu wärmen und rührt sich fünf Stunden hindurch nicht. Von Montagmorgen bis Sonntagabend behält sie alles im Auge: Den Zuckerrübensirup, das Kupfergeschirr, das Porzellan, die Verkäufer, die Lastkähne, die Handlungsgehilfen, das Dienstmädchen, die Kinder; ihre Anordnungen sind klar, die Bücher exakt; man gehorcht ihr. Sie ist ein guter Leutnant, oft besser als ihr Kapitän« (Taine 1857, S. 59).[8]

Taine kennt Frauen,

> »... die aus ihrem Ehemann den Handlungsgehilfen gemacht haben, zum Wohle des Geschäfts; er, in Hemdsärmeln, schließt die Kasse ab, macht die Besorgungen und nimmt einen kleinen Schluck mit großer Übung, sie, hager und schwarz ist die Majorin, gibt die Anweisungen, überwacht die Fabrikation und trifft die wesentlichen Entscheidungen ...« (ebd., S. 60)[9]

Die alltägliche Beobachtung lehrt, so J. Lamber, daß Körperkraft und Intelligenz keineswegs in einem linearen Zusammenhang stehen. Selten sind die Athleten mit überragenden Geisteskräften ausgestattet, und umgekehrt mangelt es großen Geistern oft an Muskelkraft (Lamber 1858, S. 69).

Unkenntnis zeichnet auch die männlichen »Beobachtungen« im Bereich der Anatomie und der Psychologie aus. Es gibt, so führt Jenny d'Héricourt mit Hinweis auf ihre Ausbildung als Hebamme und Medizinerin an, kein Organ im Hirn der Frau, das nur durch den männlichen Geist zum Funktionieren gebracht werden könne, wie Proudhon behauptet. Er hat offensichtlich nie einer wirklichen Autopsie des weiblichen Gehirns beigewohnt. Anatomisch ist die Frau nicht ein verkleinerter Mann, sondern ein unterschiedliches und komplettes Wesen mit einer eigenen, biologisch auf die spezifisch weiblichen Aufgaben hin ausgebildeten körperlichen Organisation. In bezug auf die Fortpflanzungsorgane hängen alle drei Männer falschen und veralteten Theorien an. In der Biologie gilt das Prinzip, daß kein physiologischer Zustand eine Krankheit ist, folglich die Monatsblutung der Frau auch nicht.

»Ist die Frau anläßlich der besonderen Gesetzmäßigkeiten ihres Körpers krank? In seltenen Ausnahmefällen, ja: jedoch nur in den müßiggängerischen Klassen, wo Diätfehler, eine wenig kluge körperliche Erziehung und tausend andere Gründe, die ich hier nicht anführen will, die Frauen kränklich machen. Im allgemeinen, nein. All unsere kraftvollen Bäuerinnen, unsere widerstandsfähigen Frauen in den Häfen und den Waschhäusern, die den ganzen Tag mit den Füßen im Wasser stehen, unsere Arbeiterinnen, unsere Kauffrauen, unsere Lehrerinnen und unsere Dienstmädchen gehen munter ihren Beschäftigungen nach und spüren kein oder nur wenig Unwohlsein« (D'Héricourt 1860, Bd. I, S. 96ff.)

Mann und Frau sind, so D'Héricourt, biologisch unterschiedene, doch jeweils vollkommene Wesen. Aufmerksamkeit verdient, daß sie sich der Bedeutung der Eierstöcke bei der Zeugung bewußt ist, eine Erkenntnis, die sich allgemein erst später durchsetzte. (ebd., S. 176)

Die Theorien von Comte, Michelet und Proudhon sind nicht »wissenschaftlich«

Comte, Michelet und Proudhon waren nicht der Meinung, daß sie Wunschbilder produzierten. Alle drei beriefen sich auf die »Rationalität« ihrer Darstellungen und ihrer Beweismethoden. Sie setzten diese »Rationalität« und »exakte Wissenschaftlichkeit« dem »unwissenschaftlichen«, »paralogistischen« Argumentieren der Frauen entgegen. Die neuen Ergebnisse der Wissenschaft sollten es sein, die die physische Abhängigkeit der Frauen so schlagend unter Beweis gestellt hätten.

Die Frauen hatten es schwer, sich gegen die geballte fachmännische Wissenschaft Gehör zu verschaffen. Sie verfügten nicht über den Zugang zu den Institutionen, der ihnen das Maß an Bildung und Ansehen vermittelt hätte, welches sie im gesellschaftlichen Vorurteil den Männern hätte gleichwertig machen können. In dieser Auseinandersetzung ging es nicht um einen bloßen Schlagabtausch zwischen unterschiedlichen Auffassungen, bei dem jeweils der eine den anderen mit gleichem Selbstbewußtsein hätte der Unwissenschaftlichkeit zeihen können. Der angesehene Universitätsprofessor Michelet, der Examinator der Ecole Polytechnique Comte, der bekannte Politiker und Theoretiker Proudhon genossen eine Autorität, die bewirkte, daß selbst ihre unsinnigsten und der alltäglichen Erfahrung offen und deutlich widersprechenden Behauptungen ernst genommen wurden.

Die Autorität, die Proudhon in sozialistischen Kreisen genoß, erschwerte die Kritik an ihm. Selbst Jenny d'Héricourt, die Punkt für Punkt nachweist, daß Proudhon in bezug auf die Frauen in völligem Widerspruch zu seinen sonstigen politischen Auffassungen steht, kann nicht umhin, ihre scharfe Kritik durch einen versöhnlichen Hinweis auf die Übereinstimmung in anderen Fragen zu relativieren. (vgl. ebd., S.220) Sicher waren die Argumente der Frauen zumeist nicht »wissenschaftlich«, nicht »dialektisch«, wie ihnen von den Männern vorgeworfen wurde. Dennoch waren ihre Beobachtungen und Erklärungen nach den heutigen Erkenntnissen sehr viel richtiger als die Spekulationen der Männer. Es ist wichtig, daß unser Blick für die Irrtümer geschärft wird, der eine Wissenschaftlichkeit verfällt, die sich so weit von der alltäglichen Erfahrung entfernt hat, daß ihr diese kein Kriterium mehr für die Richtigkeit oder Falschheit ihrer Sätze ist. Die Frauen heute könnten sich dadurch ermutigen lassen und sich mit Selbstbewußtsein den abstrakten, im Spekulationshimmel bürgerlicher Theoriebildung entstandenen Gedankengebäuden universitärer Bildung und Wissenschaft entgegensetzen. Es soll hier nicht die männliche »Rationalität« und die daran geknüpfte Form der Wissenschaft in Bausch und Bogen verdammt werden. Doch darf nicht außer Acht gelassen werden, daß diese in ihrem Entstehen eng mit der Sicherung von Herrschaft verknüpft war. Herrschaft der bürgerlichen Klasse über die Natur und die Gesellschaft und der Männer über die Frauen. Das Interesse an Aufrechterhaltung von Herrschaft aber vernebelt im allgemeinen die Erkenntnisfähigkeit solcher Zusammenhänge, die der Herrschaft die Legitimation entziehen.

Dem eigenen wissenschaftstheoretischen Anspruch nach fühlten sich Michelet, Proudhon und Comte den von Comte entwickelten Prinzipien des Positivismus verpflichtet. In seiner Rede über den positiven Geist hatte Comte (1844) dessen Grundsätze dargestellt: Die Wissenschaftstheorie ersetzt im Zeitalter des »positiven Geistes« die Erkenntnistheorie und die Metaphysik, die den vergangenen Zeitaltern angehören. Wissenschaft unterscheidet sich von Metaphysik dadurch, daß sie dem bloß Eingebildeten das Faktische gegenüberstellt. Alle Erkenntnis hat sich an der »sinnlichen Gewißheit« der »systematischen Beobachtung« auszuweisen. Die Beobachtung muß wiederholbar und intersubjektiv nachvollziehbar sein. Nur diese Art der Beobachtung garantiert den Zugang zum Bereich der Tatsachen, welcher allein Gegenstand der Wissenschaft und der Erkenntnis sein kann. »Positiv« ist das Wirkliche gegenüber den Hingespinsten (réel-chimérique), das Sichere gegenüber dem Unentscheidbaren (la certitude-l'indécision), das genau Bestimmte gegenüber dem Unbestimmten (le précis-le vague), das Nützliche gegenüber dem Unnützen (l'utile-l'oiseux) und schließlich das, was sich seiner relativen Gültigkeit bewußt ist, gegenüber dem, was sich absolut setzt (le relatif-l'absolu).

Jenny d'Héricourt kritisiert die Männer von der Warte dieser Grundsätze aus, die ihr selber Maßstab für Wissen sind. Sie zeigt, daß Comte, Michelet und Proudhon ihre eigenen Prinzipien außer Kraft setzen, sie nachgerade umkehren, wo es um die Frauen geht. Einen grundlegenden Verstoß gegen die rationelle und positive Methode begehen, so Jenny d'Héricourt, die drei Männer damit, daß sie die auf ihren Beobachtungsgegenstand einwirkenden Faktoren nicht in Rechnung stellen. Die Frauen sind, so wie sie sind, geworden unter den Bedingungen jahrhundertealter Unterdrückung. Von Kindesbeinen an werden unterschiedliche Identifikationsbilder verbreitet. Den Jungen wird gesagt: widerstehe, kämpfe. Den Mädchen wird gesagt: weiche, unterwirf dich.

Um zu beweisen, daß es ihr nicht an der Kraft des Verstandes und der Fähigkeit zu verallgemeinern mangelt, skizziert sie vier denkbare Theorien über die »Natur der Frau«, die alle miteinander mehr Plausibilität enthalten als die ihrer Kontrahenten. Die erste basiert auf der Annahme, daß alle geschlechtsspezifischen Unterschiede das Resultat einer unterschiedlichen Erziehung sind. »Daraus folgt, daß beide Geschlechter, wenn sie in der gleichen Weise aufgezogen würden, dieselben Fähigkeiten entwickeln und dieselben Funktionen erfüllen könnten« (d'Héricourt 1860, Bd. II, S. 104).

Die zweite Theorie geht von der Voraussetzung aus, daß die Frauen tatsächlich die ihnen von den Männern zugeschriebenen Qualitäten besitzen. Dann, so folgert d'Héricourt, ist die Zeit gekommen, den Frauen allein die Herrschaft zu übertragen. Die Gesellschaft hat einen Stand erreicht, wo es nicht mehr in erster Linie darum geht, zu kämpfen und die Natur zu unterwerfen, sondern darum, den Frieden unter den Menschen zu erhalten und zu sichern. Darum bedarf es des »weiblichen Elements« vorrangig in allen Bereichen, will die Gesellschaft nicht an ihrer eigenen Entwicklung zugrunde gehen.

Die dritte Theorie, die d'Héricourt »nominalistisch« nennt, weist grundsätzlich alle Klassifizierungen der menschlichen Art als rein subjektive Schöpfungen und bloße Wahrnehmungsformen zurück. Bisher waren die Zuordnungen zu Klassen und Kasten nur Vorwand und Rechtfertigung für Herrschaft und Unterdrückung. (ebd., S. 106) Daher müssen, wenn das Ziel die Errichtung einer »natürlichen Ordnung« ist, alle Klassifikationen unterbleiben, damit sich die Menschen ihren eigenen Gesetzen gemäß entfalten können. Die vierte Theorie unterstellt ähnlich wie die zweite, die Frauen seien die von den Männern gezeichneten idealen Wesen. Doch leitet d'Héricourt daraus nun nicht die Notwendigkeit der alleinigen Herrschaft von Frauen ab, sondern, moderater, nur deren Beteiligung in allen ökonomischen und politischen Leitungsfunktionen.

Doch weist d'Héricourt die Theorien, auch ihre eigenen, grundsätzlich zurück, weil sie alle auf Annahmen beruhen, die Spekulationen bleiben müssen. Zum gegenwärtigen Zeitpunkt ist es — d'Héricourt greift damit eine Argumentation, die auch von den Saint-Simonistinnen und Frauen der ersten Jahrhunderthälfte vorgebracht wurde, auf — unmöglich, Aussagen über das Wesen von Männern und Frauen zu machen. Erst wenn über ein oder zwei Jahrhunderte hinweg wirkliche Gleichberechtigung bestanden hat, werden vielleicht wesensmäßige Unterschiede zutage treten.

D'Héricourt bleibt von den aufwendigen philosophischen Gedankenkonstrukten, mit denen Michelet, Comte und Proudhon ihre Frauenbilder errichtet haben, unbeeindruckt. Sie folgt nicht den mühevollen Windungen des bürgerlichen (männlichen) Naturbegriffs — die ihrerseits eine Fülle ebenso mühevoller Analysen zur Erklärung desselben im Gefolge hatten — um das, was darin den Frauen als ihre Natur zugeschrieben wird, als »närrische Utopien« zu erkennen. Und auch der Zweck dieser Zuschreibungen ist ihr offensichtlich: die Frauen sollen auf die Funktionen hin ausgerichtet werden, die die Männer ihnen zuweisen wollen. Es geht dabei um politische und ökonomische Macht, der die »Chimären männlichen Denkens«, die »die Ausnahmen verallgemeinern« und in metaphysischen Spekulationen enden, dienen. Der Widerstand dagegen muß auf politischer Ebene geleistet werden. D'Héricourt fordert darum die Frauen auf, über die unbeweisbaren Behauptungen der Männer zu lachen und sich die Plätze zu erkämpfen, die sie gegenwärtig schon ausfüllen können, bis zu dem Tage, da wirkliche Gleichberechtigung durchgesetzt ist.

> »... und sie (die Frau, D.M.) möge sich daran erinnern, daß das was sie ist, nicht das ist, wozu die Natur sie gemacht hat, sondern das, wozu Sklaverei, Vorurteile und Unwissenheit sie gemacht haben: sie möge sich von all diesen Ketten befreien und sich nicht mehr abstumpfen und einschüchtern lassen« (ebd., S. 110)[11]

Juliette Lamber führt darüber hinaus an, daß nicht nur »die Frau« eine falsche Abstraktion ist, sondern auch »der Mann«. Es sind Schöpfungen abstrakter Entitäten aus dem Jupiterkopfe Proudhons, bloße Begriffe, denen keine Wirklichkeit zukommt. Die lebendigen Männer sind ebensowenig reine Verstandeswesen, bar jeglichen Gefühls, wie die Frauen alle die ihnen zugeschriebenen affektiven Eigenschaften besitzen. (vgl. Lamber 1858, S. 19)

Hausarbeit ist eine mühevolle Arbeit

Die Frauen sind nicht der Meinung, daß Hausarbeit »keine Arbeit« sei. Es ist eine mühevolle und kräfteraubende Arbeit, die Frauen häufig zusätzlich zu den im Geschäft oder in der Werkstatt anfallenden Arbeiten verrichten müssen.

> »Die Kaufmannsfrau arbeitet wie ihr Ehemann im Geschäft; am Abend arbeitet sie immer noch, denn sie ist zugleich Hausfrau, Buchhalterin und Mutter. Sie muß sich auch mit dem Geschrei des Kindes und den Bediensteten befassen. Ihr Mann macht Pausen, um sich auszuruhen, es ist selten, daß seine Abende nicht für den Klub, das Gespräch, das Café oder für Schlimmeres reserviert sind. ... In den Zeiten, wo der Mann Zerstreuung findet, schleppt die Frau immer noch an der Last ihrer Müdigkeit. Selbst der Angestellte, dessen Schicksal man bedauert, hat an seinem Schreibtisch mehr Ruhe als die Frau in ihrem Haushalt, die sich

dort als Schneiderin, Wäscherin und manchmal, ohne es einzugestehen, auch als Büglerin, abmüht. Denkt man sich noch die Phantasien und tyrannischen Launen kleiner kranker Kinder, die jammern und doch schon wieder bei Kräften sind, hinzu, so ergibt dies eine Arbeitslast, die sehr viel schwerer zu tragen ist als die, die bedeutende oder eifrige Vorgesetzte auf die Schultern ihrer Untergebenen laden« (Lesguillon 1859, S. 38)

Auch Jenny d'Héricourt beschreibt, daß Hausarbeit Arbeit ist (vgl. d'Héricourt 1860, Bd. I, S. 210).

»Liebe«, wie sie von Comte, Michelet und Proudhon bestimmt wird, bedeutet die materielle und seelische Ausbeutung der Frau

Die Frauen sahen wohl, daß das, was ihnen von Michelet, Comte und Proudhon als »Liebe« angetragen wurde, nichts anderes war als Arbeit, die keinen Preis hat. »Liebe«, wie die Apologeten der kapitalistischen Gesellschaft sie bestimmten, unterschied sich fundamental von dem, was zuvor die Saint-Simonisten, Fourier und viele Frauen unter Liebe als Indikator einer neuen befreiten Gesellschaft verstanden hatten.

Eine der Frauen, die diese Veränderung beobachtet und verarbeitet hat, ist Hermance Lesguillon. Sie hatte in den Jahren nach 1830 in ihren Gedichten die Liebesfähigkeit als befreiende Kraft besungen. Obwohl sie selber nicht zu den Saint-Simonistinnen zählte, teilte sie doch an diesem Punkt deren Vorstellungen. Nach 1850 aber bezeichnete sie das Übermaß an Liebesfähigkeit und Liebesbedürfnis als Schwäche der Frauen. In der gegenwärtigen Situation, so sagt sie 1859, besteht der Fortschritt für die Frauen darin, ihre Sensibilität abzuhärten und emotional robuster zu werden, wenn sie im Kampf gegen die Männer gewinnen wollen. Hermance Lesguillon hatte Erfahrungen gemacht, die sie erkennen ließen, daß die »weiblichen Qualitäten«, die Fähigkeit zu Liebe, Mitgefühl und Zärtlichkeit, als Mittel zur Unterwerfung der Frauen dienten. Würde und Selbstvertrauen, so führt sie nun an, können die Frauen ausschließlich durch die Verfügungsgewalt über Arbeit und Geld bekommen. So sie diese nicht erlangen, verkaufen sie notgedrungen Körper und Seele gleichermaßen (vgl. Lesguillon 1859, S. 36f.)

Dieser veränderten Einstellung von Hermance Lesguillon ist um so mehr Gewicht beizumessen, als sie, soweit bekannt, nicht ihrer individuellen Biographie geschuldet ist. Hermance Lesguillon hat, nachdem sie sich in jungen Jahren lange und erfolgreich ihr angetragenen Eheschließungen widersetzt hatte, später ihren Eltern gegenüber die Ehe mit einem mittellosen und auch sonst den Kriterien des gehobenen Bürgertums nicht entsprechenden Künstler durchgesetzt. Es scheint, daß Hermance Lesguillon in ihrem persönlichen

Leben eine Liebe verwirklicht hat, für die sie eine allgemeine Möglichkeit erst nach der Befreiung der Frauen sah.

Hermance Lesguillon übt immer wieder Kritik an Ehe und Familie. Sie lehnt diese Lebensform nicht grundsätzlich ab, doch aber unter den Bedingungen und Konsequenzen, denen Frauen darin im gegenwärtigen Zeitpunkt ausgesetzt sind. Im Moment sieht sie in der Ehelosigkeit die einzige Möglichkeit für Frauen, wirksam gegen ihre Unterdrückung zu kämpfen. Ihr langfristiges Ziel ist es, die Gesellschaft so zu verändern, daß Ehe als Form einer gleichberechtigten und -verpflichtenden Liebesbeziehung möglich wäre.

Olympe Audouard führt als vorbildliches Beispiel Amerika an. Dort sei die Emanzipation weiter fortgeschritten, weil die Frauen besser ausgebildet und weniger romantisch und in weltfernen Träumen verfangen seien. Weil die Liebe nicht das einzige Ziel in ihrem Leben sei und nicht der einzige Weg, um ihre Sklavenposition gegenüber dem Ehemann in eine würdigere Position einzutauschen, opfern sie weniger diesem falschen Gott und begehen darum weniger Fehler. Sie könnten ihren Ehrgeiz anders befriedigen und richteten ihre Gedanken nicht ausschließlich darauf zu gefallen, zu verführen und sich zu schmücken (Audouard 1873, S. 49).

Adèle Esquiros bezeichnet die neue Qualität, die die Unterdrückung der Frauen erhält, die im Gewande der Idealisierung der weiblichen Liebesfähigkeit einherkommt, als emotionale Abhängigkeit: Bisher haben es sich die Männer genug sein lassen, sich die Frauen durch äußere Zwänge zu unterwerfen und sie zu enteignen. Doch nun ergreifen sie auch ihre Seele. Die Männer erklären sich zum Stellvertreter Gottes auf Erden, die die Frauen nach ihrem Bilde formen.

»Bis jetzt haben sich die Männer damit zufrieden gegeben, die Arbeitsplätze, die Ehre, die Vergnügen, sozusagen alle Güter dieser Erde für sich zu beanspruchen; der Frau blieb nur ihre Seele, dieses Gut des Himmels. Da tritt M. Michelet auf und erklärt, daß den Männern ausschließlich das Monopol der Seelen zukomme. ... Und nun gehört sich die verheiratete Frau nicht mehr, das heißt, sie hat kein Ich mehr« (Esquiros 1860, S. 341)[13]

Die emotionale Abhängigkeit, die über den Tod des Mannes hinaus währt, soll die Ausrichtung der weiblichen Identität bestimmen. Daß hierin ein krudes Herrschaftsverhältnis begründet ist, das jedem Mann, unabhängig von seiner Liebenswürdigkeit, die Macht gibt, durch »Liebe« seine Frau zu besitzen, steht für A. Esquiros außer Frage. »Liebe« aber ist, so argumentieren auch die anderen Frauen, solange nicht möglich, wie Unterdrückung herrscht. Denn, Herr und Knecht können einander nicht lieben. Dies gilt sowohl für Liebe und Ehe wie auch für »freie Liebe«.

Hatten die Frauen vor 1850 teilweise in beiden Formen Möglichkeiten der Befreiung sehen können, gibt es (soweit mir bekannt) im Zweiten Kaiserreich keine Frau mehr, die sich öffentlich für die »freie Liebe« einsetzt. Diese wird vielmehr als zusätzliche Form der Ausbeutung betrachtet, weil die Männer dabei ihrer Lust leben können und sich noch weniger als in der Ehe dazu verpflichtet fühlen, für die Konsequenzen aufzukommen. Während die Männer aus der neuen Norm »Liebe« ihren Anspruch auf Herrschaft ableiten, setzen die Frauen diesem ein Verständnis von »Liebe« entgegen, welche erst auf dem Boden vorangegangener Gleichberechtigung zu verwirklichen ist.

Die Kritik an den realen gesellschaftlichen Verhältnissen

Die Versorgungssituation der Frauen vor und nach der Großen Revolution — Vom Regen in die Traufe?

Julie Daubie vergleicht die Situation der Frauen in der gegenwärtigen Gesellschaft mit der in der Ständegesellschaft. Dabei kommen ihr Veränderungen in den Blick, die wir als Spezifika der bürgerlichen Gesellschaft ansehen können, als historische Konkretisierung der Logik dieser Gesellschaft. Julie Daubie kommt zu dem Schluß, daß die armen Frauen ihrer Zeit weder den feudalen Schutz früherer Zeiten noch die proklamierte bürgerliche Gleichberechtigung genießen.

> »Trotz der Rechte auf bürgerliche Gleichheit, die unsere Gesetzgebung theoretisch allen Bürgern ohne Ansehung des Geschlechts gewährt, entzieht unsere zentrale Verwaltung der armen Frau diese Rechte, indem sie ihr die Schulen und die Arbeitsplätze im öffentlichen Dienst versperrt; unsere Gesetze und Sitten, die ihr keinen Beruf, keine Möglichkeiten, für den eigenen Unterhalt aufzukommen, lassen, verwehren ihr, nachdem sie sie der Last der Mutterschaft ausgesetzt haben, den Zugang zur Gesellschaft und zum eigenen Haushalt. So hat dieses Jahrhundert, das die Frau sowohl der schützenden Institutionen des alten Frankreichs, wie auch der Gleichheitsrechte und hoffnungsvollen Versprechen der Revolution beraubt hat, Vergangenheit und Zukunft für uns zugleich zerstört« (Daubie 1870, Bd. I, S. VII).[14]

Das vorrevolutionäre Frankreich, so führt Julie Daubie aus, sicherte den Unterhalt der Frauen entweder im Kloster oder in der Familie oder im Handwerk. In den Klöstern wurden mittellose Frauen gratis oder zu sehr geringen Preisen aufgenommen, weltlichen Frauen, die kein Gelübde ablegen wollten, wurde Asyl gewährt. Für die Eheschließung und Gründung einer Familie konnten bedürftige Frauen von verschiedener Seite eine Mitgift erhalten. Die Gelder stammten aus Stiftungen, von Privatpersonen, von der Stadt oder Gemeinde oder gar vom König selber. Die Zünfte sorgten für die weiblichen Waisen ihrer Meister. Im Handwerk bestimmten die Zünfte, ob Arbeiten von Männern oder von Frauen oder von beiden gemacht werden durften. Frauen konnten handwerkliche Tätigkeiten ausüben, die ihnen von Männern nicht streitig gemacht wurden. Den gemischten Zünften standen Meisterinnen und Meister in gleicher Anzahl vor. Grundsätzlich galt das Subsidaritätsprinzip, welches den Mitgliedern und deren Familien immer das Überleben sicherte. Die Witwen und Waisen eines Meisters erhielten im Notfalle eine ausreichende Unterstützung.

Julie Daubie betont besonders die »solidarité morale« der alten Gesellschaft, die das Heiratsverhalten förderte und es einem Vater nicht erlaubte, seine legitimen oder illegitimen Kinder zu vernachlässigen, die die Ausschweifung streng sanktionierte und die Mutterschaft und die Kindheit schützte (ebd., S. 4). Erst als die reichen Klassen sich ihrer Pflichten gegenüber den Armen entledigten, entstand der Pauperismus und der darin angelegte soziale Antagonismus, der die Revolution nötig machte (ebd., S. 5). Die Revolution hätte die Frauen reichlich für den Verlust des feudalen Schutzes entschädigen können, wenn sie ihre Ziele verwirklicht hätte, doch hat sie dies nicht getan.

Die Große Revolution gilt auch den anderen oppositionellen Frauen zugleich als historischer Wendepunkt und als Maßstab. Die Frauen betrachteten sie als den Beginn der größeren Gerechtigkeit in der Verteilung des gesellschaftlichen Reichtums und der Abschaffung der Privilegien. Doch sind, so urteilen sie einhellig, die Ziele von Freiheit und Gleichheit nur für einen Teil der Gesellschaft durchgesetzt und nicht für die Frauen. Die Frauen haben an der Seite der Männer gekämpft und die Gesellschaft von den alten Herrschaftsstrukturen und Dogmen befreit. Jenny dHéricourt hebt hervor, daß die Frauen dadurch nicht nur das objektive Recht auf Gleichberechtigung erworben hätten, sondern auch zu einem anderen Bewußtsein ihrer Selbständigkeit und Würde gelangt seien.

> »Unter dem Einfluß der allgemeinen Emanzipation hat die Frau, die an allen Kämpfen als Akteurin und als Märtyrerin, als Mutter, Ehefrau, Geliebte, Tochter oder Schwester beteiligt war, ihre Gefühle und Gedanken grundlegend verändert: es wäre absurd, hätte sie die Freiheit und Gleichheit für die Männer gewollt, weil diese menschliche Wesen sind, ohne zugleich auch ihr Herz zu erheben und ihre eigene Befreiung zu erträumen, denn auch sie ist ein menschliches Wesen: der revolutionäre Geist hat die Frau unabhängig gemacht, jetzt gilt es, ihre Partei zu ergreifen« (d'Héricourt 1860, Bd. II, S. 273;)[15]

Solche Gedanken hatten Frauen schon mehr als zwanzig Jahre zuvor geäußert (vgl. Grubitzsch/Lagpacan 1980, S. 62). Die Forderungen waren ohne konkrete Verbesserungen für die Frauen geblieben, sie hatten darum weiterhin Gültigkeit. Darüber hinaus verschlechterten sich die Lebensbedingungen der großen Mehrzahl der Frauen sowohl materiell wie auch ideell. Der massive ideologische Zugriff ab der Mitte des Jahrhunderts war begleitet von einer Zunahme der materiellen und sozialen Abhängigkeiten (vgl. Brocher 1976, S. 38ff.).

Die Frauen sind, so ist die einhellige Aussage der hier zugrunde gelegten Texte, in ihrer Gesamtheit entrechtet und machtlos, und sie werden in einer ganz neuen Weise Spielzeuge männlicher Lust. Die armen Frauen sind dies in gesteigertem Maße, weil sie aufgrund ihrer ökonomischen Misere noch leichter unterdrückt und ausgebeutet werden können.

Julie Daubie führt aus, wie sich die Gewalt gegenüber den Frauen verstärkt hat. Bei der Verwendung und Verteilung von Revolutionsgüter wurde von dem Budget von 2 Milliarden Francs, »welches das Erbteil, das in vielen Jahrhunderten für die Frauen und Bedürftigen gesammelt war, auch enthielt« (Daubie 1870, Bd. I, S. 6), für die Unterstützung und Ausbildung der Frauen nichts gegeben. Die Versorgungsformen der Witwen und Waisen wurden abgebaut. Renten wurden nur noch in geringer Höhe an Beamtenwitwen gezahlt, doch auch nur dann, wenn der Ehemann länger als 25 Jahre im Dienst war und die Ehe mindestens sechs Jahr gedauert hatte. Es gab keinerlei materielle Sicherung mehr für die Frauen der Advokaten, der Mediziner, der Handwerker oder der Kaufleute, die früher durch die Korporationen unterstützt wurden.

Die neuen Versicherungsgesellschaften, »die sociétés de secours mutuels« schlossen Frauen entweder ganz aus oder zahlten ihnen im Krankheitsfalle weniger als den Männern, obwohl sie von Frauen grundsätzlich höhere Beiträge forderten. Diese Form der Diskriminierung war um so haarsträubender, als die durchschnittlichen Fehlzeiten der Frauen wegen Krankheit erwiesenermaßen erheblich niedriger waren.[16] Dieselben Verhältnisse kennzeichneten die Verteilung der Gelder an die Armen. Ungleich mehr Frauen als Männer waren bedürftig, und dies zumeist mit Kindern. Dennoch erhielten die Männer einen größeren Anteil vom Gesamtbudget und als Einzelne mehr als eine Frau (Daubie 1870, S. 10).

Die Arbeitsmöglichkeiten der Frauen wurden in nahezu allen Bereichen eingeschränkt und abgewertet. Der Zuzug in die Städte und der Überhang an männlichen Arbeitskräften, deren bessere Ausbildung (die den Mädchen verwehrt wurde), deren größere Verfügungsgewalt über Kapital und allgemein das gesellschaftliche Vorurteil verdrängten die weiblichen Arbeitskräfte aus solchen handwerklichen Berufen, die vorher auch Frauen offengestanden hatten.

So geschah es beispielsweise im Frisörhandwerk, im Schneiderhandwerk, in der Geburtshilfe, in den Kanzleien und teilweise auch in den Kaufhäusern.[17] Wo die Frauen nicht ganz herausgedrängt wurden, wurden sie doch auf die untersten Plätze geschoben. Dasselbe Bild stellte sich in allen Arbeitsbereichen dar.

Die Frauen hatten nirgendwo eine Chance, nicht einmal in den seltenen Fällen, wo sie eine bessere Ausbildung als die Männer nachweisen konnten, diesen auch nur annähernd gleichgestellt zu werden. Auch die Auflösung der Zünfte wirkte sich negativ auf die Frauen aus, weil nun unausgebildete Mädchen in Konkurrenz zu den Zunftfrauen traten und das Gewerbe dequalifiziert wurde. Zugleich wurde durch die Mechanisierung in der Textilindustrie der Wert der traditionell von Frauen geleisteten Handarbeit erheblich gesenkt. Das Nähen, das Weben und Spinnen, das Stricken und Sticken traten in Konkurrenz zu den manufakturell und industriell hergestellten Waren. Hungerlöhne für 15stündige Arbeit am Tag waren die Folge davon.[18]

Die Arbeit in den Manufakturen (in denen etwa 330.000 Frauen mit einem durchschnittlichen Lohn von 1 franc pro Tag beschäftigt waren) machte oft weite Wege erforderlich und fand zum großen Teil unter mörderischen Arbeitsbedingungen statt. Teilweise mußten die Frauen die ganze Zeit über im heißen Wasser stehen oder gebückt arbeiten oder ätzende Dämpfe einatmen. Krankheit unter diesen Frauen und Kindersterblichkeit waren dementsprechend groß.[19]

Zu der Entwertung der Arbeiten, die von den Frauen mit der Nadel ausgeführt wurden, durch die Maschinen, kam die Konkurrenz durch Klöster, Waisenhäuser und Gefängnisse. In diesen Anstalten wurden die Insassinnen derart ausgebeutet, und es wurde so billig produziert, daß von dort ein zusätzlicher Druck auf die Preise ausging. Frauen standen in allen Industrien auf der untersten Stufe, verrichteten die schmutzigsten und oft auch die körperlich anstrengendsten Arbeiten und erhielten durchschnittlich nur ein Drittel des Lohnes der Männer. Die eklatante Lohnungerechtigkeit konnte an vielen Beispielen nachgewiesen werden.

Jenny d'Héricourt empört sich dagegen, daß die Männer für dieselben Arbeiten besser bezahlt werden.

>»... und die Gesellschaft empfindet es als sehr gerecht und als sehr einfach, (...) die Hebamme schlechter zu bezahlen als den Geburtshelfer, die Erzieherin schlechter als den Erzieher, die Lehrerin schlechter als ihren männlichen Konkurrenten, die Bürogehilfin schlechter als den Bürogehilfen, die Handlungsgehilfin schlechter als den Handlungsgehilfen, die Köchin schlechter als den Koch, etc. Die Abwertung der Arbeit von Frauen führt dazu, daß die Frau in den Berufen, die sie ausüben kann, unter Aufbietung aller Kräfte nicht mehr verdient, als sie braucht, um eines langsamen Hungers zu sterben« (d'Héricourt 1860, Bd. II, S. 51).[20]

Die Rechtfertigungen, die dazu ersonnen wurden, entbehren, so Jenny d'Héricourt, jeder Grundlage. Die Behauptung, daß der Verdienst der Frauen nur ein Zuverdienst sei, ist in den vielen Fällen falsch, wo die Frauen allein für sich und die Familie aufkommen müssen. Ebenso unsinnig ist die Aussage, daß die Frauen weniger Bedürfnisse hätten.

>»Und weil die Bescheidenheit unserer Bedürfnisse und das großartige Gleichgewicht, von dem gesprochen wird, nur in der Einbildung bestehen, verkauft sich die *wirkliche* Frau (Hervorhebung im Text, D.M.) an den Mann und beeilt sich zu leben, denn sie weiß, daß sie, wenn sie alt geworden ist, nichts mehr zum Essen haben wird« (ebd., S. 52)[21]

Der Prozeß des Herausdrängens aus qualifizierten Berufen in ungelernte Tätigkeiten blieb nicht ohne Auswirkung auf die Ausbildungssituation der Mädchen. Die Familien vernachlässigten die Ausbildung der Mädchen, weil die schlechten Berufsaussichten (und auch die Gefahr der sexuellen Ausbeutung) die Lehrzeit zu einem Risiko machten.

Wenn Mädchen Lehrstellen erhielten, dann waren dies fast nie mehrjährige Ausbildungsplätze. In der Handschuhindustrie, in der gut verdient werden konnte, arbeiteten etwa gleich viel Männer wie Frauen. Hier zählte J. Daubie auf 25 männliche Lehrlinge einen weiblichen Lehrling. Mit der schulischen Ausbildung sah es nicht besser aus. Zu den objektiven Hindernissen, die allenthalben den Mädchen und Frauen in den Weg gelegt wurden, gesellten sich die subjektiven, d.h. die negativen Erwartungshaltungen der Familien, der Meister und der Mädchen selber.

Julie Daubie gibt für all die angeführten Punkte ausführliche und detaillierte Beispiele, aus denen deutlich wird, wie ausweglos und ohne Hoffnung die beruflichen Perspektiven der Mädchen und Frauen waren. Zugleich waren immer mehr Frauen darauf angewiesen, außer Haus oder auch im Haus erwerbstätig zu sein. Julie Daubie nennt den Grund dafür:

»Die Ausführungen haben uns gezeigt, wie die alte Gesellschaft auf die Familie hin organisiert war, so daß die Arbeiten der Mutter und Ehefrau einen ökonomischen Wert hatten; die neue Gesellschaft hingegen, die auf das Individuum hin ausgerichtet ist, zahlt den Beschäftigungen im Haushalt keinen Preis« (ebd., S. 22)[22]

Die Notwendigkeit zu zunehmender Lohnerwerbstätigkeit der Frauen war eine Konsequenz der Entwertung der Hausarbeit. Dies ist ein Aspekt, der wenig beachtet wird, weil die Forderungen, für die Frauen ein »Recht auf Arbeit« zu verwirklichen, leicht den Eindruck entstehen lassen, die Frauen hätten nicht oder nur in weit geringerem Umfang als heute Lohnarbeit geleistet. Entgegen einem weitverbreiteten Vorurteil über das Ausmaß der Berufstätigkeit der

Frauen in der Zeit war der Anteil der weiblichen Lohnarbeiterinnen an der industriellen Produktion sehr hoch. Er betrug in den Jahren zwischen 1851-1870 zwischen 30-35 Prozent.[23]

Die Einsamkeit in den Städten

Die Not und Isolation der Frauen in den Städten waren groß. Unverheiratete Frauen, die nicht im Schutz der Familie standen, hatten kaum Möglichkeiten, Bekanntschaften zu schließen. Die Alternative »ménagère ou courtisane« in den Köpfen der Männer und in ihrem Verhalten Frauen gegenüber bedeutete, daß alle Frauen, soweit sie nicht Hausfrauen waren, von nun an als Kurtisanen, d.h., als Freiwild angesehen wurden (vgl. Lamber 1858, S. 196). Außer der Kirche gab es keine öffentlichen Plätze mehr, wo Frauen ruhig verweilen konnten und ein Gespräch anfangen. (vgl. Puejac 1978, S. 13) Auch die Festlichkeiten bekamen einen anderen Charakter. Früher, so führt Daubie aus, standen die Volksfeste unter dem Segen des Priesters, heute werden die Mädchen, die allein zum Ball gehen, fast exkommuniziert. Das Publikum der Feste hat sich geändert. Männer versuchen dort, »eine Frau zu kaufen, in aller Öffentlichkeit, so wie sie ein Tier auf dem Markt aussuchen würden« (Daubie 1870 Bd. II, S. 191 f.).

Während für die Frauen der Verlust der traditionellen sozialen Kontakte in der Stadt schwer zu ertragen war, und sie vereinsamten, genossen es die Männer, dort ihre Leidenschaften ohne Verantwortung für die Konsequenzen ausleben zu können. Selbst bei gleichem Lohn arbeiteten die Männer lieber in der Stadt mit der Begründung, daß man auf dem Lande häufiger gezwungen werde, zu heiraten und Frau und Kinder zu versorgen (Daubie, Bd. I, S. 42).

Weil die sozialen Bindungen nicht mehr funktionieren, wäre es, so argumentieren die Frauen, Aufgabe der Gesetzgeber, hier Gerechtigkeit herzustellen. Die gegenwärtige Ordnung, »die die Gleichheit von Natur aus unter den Geschlechtern unterstellte, würde gleiche Rechte erforderlich machen, ... und eine soziale Übereinkunft, die den Frauen niemals allein die Sorge für das Kind überläßt, wenn der Vater noch am Leben ist« (ebd., S. 23). In dem männlichen Recht auf eine Sexualität, die von der Verantwortung für die daraus entstehenden Kinder losgelöst ist, kulminiert die Ausbeutung der (zumeist armen) Frauen durch die (zumeist reichen) Männer. Dieses Recht läßt die Frauen mit der Bürde der Pflege, der Erziehung und des Unterhaltes der Kinder allein und lädt ihnen alles zugleich auf: die Unmöglichkeit, eine angemessene Erwerbstätigkeit oder auch nur Unterkunft zu finden, die gesellschaftliche Verachtung und Diskriminierung und eine faktische Rechtsprechung, die diese Zustände sanktioniert.

Doch stehen gerade diejenigen, die

> »vielzählige Morde begehen, indem sie um so weniger uneheliche Kinder anerkennen, je mehr sie sich mit ihren Mätressen brüsten, (...) nicht nur voll unter dem Schutz des Gesetzes, sie sind selber oft diejenigen, die die Gesetze machen und über ihre Einhaltungen wachen. ... Sie mißbrauchen Geld, Ehre und Macht zur Befriedigung ihrer destruktiven Bedürfnisse. (ebd., S. 15)

Der circulus vitiosus, der die Frauen, die uneheliche Kinder haben, zu deren Versorgung in die Prostitution treibt, wo sie neue Kinder kriegen, kann nur aufgebrochen werden, wenn die Suche nach der Vaterschaft gesetzlich ermöglicht und streng durchgeführt wird. »La recherche de la paternité« ist aus diesem Grunde eine der Hauptforderungen aller Frauen.

»Ausweg« Prostitution

Das materielle Elend vieler Frauen war so groß, daß ihnen als Ausweg vor dem Verhungern oft nur blieb, sich mit einem Mann zusammenzutun, der oft auch nicht genug verdiente, und die Prostitution. So erzeugte der Kapitalismus nicht nur den »doppelt freien Lohnarbeiter«, sondern auch die »freie« Liebe auf großer Stufenleiter.

J. Daubie erkennt den Herrschafts- und Klassencharakter der Begriffe »Freiheit«, »Gleichheit«. Doch sieht sie darin nicht einen grundsätzlichen Widerspruch der kapitalistischen Produktionsweise. Der Grund für die Ausbeutung der Frauen des Volkes liegt, so J. Daubie, in der moralischen Verantwortungslosigkeit der Männer und den schlechten Sitten. In dem Ausgeliefertwerden ihrer Körper manifestiert sich das ganze Elend, in das die Frauen des Volkes in der neuen Gesellschaft geworfen sind. Demgegenüber sind die Begriffe von Freiheit und Gleichheit eine Fiktion. Im Namen dieser Freiheit werden die Frauen wehrloser gemacht, als es die antiken Sklaven waren. Im Namen dieser Freiheit und Gleichheit kann ein Herr seine Dienstbotin, ein Meister seine Arbeiterin »verführen«, sie anschließend ohne Angabe von Gründen wegschicken und sie ohne Wohnung, ohne Geld und ohne Hoffnung auf irgendeine Unterstützung auf der Straße ihr und sein Kind zur Welt bringen lassen. Er hat nicht nur das formale Recht dabei auf seiner Seite, er hat auch die moralische Billigung der Gesellschaft für sein Tun. Wenn hingegen eine Dienstbotin von sich aus ihren Herrn verläßt, wird sie keine Empfehlung für eine andere Bewerbung von ihm bekommen. Dem Herrn entstehen keine anderen Unannehmlichkeiten, als daß er ein paar Tage in seinem Überfluß allein haushalten müßte (ebd., S. 64). Die Frauen veräußern nicht nur ihre Arbeitskraft, sondern darüber hinaus ihre ganze Person und ihre Zukunft.

»In spöttischer Weise das Wort Freiheit mißbrauchend haben sie Dir, Frau, die Jugend, die Gesundheit, die Nächte und oft auch die Tugend im Austausch für das tägliche Brot geraubt. Morgen werden sie Dich, erschöpft, mittellos, krank und verbraucht zurückstoßen; sie werden Dich mit Füßen treten und Dir sagen: Du bist frei; Deine Freiheit, das wirst Du bald sehen, wird darin bestehen, daß Du der Brosamen beraubt bist, die für Dich jeden Tag nach Deiner Arbeit vom Tisch dieser schlechten Reichen fielen. Man muß sich daher diese trügerische *Gleichheit*, diese *Freiheit*, die so häufig die Erniedrigung der Dienstmädchen bedeuten, sehr genau ansehen« (Hervorhebung im Text, ebd., S. 63).[24]

Prostitution und Reglementierung

Keine der hier genannten Frauen faßt Prostitution als einen weiblichen Wesenszug auf. Sie sehen darin eine Lebensform, in die Frauen aus vielerlei Gründen gedrängt werden. Prostitution, auf niederer wie auch auf höherer Ebene, ist Männersache, sie dient allein der Lust der Männer und ist in Verhältnissen begründet, die die Frauen elend, rechtlos und hilflos gemacht haben. Aus der Sicht der oppositionellen Frauen sind die Kurtisanen die Kollaborateurinnen der Männer, die Parasiten der neuen Gesellschaft und darum die Gegnerinnen der Frauen, die für die Emanzipation ihres Geschlechts kämpfen. Die Prostituierten und die armen Frauen sind die Opfer dieser Gesellschaft.

Die Prostitution ist, so Daubie, zu einem Erwerbszweig geworden, der nach den Gesetzen der Rentabilität geführt wird: In den Bordellen, die überall im Lande wie Pilze aus dem Boden schießen, ist beachtliches Kapital angelegt. Die Investitionen machen es erforderlich, daß für einen dauernden Umsatz gesorgt wird. Sowohl die Kundschaft wie auch die Bedienung solcher Häuser müssen ständig angeworben werden. Die Besitzer und Besitzerinnen und ihre Agenten bilden große Geschicklichkeit in diesem métier aus. (Wobei sie großer Kunstfertigkeit, um Mädchen und Frauen einzufangen, nicht bedurften, da die Not sie ihnen zutrieb.)

Unter dem Vorwand, die Prostitution sei ein »notwendiges Übel«, ist ein System entwickelt worden, in dem der Verkauf der weiblichen Sexualität zu vielermanns und einiger Frauen Vorteil gefördert wird. In ihm sind die unterschiedlichen Interessen des männlichen Teils der Gesellschaft an solchen Formen weiblicher Dienstbarkeit aufs Hervorragendste vermittelt. Obwohl der Sklavenhandel mit dem Tode bestraft wurde, wird aus dem Handel mit weißen Mädchen eine öffentlichen Schutz genießende Einrichtung.

Die Mädchen und Frauen, die in der reglementierten Prostitution arbeiten, können dabei nichts gewinnen, was über den Tag hinausreicht. Wenn sie ein Bordell verlassen, was sehr schwierig durchzusetzen ist, sind sie im allgemeinen mindestens so arm wie vorher. Ihre totale Abhängigkeit macht sie bis aufs Blut ausbeutbar (vgl. unten, S. 150). Die Kosten hingegen tragen allein die Prostituierten, aber auch die Frauen allgemein, es sei denn, sie sind als Bordellbesitzerinnen am Profit beteiligt.

> »Das System der Überwachung ist eine permanente Beleidigung und Herausforderung der Gerechtigkeit. Alle von der Sittenpolizei in Gang gesetzten Maßnahmen sind ausschließlich gegen die Frauen gerichtet. Die medizinische Kontrolle, die oft in demütigendster Weise ausgeübt wird, überwacht einzig und allein die Frauen. Wenn eine krank ist, wird nicht nach der Herkunft ihrer Ansteckung gefragt, sie wird eingesperrt, während ihr Kompagnon weiter frei herumläuft. ... Aber wer hat jemals gesehen, daß eine Prostituierte in den Wohnraum der Familien eingedrungen ist? Nicht die Prostituierten sind es, die die Ehefrauen und Kinder anstecken. Es sind die Männer, die Gatten, die Väter, die die Geißel weitertragen. Sie sind direkt verantwortlich zu machen für das körperliche und moralische Leiden, daß sie in ihre Familien bringen. ... Die Sittenpolizei profitiert vom Gewerbe, das oft wie eine Industrie betrieben wird und wo die Frauen zum Profit der Betreiber und Betreiberinnen ausgebeutet werden. Denn die Frauen verkaufen nicht nur ihren Körper, sondern auch ihre Seele. Der unbedingte Gehorsam ist die Bedingung ihres Berufes. Weder Abscheu noch Müdigkeit noch der gerechtfertigtste Widerwille erlauben es ihnen, 'nein' zu sagen. Sie sind zur Schwäche verdammt, die sie in Wein ertränken müssen. ... Das Geld muß weitestgehend abgeliefert werden, es bleibt gerade genug zum Überleben. ... Es gibt nur eine Erklärung für diese Ungerechtigkeiten. Die Reglementierungen sind von Männern gemacht worden und ausschließlich zu deren eigenem Wohlbefinden. Um die Würde der Frauen hat sich niemand gesorgt« (Butler 1876, S. 3f.).

Solche Worte fand Josephine Butler einige Jahre nach dem Zweiten Kaiserreich. Sie traf damit den Kern dessen, was die Reglementierung der Prostitution bedeutete.

Die Frauen waren hohen Strafen ausgesetzt, wenn sie sich nicht an die vielen Einschränkungen hielten, die ihnen in dem Reglement vorgesetzt wurden. Ihre persönlichen Daten wurden registriert, die Frauen selber numeriert. Sie durften bestimmte Wege nicht verlassen, durften in Kleidung und Benehmen nicht »provozieren« und hatten der Administration jederzeit Zutritt in ihre privaten Räume zu gewähren. Die Transparenz der ganzen Person der Prostituierten mußte herhalten, um eine Illusion von Kontrolle und Beherrschbarkeit zu schaffen.

> »... die Prostituierte ist kein Mensch mehr, sie ist eine Ware vor einer Art Handelskommission, die für den Kauf ihren Garantiestempel gibt« (Daubie 1870, Bd. II, S. 20; vgl. unten, S. 146)[26]

Doch blieb die Kontrolle keineswegs auf die Prostituierten beschränkt. Potentiell waren ihr alle Frauen ausgesetzt. Die administrative Willkür erlaubte es, allein herumlaufende Frauen aufzugreifen, der Prostitution zu verdächtigen, sie einer Zwangsuntersuchung ihrer Geschlechtsorgane zu unterziehen und sie vor einen Richter zu bringen. Eine Vielzahl von Wegen, das geruhsame Verweilen auf öffentlichen Plätzen oder der Zutritt zu einem der Cafés am Boulevard war für Frauen mit einem derartigen Risiko verbunden.[27] Die Konsequenz davon:

> »Der Schutz, der den Ausschweifungen der Männer gewährt wird, hat zur Folge, daß die Prostituierte dauernden Nachstellungen ausgesetzt ist. Sie wird in den Pensionen und Hotels verfolgt, die auch die Zufluchtsstätten der Arbeiterin, des Dienstmädchens und der Künstlerin, die keine Arbeit hat, sind. Dabei werden sie der unerbittlichen Verfolgung durch die Polizei ausgeliefert, die das Recht hat, die Frauen zu jeder Stunde aufzusuchen und festzunehmen. ... Der Präfekt der Seine hat auf die Intervention des Erziehungsministeriums hin 1845 eine Anordnung erlassen, durch die es den Pensionsbesitzerinnen und den Wirtinnen nicht-kirchlicher Einrichtungen verboten wurde, den Frauen Zimmer zu vermieten. Sie wurden unter Androhung der sofortigen Schließung ihres Etablissements dazu aufgefordert, diejenigen, die sie beherbergten, ausnahmslos und ohne Frist auf die Straße zu setzen. Aufgrund dieser drakonischen Maßnahme ist die ehrenwerte Frau, die nicht weiß, wo sie bleiben kann, gezwungen, sich den willkürlichen Verwaltungsmaßnahmen gegen die Prostituierten zu unterwerfen« (ebd., S. 31).[28]

Vor Gericht hatte eine Prostituierte fast nie eine Chance, Recht zu bekommen. Wenn ein Mann oder seine Familie behaupteten, eine Frau habe ihn bestohlen, so wurde ihm dies geglaubt, selbst wenn der Augenschein dagegen war. Die Beweislast lag grundsätzlich auf seiten der Frauen, und wenn sie Beweise anbringen konnten, so galten diese nicht. Die Rechtsprechung ging teilweise so weit, die Frau für einen Raub zu bestrafen, den der Mann, der sie unterhielt, begangen hatte (vgl. unten, S. 165). Indem die Frauen verurteilt und eingesperrt wurden, wurde das männliche Recht auf Lust proklamiert und verteidigt.

Der Ruf, viele Maitressen gehabt zu haben, steigerte das Ansehen eines Mannes, uneheliche Kinder gezeugt zu haben, stellte bei der Vergabe offizieller Ehren und Auszeichnungen kein Hindernis dar. Alle Gesetze, ihre Auslegung und das Verhalten der Administration schützten den Leumund des Mannes. Bis zur französischen Revolution war, so Julie Daubie, das Laster ein Privileg und nicht ein Recht; der Adel nutzte dieses Privileg offen, der Bürger heimlich und der arme Mann wurde in vielen Fällen bestraft. Das Gesetz von 1778, das die Provokation auf offener Straße verbot, galt für Männer gleichermaßen und wurde auch auf sie angewandt. Julie Daubie führt Beispiele an, wo Männer aufgrund dieses Gesetzes zu Gefängnisstrafen verurteilt wurden. Im Code Civil blieb dieser Bereich ausgespart und wurde in die Kompetenz der Administration und der Polizei gegeben. Diese schützten die Prostitution, jedoch nicht die Prostituierten. Sie machten gemeinsame Sache mit den Besitzern und Besitzerinnen der Bordelle, indem sie deren Monopol sicherten.[29] Die männlichen Besucher wurden mit einem Kostenaufwand von 1 Million franc jährlich, so weit es ging, vor Ansteckungen bewahrt.

Die Bedeutung der »anderen Frauen« für die »ehrenwerten Frauen«

Der Einfluß der »anderen Frauen« auf das Heiratsverhalten der Männer

Wenn die bürgerlichen Frauen sich so eindringlich mit der Prostitution, den Loretten, den Grisetten, den »Femmes entretenues«, den »Demi-Mondaines« und den Kurtisanen auseinandersetzen, so geschieht dies keineswegs nur aus Sorge für diese »anderen« Frauen. Sie empfinden ihr Leben als auf vielfältigste Weise von jenen Frauen betroffen. Die »andere« Frau tritt ihnen allerorten entgegen, manchmal als reale Person, manchmal als Erinnerung oder Wunschtraum in den Köpfen der Ehemänner und manchmal sogar als Verlockung, die Mühsal des eigenen Lebens gegen ihren Glanz einzutauschen.

Eine Eheschließung, wie H. Lesguillon sie schildert, ist verbreitetes literarisches Motiv: Gaston hat sich die Heirat mit dem reichen Mädchen Theresa durch die Vortäuschung falscher finanzieller Verhältnisse erschlichen. Das Kennenlernen hatte nur zwei Monate gedauert, die Erkundungen, die die Mutter des Mädchens in der Zeit hatte einholen können, waren alle zum Vorteil des Bewerbers gewesen. Als sich nach der Hochzeit herausstellte, daß Gaston in hohem Maße verschuldet war, weil er sein Vermögen zuvor mit leichtlebigen Frauen durchgebracht hatte, steckte Theresa schon in allen Abhängigkeiten ihm gegenüber (vgl. Lesguillon 1859, S. 3ff.; s.u., S. 141).

Doch ist nicht nur das voreheliche Leben der bürgerlichen Ehemänner den Frauen ein Grund der Beunruhigung. Das Schreckgespenst der Kurtisane, der die Männer das Vermögen ihrer Ehefrauen an den Leib hängen, schwebt auch über der Ehe selber. Der Häufigkeit nach, mit der von Frauen der Zeit die Konkurrenz mit der Kurtisane beschrieben wird, ist davon auszugehen, daß darin zentrale Erfahrungen oder doch zumindest verbreitete Ängste ausgedrückt sind. »Wer von uns«, so fragt A. Esquiros, »ist nicht das Opfer einer dummen und grausamen Komödie geworden? Wer von uns ist niemals einer Kreatur mit niederen Instinkten geopfert worden?« (Espiros 1860, S. 87). Die Frauen, die ihren Körper und ihre Sexualität den Männern ohne Eheschein und nur gegen

Geld oder zeitweiligen Unterhalt zur Verfügung stellen (ich werde sie im folgenden immer aus der Sicht der bürgerlichen Frauen heraus als die »anderen Frauen« bezeichnen, weil mit ihnen alle Stufen zwischen der armen Prostituierten und der reichen Kurtisane gemeint sein können) fallen auch deswegen den »femmes honnêtes« in den Rücken, weil sie das Heiratsverhalten der Männer beeinflussen. Die Klage, daß die Männer immer weniger und in einem höheren Alter heirateten, wird von allen Frauen vorgebracht.

In einer Gesellschaft, die den Frauen die Erwerbstätigkeit vorenthält oder zu gering bezahlt mit dem Argument, daß sich »das Gleichgewicht in der Ehe durch den höheren Gewinn des Mannes herstelle« (d'Héricourt 1860, Bd. II, S. 52), stehen die Frauen bei einer schwindenden Heiratsbereitschaft der Männer vor einem großen Versorgungsproblem. Vermutlich war aus diesem Grund die Angst der Frauen an diesem Punkt größer, als das tatsächliche Verhalten der Männer nahegelegt hätte.

Die Heiratsstatistik (vgl. Dupeux 1972, S. 47), bezogen auf Frankreich, zeigt in den Jahren 1856-1860 sowohl prozentual wie auch in absoluten Zeiten eine Zunahme der Eheschließungen. Es wird in den Jahren ein Stand erreicht, der für die Zeit zwischen 1840-1845 gültig war. Zwischen 1846-1855 ist eine kleine Schwankung nach unten zu verzeichnen, doch lassen es die objektiven Zahlen keineswegs zu, von einer Krise in der Bereitschaft, die Ehe einzugehen, zu reden.

Wenn dennoch in den Texten der Zeit immer wieder diese Befürchtung formuliert wird, sind die Gründe dafür nicht so sehr in objektiven Veränderungen als vielmehr in veränderten Wahrnehmungen und Einstellungen zu suchen. Dies ist ein Punkt, der methodisch wichtig ist. Er demonstriert zum einen den Unterschied zwischen »innerer« und »äußerer« Realität, zum anderen den jeweils spezifischen Aussagewert unterschiedlicher Quellen. Berichte von Zeitgenossen spiegeln die Wahrnehmung. Diese kann sich in einem anderen Tempo verändern als die Verhältnisse, auf die sie sich bezieht. Auch die quantitative Häufung von Berichten bezeugt nicht notwendigerweise quantitative Veränderungen in der Sache, doch immer, daß sich das Bewußtsein der Individuen davon geändert hat. Demgegenüber entgleitet der Statistik genau dieses. Sie faßt nicht die qualitativen und subjektiven Momente, die sich in objektiven Zahlen (vielleicht zu einem ganz anderen Zeitpunkt) niedergeschlagen haben. Im vorliegenden Fall sind zwei Interpretationen denkbar, die einander nicht ausschließen müssen. Es ist möglich, daß sich das Heiratsverhalten in der verhältnismäßig kleinen Gruppe derer, die die Texte verfaßt und sich an der öffentlichen Diskussion beteiligt haben, tatsächlich in der beschriebenen Weise verändert hat, ohne daß sich dies in der gesamtgesellschaftlichen Statistik niederschlug. Mehr deutet jedoch darauf hin, daß sich allgemein die Perspektive für die Frauen verändert hat.

Die Fangeisen der bürgerlichen Ehegesetzgebung des Code Civil

Die Konkurrenz der »anderen Frau« war um so schwerwiegender, als die Frau sich durch die Eheschließung ganz in die Verfügungsgewalt ihres Mannes begab. Der Ehevertrag ähnelte, so Jenny 'Héricourt, eher einem Sklavenvertrag als einem bürgerlichen Rechtsverhältnis (d'Héricourt 1860, Bd. II, S. 57). Wie schon in der Erklärung der Menschenrechte von 1789 waren auch im Code Civil »die Rechte der Frau und Bürgerin« nicht berücksichtigt. Wesentliche Rechte wie der Zugang zu allen Ämtern, freie Verfügung über den Besitz, Recht auf Scheidung, gleiche politische Rechte wie die Männer, wurden den Frauen vorenthalten. 1848 wurden verschiedene Bestimmungen geändert, die dem Handel und der Industrie Erleichterung brachten, nicht aber solche, die die Frauen bedrückten, obwohl diese ihre Forderungen dazu klar formuliert hatten.

Die juristische Situation der Frauen blieb in den wesentlichen Punkten vom Beginn des 19. Jahrhunderts bis zur Volksfront unverändert. (Abgesehen vom Recht auf Scheidung, das zwischen 1803-1816 und ab 1884 bestand.) Der Code Civil war bestimmt von dem Gedanken, die ökonomische Funktion der bürgerlichen Familie zu stabilisieren. Zentral waren dabei alle Fragen, die in Zusammenhang mit der Legitimität der Nachkommen standen und solche, die die Verfügung über den Besitz der Familie betrafen. In der rechtlichen Beziehung zwischen Eltern und Kindern, Mann und Frau, die der Code Civil herstellte, war die alleinige Herrschaft des Mannes in der Familie garantiert. In bezug auf die Kinder beinhaltete dies unter anderem das Recht, widerspenstige Nachkommen bis zu sechs Monaten in eine Art Jugendgefängnis sperren zu lassen (Art. 376 und 377). Von großer tatsächlicher Bedeutung war das Recht, das bis 1927 erhalten blieb, Heiratswünschen der Kinder gegenüber Widerspruch einlegen zu können, ohne dafür Motive angeben zu müssen (Art. 173). Die Mutter hatte dieses Recht erst nach dem Tode des Vaters (Art. 173).

Die Frau verlor im Moment ihrer Eheschließung in vielen Bereichen auch das Maß an Selbstbestimmung, welches ihr zuvor noch zugesprochen war, eine Tatsache, die außer bei den Frauenkämpferinnen kaum auf Verwunderung stieß. Die vaterlose, ledige Frau konnte in begrenztem Umfang selbständig Geschäfte abschließen, ihr Erbe verwalten, als Zeugin oder Klägerin vor Gericht erscheinen, sich selber verteidigen und Entscheidungen über ihre Kinder treffen. Die Witwe konnte über die Erziehung der Kinder bestimmen und den Nutznieß und die Verwaltung von deren Gelder übernehmen, wobei allerdings die grundsätzlichen Rechte dadurch faktisch erheblich eingeschränkt waren, daß das Handeln der Frau der Zustimmung durch einen »conseil de famille« bedurfte (Art. 148, 149, 381, 386, 397). Die verheiratete Frau hingegen besaß keines dieser Rechte mehr, sie wurden sämtlich auf ihren Ehemann übertragen. Er bestimmte den gemeinsamen Wohnsitz. Die Nationalität der Frau bemaß sich an der ihres Mannes, die Frau schuldete dem Mann unbedingten Gehorsam, er hatte das Recht, ihre Korrespondenz, ihr Verhalten, ihre Berufstätigkeit zu überwachen und durfte sie körperlich züchtigen (Art. 213). Die vorgesehenen Strafen bei Mißachtung wechselseitiger Verpflichtungen waren härter für die Frauen. Ihr Ehebruch wurde ungleich drakonischer geahndet als der des Mannes, der sich nur dann strafbar machte, wenn er die Konkubine in die eigene Wohnung brachte. Ein Mann, der seine Frau tötete, weil er sie beim Ehebruch ertappt hatte, beging einen »entschuldbaren« Mord, der oft gar nicht oder nur geringfügig bestraft wurde (Art. 324), sonst stand auf Mord die Todesstrafe. (Auch im Empfinden eines großen Teils der Gesellschaft war eine solche Tat »entschuldbar«; vgl. oben, S. 33). Die große Strenge gegenüber den Frauen an diesem Punkt wurde mit der Notwendigkeit begründet, die Blutsverwandtschaft zwischen den Vätern und ihren Kindern sicherzustellen.

Außerordentlich kompliziert und für die Mehrzahl der Betroffenen undurchschaubar waren die Gesetze zu den »régimes matrimonaux«, die den materiellen Bereich der Ehe, die Administration des Besitzes und den Nießbrauch der gemeinsamen Güter regelten, ebenso wie die Haftung im Falle von Schulden des Mannes oder der Frau. Im Prinzip war der Mann alleiniger Verwalter der von der Frau eingebrachten Güter, soweit diese veräußert werden konnten. Doch hing dies auch von der Art des bei der Eheschließung angenommenen Vertrages ab. Der eher traditionellen Verhältnissen Rechnung tragende »régime dotal« sicherte der Frau die Mitgift, die in ihrer Substanz nicht angetastet werden durfte. Da aber durch eine solche Festsetzung die finanzielle Beweglichkeit des neuen Haushalts eingeschränkt war, wurde ab 1835 zunehmend häufiger die Form der »communauté« gewählt, die es dem Mann erlaubte, über den ganzen Besitz der Frau zu verfügen. Dies erweiterte die Möglichkeiten, Profite zu erwirtschaften oder auch nur ein kleines Geschäft zu gründen, lieferte aber zugleich die Frau auch ökonomisch noch vollständiger den Spekulationen und der Willkür des Ehemannes aus.

Das Recht auf Scheidung durchzusetzen, war eine der zentralen Forderungen aller Frauenkämpferinnen. Eine gesetzliche Trennung »de corps et de biens« war von seiten der Frauen nur unter großen Schwierigkeiten zu erlangen. Zwar sah Artikel 231 die Möglichkeit dazu vor, wenn »Ekzesse, Mißhandlungen oder grobe Beleidigungen des einen gegenüber dem anderen« nachgewiesen werden konnten, doch wurde für die Frauen eine solche Glaubhaftmachung nahezu unmöglich dadurch, daß die Männer Gewalttätigkeiten als legitimes Recht der körperlichen Züchtigung verteidigen konnten. Die Richter hatten einen Ermessensspielraum, den sie zumeist nicht zugunsten der Frauen nutzten (vgl. oben, S. 142). Cubain, Rechtstheoretiker, machte für diesen Umstand traditionelle richterliche Vorurteile verantwortlich.

>»Dies rührt daher, (...) daß der Magistrat sich allzu oft von der vorrevolutionären Rechtsauffassung leiten läßt. Die eheliche Befehlsgewalt (l'autorité maritale), dieses großartige Wort, das früher einen Sinn hatte, aber heute nicht mehr, beherrscht das Denken des Magistrats; die alte Abneigung gegen die Trennung von Tisch und Bett lebt dort traditionellermaßen weiter (Cubain 1842, S. XV)[30]

Die Frauen waren auch in dieser Frage zweifacher männlicher Willkür ausgeliefert. Wenn das Gericht einer Trennung zugestimmt hatte, war die Frau verpflichtet, ihren Wohnsitz an einem vom Gericht fixierten Ort zu haben (Art. 268) und diesen dem Manne mitzuteilen. Die Frau konnte somit weiterhin vom Ehemann überwacht werden und war dabei oft üblen Belästigungen und Nachstellungen ausgesetzt (vgl. unten, S. 143). Diese Ehegesetzgebung wurde von allen hier angeführten Frauen erbittert bekämpft. Sie widerspricht, so argumentiert Jenny d'Héricourt, der Konvention, daß kein Vertrag über Personen abgeschlossen werden darf, und sie ist gesetzeswidrig, weil das bürgerliche Vertragsrecht die Unterordnung des einen Partners unter den anderen ausschließt.

>»Das Gesetz erklärt die Ehe zu einer Gesellschaft, die Eheschließung ist daher ein Rechtsgeschäft. Ich frage mich, ob es das Gesetz sonst in einem Akt dieser Art zuläßt, daß einer der beiden Vertragspartner sich zum Gehorsam gepflichtet, sich dauernder Bevormundung unterwirft, und sich aufgibt? Ich zweifle nicht daran, daß das Gesetz einen solchen Vertrag zwischen zwei freien Partnern für ungültig erklären würde« (d'Héricourt 1860 Bd. II, S. 157).[31]

Solche Gesetze waren ebenso wie die Praxis der Rechtsprechung dazu angetan, die Angst der »femmes honnêtes« vor den »anderen Frauen« (aber auch die Bewunderung für diese) zu bestärken.

Während mit dem Ausbau des Transport- und Kommunikationsnetzes die Mobilität und die Kenntnis anderer Lebensformen schnell wuchsen, während zunehmend mehr gesellschaftliches Prestige und Eigenständigkeit an die Verfügung über Geld geknüpft waren, während die Frauen dazu aufgefordert wurden zu konsumieren, mußten die Ehefrauen die Einschränkungen des Code Civil um so schmerzlicher erfahren. Waren da die »anderen Frauen« nicht autonomere Mitglieder der bürgerlichen Gesellschaft, insofern als sie »frei« waren zu verkaufen (ihren Körper und ihre Seele), zu kaufen (Kleidung und Schmuck zum Gefallen der Männer), den Wohnsitz zu wechseln und zu reisen (vorausgesetzt, sie waren nicht registriert und den Nachstellungen der örtlichen Polizeibehörde ausgesetzt)?[32]

Das Gesetz machte die Frauen tatsächlich hilflos, wenn die Ehemänner das Vermögen der Familie oder auch nur die kleinen Beträge (wenn sie arm waren) für ihre Vergnügungen mit anderen Frauen ausgaben. Auch wenn die Männer gar nicht daran dachten, konnten sich die Frauen doch dessen nie sicher sein. Die Angst wurde allein schon durch die rechtliche Hilflosigkeit geschürt. Und schließlich, wenn Frauen durch den Willen der Väter verheiratet und gegen ihren eigenen Willen neben einem ungeliebten Mann festgehalten werden konnten, war es da nicht naheliegend, daß die Ehefrauen sich auch in bezug auf die »Liebe«, die den »anderen Frauen« zugetragen wurde, als Konkurrentinnen fühlten?

Die Kurtisane als Bild von Weiblichkeit

Doch betraf die »andere Frau« die bürgerliche Frau nicht nur als konkrete Person in einem realen Verhältnis zu deren Ehemann. Sie betraf sie auch als ein Bild von Weiblichkeit, das in einer von den Frauen als ganz neuartig empfundenen Weise in die Öffentlichkeit gebracht wurde. Die Frauen hatten das Gefühl, in einer »neuen Zeit« zu leben: Es ist, »als wären Geist und Gefühle wie durch die Eisenbahn und die Elektrizität galvanisiert« (Lesguillon 1850, S. 74). Die menschlichen Beziehungen brechen und erneuern sich im gleichen Tempo. Die Gewohnheiten verändern sich schnell und damit die Menschen.

> »Die Leichtigkeit des Reisens erhöht die Beweglichkeit des Denkens, die Bindungen sind weniger eng, die Wünsche weniger begrenzt und die Gefühle selber werden vielfältiger und weniger exklusiv. ... Wenn unsere Vorfahren, die weder die Meinung, noch die Kleider, noch die Häuser gewechselt haben, wieder auf die Welt kämen, wären sie gezwungen, sich so wie wir zu verhalten« (Lesguillon 1850, S. 75f.).[33]

Wie ein unaufhaltsamer Strom werde überall, in den Theatern, den Zeitungen, auf dem Boulevard, Rausch und Genuß propagiert. Die alten Umgangs- und Kommunikationsformen seien zusammengebrochen, ein 'neuer Geist' sei nach der verlorenen Revolution von 1848 eingezogen: Männer plaudern in aller Öffentlichkeit über intime Beziehungen und stellen ihre Maitressen zur Schau. Ausländische Besucher geben eindeutige Anzeigen in den Zeitungen auf (Daubie 1870, Bd. I, S. 45). Die jungen Studenten werden so selbstverständlich in diese 'atmosphère malsaine' hineingezogen, daß sie deren leicht zu habenden, verlockenden Genüssen nicht widerstehen können, selbst wenn sie dies wollten. Die Schnellebigkeit der neuen Beziehungen hat auch den letzten Rest von Verantwortungsbewußtsein, den Männer früher ihren Maitressen gegenüber hatten, beseitigt. Sie bezahlen sie für einen oder zwei Tage und fühlen sich damit frei und ledig jeglicher weiterer Verpflichtung (ebd.). Überall werden teure Häuser für die elegantesten Kurtisanen errichtet. Diese Frauen werden von einem Heer von Lieferanten, die um ihre Gunst buhlen, belagert. Sie werden mit einer Aureole von Luxus, Interesse, ja sogar von Ehre und Unabhängigkeit umgeben, so daß sich das Volk um ihre Reliquien streitet (Daubie 1870, Bd. II, S. 14)

Die Bedeutung, die der »anderen Frau« in der Öffentlichkeit der Stadt beigemessen wird, die überall sichtbar gemachten Spuren ihrer Existenz und diese merkwürdige Aufwertung, die sie im gesellschaftlichen Leben erfährt, beunruhigen die Frauen. (Merkwürdig ist diese Aufwertung für die bürgerlichen Frauen nicht nur, weil sie deren moralischen Normen widerspricht, sondern auch, weil die Frauen die Hohlheit dieser scheinbaren Bewunderung verspüren, in der Spott und Verachtung zugleich enthalten sind.)

Die Bilder, die von den »anderen Frauen« produziert werden, strahlen Faszination aus. Sie gaukeln ein glückliches Leben vor und fordern zur Identifikation heraus.

> »Wir leben mit den Kurtisanen, ihre Namen sind in den Schaufenstern der Kaufhäuser ausgebreitet, ihre Lebensgeschichten sind in aller Munde. (...) Welche Wirkung muß die Beschreibung solcher Herrlichkeiten auf die Frauen haben, die sich auch nach Luxus und der Schönheit materieller Dinge sehnen. Durch vieles Lesen über die Kurtisanen kommt man dazu, zu sprechen wie die Kurtisanen, zu denken wie sie und schließlich, zu leben wie die Kurtisanen. In den Büchern werden den Kurtisanen alle möglichen Masken aufgesetzt, um allen Sorten von Einbildungskraft zu gefallen. (...)
> Die Leserin läßt sich da leicht von der Fiktion eines glücklichen Lebens gefangen nehmen« (Esquiros 1865, S. 110f.).[34]

Der illusionäre Charakter ist das Entscheidende. In der bürgerlichen Warenwelt bekommt der Schein reale Bedeutung. Denn der Schein, der die Waren umgibt, wird mehr als deren wirklicher Gebrauchswert zum treibenden Motiv des Kaufs, das »ästhetische Gebrauchswertversprechen« (Haug 1976, S. 17) ist der Köder, mit dem der Käufer angelockt wird. Die von der Ware abgelöste ästhetische Faszination wendet sich an die Sinne und Gefühle der potentiellen Käufer. Sie sucht deren Wünsche zu erahnen, ihnen zuvorzukommen und diese auf ihre Ziele auszurichten. »Modellierung der Sinnlichkeit« nennt Haug in Anlehnung an Elias (Affektmodellierung) den Prozeß dieser von Waren entfesselten Triebkräfte, »die mit der Welt der sinnlichen Dinge die menschliche Sinnlichkeit um und um modellieren« (vgl. Haug 1976; ders. u.a. 1975).

> »Es ist wichtig, im Zusammenhang mit den Kurtisanen auf den Vorstellungen zu beharren, weil die Kurtisanen vorübergehen, die Ideen (Bilder) bleiben. Die Kurtisanen, die in den Hirnen der Dichter entstehen, sind noch gefährlicher als die wirklichen Kurtisanen« (Esquiros 1865, S. 176).

Der Reichtum und Glanz der Kurtisanen ist um so verführerischer, als die Mehrzahl der Frauen in größter Armut oder doch in Bescheidenheit leben muß. J. Daubie hat die Mieten untersucht, die eine große Anzahl 'ausgehaltener Frauen' zahlen und dabei festgestellt, daß »im allgemeinen die Halbweltdamen Wohnungen haben, die ehrenhafte Frauen niemals von dem Lohn ihrer Arbeit bezahlen könnten, wie außergewöhnlich ihr Talent auch sei« (Daubie 1870, S. 13).

Die kleinen Mädchen stehen, so H. Lesguillon, ganz unter dem Einfluß der Zeit, wo sie entweder das Leid ihrer Mütter oder den Glanz der Kurtisanen als Lebensbeispiele vor Augen haben. Da ist es nicht erstaunlich, wenn sie sich schon früh verführerische Gesten und Blicke angewöhnen, herumlaufen wie kokette Puppen und sich, beeinflußt vom Verhalten ihrer Väter, für ein Leben im Rausch entscheiden (vgl. Lesguillon 1859, S. 71-73). So haben die Männer die Kurtisane nach ihrem Bild geschaffen.

Die Bedeutung der »anderen Frauen« für die Sexualität in der Ehe

Die »anderen Frauen« sind die großen Konkurrentinnen der »ehrenwerten Frauen« in der Liebe. Solange die Männer voller Kraft und Lebenslust sind, wollen sie ihre sexuellen Bedürfnisse mit käuflichen Mädchen befriedigen, die aufgrund der allgemeinen Not in Massen zu haben sind. Oft taucht die Klage bei den schreibenden Frauen auf, daß die Mädchen, die mit dem Ausleben ihrer Sexualität bis zur Eheschließung gewartet haben, sich dann mit einem älteren, kränklichen, weil von vielen vorausgegangenen Exzessen erschöpften, dickbäuchigen und müden Mann abgeben müssen.

Die Art der sexuellen Beziehungen, die die Männer vorher hatten, prägt ihr Verhalten den Ehefrauen gegenüber. A. Esquiros, die sich im Prinzip für eine lebenslange und monogame Verbindung zwischen Mann und Frau einsetzt (auch wenn sie wie alle anderen Frauen fordert, daß Scheidung möglich sein muß, wenn die Partner dies wünschen), mißt der »körperlichen Sympathie« einen wichtigen Stellenwert bei. Die verschiedenen Maßstäbe sexuellen Verhaltens vor der Ehe, Promiskuität auf der Seite der Männer, Askese auf der der Frauen, zerstört die Möglichkeit einer befriedigenden Beziehung in der Ehe. Die gegenwärtigen Verhältnisse sind nicht dazu angetan, Zärtlichkeit zwischen Mann und Frau auszubilden. Das Resultat ist »... diese Kälte, die in fast allen Ehen besteht« und die die Frau zu einem leblosen Ding neben ihrem Mann werden läßt (Esquiros 1860, S. 25).[35]

Die Gründe für die Kälte der Frauen liegen in der unterschiedlichen Auffassung, die Männer und Frauen von der körperlichen Liebe haben. Die Frauen sind mit Körper und Seele beteiligt, die Männer können auf die Beteiligung des Herzens verzichten.

> »Sie gibt ihr ganzes Herz, ihre Seele, alles für nichts. Der Mann allein
> kann in der Liebe auf die Beteiligung des Herzens verzichten, der Mann
> allein hat das Vorrecht des Lasters. In den meisten Ehen besteht nur eine
> Art charakterlicher Zuneigung oder was sonst? Also muß man nicht dar-
> über erstaunt sein, daß die Frau mit ihrem Ehemann nur die Unterhaltung
> sucht (ebd., S. 25)[36]

Auch in den Beziehungen, wo anfangs gegenseitige körperliche Sympathie besteht — deren Ursprung A. Esquiros an späterer Stelle mit magnetischen Strömen erklärt —, entstehen nahezu unüberwindbare Schwierigkeiten, die in dem rücksichtslosen und unbeherrschten Verhalten der Männer begründet sind. Damit meint Adèle Esquiros nicht nur die häufig auftretenden körperlichen und seelischen Verletzungen in der Hochzeitsnacht, sondern das grundsätzliche Verhalten der Männer in der Sexualität.

Die Frauen sind deswegen so kalt, weil die Männer so grob sind, sie sind deswegen so übermäßig keusch, weil die Männer es überhaupt nicht sind. Adèle Esquiros hat dabei eine körperliche Beziehung im Sinn, bei der die Frau Lust verspürt und sich nicht negieren muß. Sie denkt an eine Sexualität, bei der die Keuschheit, die keineswegs Kälte bedeutet, gemeinsame Verantwortung ist. Sie spricht nicht von Verhütung, doch legt ihre Wortwahl nahe, daß ihr dieses Problem im Kopf war. (Die Angst vor ungewollter Schwangerschaft war ein entscheidendes Hindernis für die weibliche Lust in der Sexualität.) Eine Sexualität, bei der der Mann nur seine Instinkte auslebt, läßt die Frau »gegen ein großes und wildes Tier kämpfen«. Die Liebe soll Mann und Frau vereinen, doch kann dies nicht heißen, daß sich die Frau dem Mann anpaßt. In manchen Situationen müsse der Mann »Frau« werden.

> »Der Ehemann macht sich nichts aus dem Druck, den er ausübt und sagt:
> So ist die Frau eben. Ja, so ist die Frau, so ist der Mann: aber die Liebe
> soll Mann und Frau näherbringen, miteinander vereinen, und damit
> diese Annäherung, diese Vereinigung möglich sei, soll die Frau nicht so
> werden wie der Mann; man zähmt ein großes und wildes Tier nicht
> dadurch, daß man mit ihm um Grobheit und Wildheit wetteifert, sondern
> dadurch, daß der Mann in manchen Augenblicken so weit wie möglich
> Frau werde, das heißt, aufmerksam, zartfühlend und selbst keusch; ich
> meine nicht, kalt, im Gegenteil« (ebd., S. 26)[37]

Manche Ehemänner fürchten, daß ihre Frauen, wenn sie zart und gefühlvoll mit ihnen umgingen, »zu fortgeschrittene Ideen in den Kopf bekämen« (ebd., S. 27).

Die Frauen, die mit ihrer Sexualität derart Schiffbruch erleiden, denken, »daß die Kokotten besondere Talente haben, und sie sind so bescheiden, das Versagen sich selber zuzuschreiben. Und wenn man die Faszination, die diese Frauen auf die Männer ausüben, betrachtet, könnte man wirklich meinen, daß es sich um Hexerei handele« (ebd., S. 88). A. Esquiros stellt sich die Frage, warum die Männer, die sich sonst Frauen gegenüber abweisend verhalten, den Kurtisanen so ergeben sind. (Dabei sieht auch sie die Kurtisanen ganz anders als diese sich selber.)

Die Kurtisane erhebt sich am Morgen zufrieden und gutgelaunt. Sie hat keine Gewissensbisse und macht sich keine Vorwürfe. Weil sie sich nicht um andere kümmert, hat sie Grund, mit sich zufrieden zu sein. Ihr Selbstvertrauen ist so groß, daß sich dieses den Freiern mitteilt. Eine Ehefrau hingegen kann beim Aufwachen unruhig und traurig sein, weil sie sich um das Eine oder Andere sorgt. Vielleicht macht sie sich Vorwürfe für ihr eigenes Verhalten, vielleicht hat sie Angst um die Zukunft. Wenn einer Frau das Leben schwergemacht wird, verliert sie die Liebe zu sich selbst. Demgegenüber vernachlässigt sich eine Kurtisane niemals, weil sie sich selbst liebt. Die Männer gehen zu diesen Frauen, weil diese ihnen die Illusion eines leichten und fröhlichen Lebens vermitteln.

Dort, wo eine Frau das Schöne sucht, sucht eine Kurtisane das Nützliche, wo eine Frau Opfer bringt, macht die andere einen Profit. In der Liebe spielt die Kurtisane grundsätzlich nur Komödie. Wenn sie einen Mißerfolg oder ein Unglück erfahren hat, so gibt sie es nicht zu, weil es das Eingeständnis einer Schwäche wäre.

Die Frauen, die nicht in dieser Welt gelebt haben, haben nicht den für Männer anziehenden Ausdruck von »Erfahrung« in ihrem Gesicht. (ebd., S. 77). Die junge Frau, die in ihrer Naivität mit dem Zynismus des Mannes konfrontiert wird, wird von alledem nichts verstehen. Sie wird an sich zweifeln und die Schuld bei sich suchen.

> »Und sie nimmt sich mehr und mehr zurück und vernachlässigt sich ganz. Er hilft ihr bestens bei dieser Arbeit; und bald ist sie nichts anderes als ein Gegenstand des Mitleids. (...) Wenn sie zu völliger Selbstverleugnung gelangt, geht sie ihren Weg mit einer traurigen Würde weiter. Aber, um Würde zu besitzen, bedarf es des Selbstvertrauens, doch läßt uns das Unglück an uns selber zweifeln.« (ebd., S. 78f.).[38]

Mit den Kurtisanen bilden sich in den Köpfen der Männer neue Bilder zur Sexualität, die in die Ehebeziehung hineinreichen. Die Männer, die gelernt haben, daß die »anderen Frauen« alles ihnen zu Gefallen tun, verspüren keine Notwendigkeit, sich auf ihre Ehefrauen einzulassen. Sie meiden die Frauen, die nicht die »Gefügigkeit einer Kurtisane haben, die von ihren Käufern mit der Reitpeitsche geführt wird« (Daubie 1870, Bd. I, S. 18). Die Männer wollen, daß auch ihre Frauen ein Stück Kurtisane seien.

> »Der Ehemann, der sich zu Hause nicht wohlfühlt, kehrt zu einer ersten
> Erzieherin zurück; indem er das Wohnzimmer mit dem Klub, der
> Tabaksstube oder der geschlossenen Gesellschaft vertauscht, möchte er
> in der Ehefrau das Aussehen, das Verhalten und die Kleidung der Kurti-
> sane wiederfinden, so sehr, daß sie in nichts einer ehrenwerten Frau mehr
> ähnelt als eine, die es nicht ist« (ebd., S. 29).[39]

Die Frauen, die ihre Selbständigkeit verteidigen wollen, haben es schwer, gegen diese Gewalt anzukommen. Die Männer scheuen sich, eine selbstbewußte Frau zu heiraten. Viele Frauen fügen sich, sie werden zu Sklavinnen und zu Konsumentinnen. Die reale Abhängigkeit, in der sie gehalten werden, läßt sie leicht auf den Leim gehen. Solange die wichtigste Voraussetzung zur Befreiung nicht gegeben ist, die Verfügungsgewalt über Arbeit und Geld, bleibt die Frau in der Rolle der »servante salariée«. Sie entwickelt darin notgedrungen all die Listen und Unaufrichtigkeiten, die dem weiblichen Geschlecht zugeschrieben werden. (vgl. Lesguillon 1850, S. 69).

Die ökonomische Unabhängigkeit gilt den oppositionellen Frauen als unabdingbare Voraussetzung für die Verwirklichung der Frauen als Subjekte. Solange die Frauen nicht Subjekte sind, bleiben sie Dienerinnen und Spielzeuge des Mannes. »... von ihm abhängig zu sein heißt, zumindest seine Würde zu prostituieren und zumeist die ganze Person« (d'Héricourt 1860, S. 102).[40] Den Frauen wird alltäglich vorgeführt, wie reizvoll die Männer den Luxus der »anderen Frauen« finden.

> »Wenn die ehrenwerten Frauen sich wie Kokotten kleiden, dann ist dies
> nur der Versuch, die Ehemänner zurückzuhalten, denn sie wissen aus
> einer schmerzlichen Erfahrung heraus, wie sehr die Männer diese
> Damen lieben. Doch wer hat Schuld an diesem beschämenden Kampf?
> Die Männer zwingen durch ihr Verhalten die Frauen dazu, ihr eigenes
> Glück und das ihrer Kinder auf diesem Terrain zu verteidigen. Mehr als
> eine unter ihnen macht diese unnützen Ausgaben, um ihren Ehemann
> daran zu hindern, das Geld mit den Maitressen auszugeben. Es ist dies
> die einzige Möglichkeit, die Männer daran zu hindern, wegzugehen. ...
> Denn wenn Monsieur sich langweilt, zieht er von dannen (Audouard
> 1865, S. 30).

Die Abhängigkeit, in der sich die Frauen befinden, macht sie korrumpierbar. Die Mehrzahl der Frauen, so Jenny d'Héricourt, akzeptiert die doppelte Moral, sie schämt sich nicht dafür, daß ein Teil ihres Geschlechts »der schmierigen Lüsternheit« des andern geopfert wird. Frauen nehmen diese Zustände als gegeben hin und versuchen nur, in ihnen das Beste für sich herauszuholen. Sie akzeptieren alles unter der Bedingung, daß einzig ihre Kinder Anspruch auf das Erbe haben und die der »anderen Frauen« nicht (ebd.). Diese gedankenlosen Sklavinnen schmeißen den ersten Stein auf das arme, verführte und verlassene Mädchen und öffnen zugleich weit ihre Türen dem Anstifter des Unheils.

Anders die jungen Frauen. Sie sind stolz genug, die doppelte Moral nicht mehr zu akzeptieren. Solange jedoch die Sitten und Gesetze dem Mann die Macht geben, können die Frauen nur verlieren, wenn sie die Unmoral der Männer auch für sich in Anspruch nehmen.

Die Gesellschaft ist in Gefahr. Dieses Gefühl teilen die Frauen mit vielen männlichen Zeitgenossen. Neben dem Stolz und dem Optimismus in bezug auf die »produktive Kraft des Jahrhunderts« steht das Gefühl einer unmittelbaren Bedrohung. Welcher Art die Bedrohung sei, bleibt vergleichsweise unbestimmt. Verschiedentlich wird das Beispiels Roms angeführt oder das anderer Gesellschaften, deren Entwicklung zyklisch verlaufen sei. Jeweils auf dem Höhepunkt der wirtschaftlichen und sozialen Macht dieser Kulturen habe der Reichtum und der Luxus die Menschen gepackt, und sie haben sich dem Laster hingegeben.

Heutzutage, so führt Julie Daubie an, überschreitet der Luxus der Kleidung und der Wohnungseinrichtung alle Grenzen. Der Luxus an sich ist kein Übel, aber in der gegenwärtigen Zeit ist er ein großes Übel, weil man noch nicht das Problem gelöst hat, die Produkte zu vermehren und zu variieren, ohne zugleich auch das Elend und die Abstumpfung der Arbeiter zu erhöhen. Der Kernpunkt ist die ungleiche Verteilung des Reichtums.

Die oppositionellen Frauen gehen davon aus, daß ein Produktionsniveau erreicht ist, auf dem, eine gerechte Verteilung vorausgesetzt, für alle ein hinreichendes Maß an Wohlstand produziert werden kann. Damit ist die Gesellschaft auf eine neue Stufe gelangt, welche die materielle Voraussetzung für eine gerechte Ordnung, in der nicht Macht und Gewalt des Stärkeren über den Schwächern herrschen, darstellt. Einer solchen gerechten Ordnung stellen sich jene entgegen, die die Emanzipation der Frauen und der Arbeiter bekämpfen. Die Befreiung der Frau ist nicht nur zum Wohle der Frauen, sie ist zum Nutzen der ganzen Gesellschaft, sie ist unabdingbar, soll sich der »Fortschritt« nicht in sein Gegenteil verkehren. Die Gesellschaft steht am Scheideweg, wo der gute Weg in Freiheit und Glück sich von dem schlechten Weg in die Verderbnis trennt. Auf diesen schlechten Weg steuert die Gesellschaft hin, und sie kann nur noch durch die »rettende Kraft emanzipierter Weiblichkeit« davon abgebracht werden.

Alternative Vorstellungen der Frauen

Die oppositionellen Frauen formulieren demgegenüber Vorstellungen, wie gesellschaftliche Beziehungen aussehen könnten, in denen Frauen selbstbestimmt und gleichberechtigt in allen Bereichen beteiligt sind. »Liebe« hätte darin einen anderen Platz, und die Prostitution fände dort keine Begründung mehr. Hermance Lesguillon (1859) entwirft die Utopie einer »Communauté des femmes«, einer Produktions- und Konsumtionsgesellschaft, in der Frauen selbständig und aktiv den Machtverhältnissen, die sie bedrücken, entgegentreten. In das Communautémodell sind Gedanken aufgenommen, die zuvor von den utopischen Sozialisten und von den sozialistischen Frauen zwischen 1830-1848 entwickelt und teilweise auch schon praktisch in den Arbeiter- und Arbeiterinnenkooperativen der zweiten Republik umgesetzt worden waren. Weil Hermance Lesguillon darin zugleich Kritik an den gegenwärtigen Lebensbedingungen der Frauen ihrer Zeit übt und auch Wege zu deren Überwindung aufzeigt, soll ihr Modell hier als Ganzes vorgestellt werden.

Les femmes dans cent ans

Hermance Lesguillon beruft sich in bezug auf die ökonomische und politische Organisation in der Communauté auf die Vorstellungen Fouriers. Ihr Grundgedanke ist es, nicht durch unmittelbare revolutionäre Gewalt die Veränderungen zu erkämpfen, sondern durch Ausnutzung der Lücken innerhalb der bestehenden Verhältnisse, durch Arbeit, Solidarität, bessere Produktions- und Distributionsweisen der Gemeinschaft, die Communauté zu einem gewichtigen ökonomischen und damit gesellschaftlich mächtigen Faktor werden zu lassen. Die Entwicklungsstufen ihres Modells lassen sich folgendermaßen skizzieren: Die ökonomische Autonomie der Frauen verändert deren Lebensbedingungen. Dadurch erlangen die Frauen ökonomische Macht. Diese verändert die Männer und somit die ganze Gesellschaft.

Ökonomische Autonomie der Frauen:
Der finanzielle Ausgangspunkt ist das Kapital einer Prinzessin Hélène und die Mitgift aller an der Assoziation beteiligten Frauen. Mit diesem Geld werden Fabriken gegründet und somit die ökonomischen Grundlagen der Communauté geschaffen (die Frage des »Startkapitals« wird damit in einer realiter kaum vorstellbaren Weise gelöst). Die Frauen, die sich assoziieren, erhalten eine umfassende Ausbildung in mathematischen, technisch-wissenschaftlichen, volkswirtschaftlichen und handwerklichen Bereichen. Das Wissen ermöglicht es den Frauen, vernünftig, d.h., den Bedürfnissen angemessen und auf einem technisch fortgeschrittenen Niveau zu produzieren und die Arbeit optimal zu organisieren. Dabei ist die gegenseitige Solidarität eine der wesentlichsten Voraussetzungen für das Gedeihen der ökonomischen Pläne. Leitungsfunktionen werden aufgrund besonderer Fähigkeiten vergeben. (Mit der Leitung der Fabriken wird eine Kaufmannsfrau beauftragt, die ihren Mann einmal vor dem Ruin gerettet hatte.) Die Frauen werden so bezahlt, daß sie, wenn

nötig, auch ihre Familien damit ernähren können. Darüber hinaus übernimmt Hermance Lesguillon von Fourier den Gedanken, daß eine weitgehend gleichmäßig verteilte Konsumtionsfähigkeit einen Anstoß für die Produktion bilde. Der Lohn richtet sich nach dem gemeinschaftlich erwirtschafteten Gewinn, es soll nicht im Übermaß konsumiert werden, doch soll sich jede Frau einen »kleinen Luxus« leisten können. Überschüsse werden in neue Investitionen gesteckt. Innerhalb der Gemeinschaft besteht keine Konkurrenz. Krisen und Fehlentscheidungen in einem Teilbereich können sofort kritisiert und durch die anderen Betriebe aufgefangen werden. So entstehen keine Verluste durch Pleiten, die volkswirtschaftlich immer unrentabel sind. (Auch dies ein Gedanke, der bei Fourier entwickelt wurde.) Die Gemeinschaft ist auf diese Weise nach außen besonders konkurrenzfähig. Während Hermance Lesquillons ökonomische Pläne teilweise ziemlich phantastisch-utopisch anmuten, entwickelt sie sehr konkrete Vorstellungen dazu, wie sich die Lebensbedingungen der Frauen durch die Assoziation verändern werden.

Veränderung der Lebensbedingungen der Frauen:
Die Frauen der Communauté gelangen zum Bewußtsein ihres eigenen Werts, da sie über die drei dazu notwendigen Voraussetzungen Arbeit, Geld und Bildung verfügen. Alle Frauen werden umfassend ausgebildet, auch solche, die Mühe beim Lernen haben. Es wird eine Frauenakademie eingerichtet, die für alle Frauen offen ist. Es wird versucht, ein Bewußtsein der Frauen für ihre eigene Geschichte zu erwecken, indem eine Geschichte der »femmes illustres« geschrieben wird.

Für die Ausbildung der Mädchen verweist Hermance Lesguillon auf Fröbel'sche Prinzipien der Kindererziehung. Die Kinder werden spielend in die Wissenschaft und das Handwerk eingeführt. Die Frauen töten ihre Kinder nicht mehr, da sie sie in der Gemeinschaft versorgen können. (Die Kindestötungsrate in der Zeit wurde auf 12% geschätzt.) Es werden Frauenrestaurants eingerichtet. Die Hausarbeit, dieses »ewige Damoklesschwert«, wird vereinfacht, indem ein Teil der Funktionen vergesellschaftet wird. Die Frauen werden sozial- und altersversichert.

Die Frauen, die in der Gemeinschaft leben, werden seltener krank. Hermance Lesguillon entwickelt hier ein psychosomatisches Verständnis von Frauenkrankheiten, indem sie neben den den Körper direkt gesundheitsschädigenden Faktoren auch seelische Belastungen für die Krankheiten der Frauen verantwortlich macht. Damit geht sie über das zivilisationskritische Verständnis rousseauistischer Ärzte heraus, weil sie sieht, daß nicht die Zivilisation als solche krank macht, sondern die besonderen Bedingungen, unter denen sich die Industrialisierung entwickelt.

Die Gemeinschaft unterhält einen kostenlosen Taxibetrieb, damit die Frauen abends unbehelligt nach Hause kommen können. So bleiben die Frauen — im

Gegensatz zur Realität des Zweiten Kaiserreichs — unbehelligt von Belästigungen und sicher vor der Kriminalität von Männern.

Hermance Lesguillon will nicht nur die materiellen Lebensbedingungen der Frauen verändern. Überall, wo Frauen der Assoziation zusammenarbeiten, werden sonntags Feste gefeiert, die mit einem Essen und einmal Ball einhergehen »weil das Vergnügen für die Menschen so wichtig ist wie das Brot«. Hermance Lesguillon macht verschiedentlich die Vergnügungssucht der Männer für das Elend der Frauen verantwortlich. An den Festen der Frauen, die in ihrem Buch beschrieben werden, wird deutlich, daß sie nicht grundsätzlich in asketischer Weise der Lebensfreude abhold ist, nur, diese darf nicht auf Kosten der Frauen gehen.

Die Frauen der Assoziation entwickeln neue Bestimmungen von Schönheit, die sich nicht mehr den Kriterien der Männer beugen. Die Schönheit eines Gesichts wird nicht an seiner Jugend bemessen, sondern nach dem Widerschein des Lebens, das sich darin spiegelt. Keine Frau braucht mehr das Alter zu fürchten, da die Erfahrung gleichermaßen geachtet und geliebt wird wie die jugendliche Kraft. Kleidung soll schön, aber nicht einengend sein. Diese »femmes-rebelles« sind weniger leicht zu verführen, sie machen Liebe mit Männern nur dann, wenn sie dazu Lust haben. Hin und wieder schleichen sich noch alte Verhaltensweisen ein, Koketterie trennt die Frauen und zerstört Freundschaften und Solidarität, sobald ein Mann auftaucht. Doch die Frauen lernen immer mehr, daß solches Verhalten ihrer Sache schadet. Sie erkennen, daß es nötig ist, die eigenen Kräfte zu stärken, damit »die Furcht, nicht mehr zu gefallen, nicht dazu führt, der Klugheit den Zustand dummer und eingeschüchterter Puppen vorzuziehen, den man zur Natur der Frau erklärt« (ebd., S. 102)

Am Ende ihres Buches malt Hermance Lesguillon die Vision von Frauen, zwischen denen alle Konkurrenz aufgehoben ist und die in dieser Freiheit untereinander auch wieder alle Fähigkeiten der Liebe, der Zärtlichkeit und des Mitleids — nunmehr auf einer Ebene, die nicht mehr ihre Unterdrückung hervorruft —, entwickeln können. Die Kurtisanen, die »Komödienspielerinnen der Liebe« haben dort keinen Zulauf mehr, weil alle Frauen aufrichtig und voller Sinneslust lieben können. (vgl. ebd., S. 281)

Die ökonomische Macht:

Je stärker die ökonomische Position der Frauen wird, um so mehr erfaßt die Männer Ratlosigkeit und Unsicherheit. Ein Teil der Männer übernimmt die Verhaltensweisen, die Frauen früher hatten. Nicht nur, daß sie sich schminken und ihr Äußeres pflegen oder die Besseren unter ihnen sich ganz auf die Kochkunst verlegen, sie reden auch von nichts anderem mehr. Die Verkehrung der Rollen wird hier in sehr amüsanter Weise beschrieben, der Zündstoff liegt darin, daß alles, was bisher den Frauen vorgeworfen und ihnen als naturhafte Schwäche angehängt wurde, als Ausdruck einer nunmehr umgekehrten Lebenssituation den Männern zugeschrieben wird. Die Eitelkeit und der gesteigerte Konsum dieser Männer werden in einen Zusammenhang mit den wachsenden Absatzbedürfnissen der Industrie gestellt. Die Frauen haben die Perückenindustrie so weit entwickelt, daß es die Männer als unschicklich empfinden, ihre natürlichen Haare zu zeigen.

Hermance Lesguillon übt indirekt eine frühe ökologische Kritik am Umgang der männlichen Produktionsmethoden mit der Natur. Die Männer haben, indem sie Raubbau an der Natur betrieben und die Bodenkultivierung vernachlässigt haben, ihre eigenen Grundsubstanzen zerstört (ebd., S. 267). Die Frauencommunauté geht demgegenüber behutsam mit den Ressourcen und dem Boden um.

Inzwischen ist die Frauenassoziation zu einer ökonomischen Macht herangewachsen. Die anderen Männer erkennen, daß ihre Vorherrschaft ins Wanken gerät und versuchen, diese mit allen Mitteln zu verteidigen. Weil sich die Fähigkeit der Frauen auch in nichtassoziierten Kreisen herumgesprochen haben, kann es geschehen, daß die Frauen den Männern bei Einstellungen vorgezogen werden. Die Männer lassen sich ihre Entmachtung nicht ohne weiteres gefallen. Ihre Mittel zum Widerstand reichen von allen Arten von Diffamierungen über ökonomische Repressionen bis schließlich zum bewaffneten Kampf. Hermance Lesguillon kennt den Zusammenhang von Aggressivität, männlicher Sexualität und Frauenverachtung. Sie beschreibt als männlichen Racheakt das Schauspiel einer fiktiven Vergewaltigung, bei der der Anführer der Männer vor einem begeisterten Publikum eine Demonstration seiner Potenz inszeniert. Eine Kurtisane, die korrumpiert genug ist, sich stellvertretend für die höchste Frau der Frauenassoziation verächtlich machen zu lassen, wird von ihm auf die übelste Weise vergewaltigt.

Gegen all diese Angriffe verteidigt sich die Frauenassoziation erfolgreich. Da inzwischen ihr Beispiel schon viele Männer überzeugt hat, ist der Kampf nur kurz. Trotzdem müssen die Frauen »wie Krieger« kämpfen. Schließlich ist eine neue Generation herangewachsen — auch eine neue Generation von Männern, die vor allem von den Söhnen der Frauen aus der Communauté geprägt wird —, und die Überzeugungskraft der Assoziation ist so groß geworden, daß die Weltrepublik der freien und gleichen Menschen errichtet wird.

»Arbeit« und bürgerliche Rechte für die Frauen

Die zukünftige Gesellschaft, die Jenny d'Héricourt entwirft, basiert auf ihren Vorstellungen zum Menschenrecht. Auf der Grundlage der Revolutionen, die für die Männer mehr Freiheit und Gleichheit gebracht haben, müssen diese

Rechte auch den Frauen gewährt werden. Die irrationalen Phantasien Comtes, Michelets und Proudhons, die beweisen wollen, daß Rechte von Männern bewilligt und Pflichten von irgendeinem dunklen Gott gesetzt werden, gehören in die »alte Welt«.

Rechte und Pflichten sind, so Jenny d'Héricourt, nicht in einem übergeordneten abstrakten Prinzip begründet, sondern in den Menschen selber. Sie sind historisch bedingt und veränderlich. In Anlehnung an Hegelsche Gedanken versteht sie das »Wort Gottes auf Erden« als das Selbstbewußtsein der Menschheit, welches nicht zu einer absoluten Wahrheit gelangt, sondern zu einer »vérité indéfiniment progressive« (ebd., S. 9). Das Göttliche, die Religion, sind in diesem Verständnis nicht das Fundament, der Ausgangspunkt für 'Recht' und 'Pflicht', sondern deren Resultat. Rechte und Pflichten sind Schöpfungen des menschlichen Geistes, ebenso wie 'Gerechtigkeit' und 'Wissenschaft'.

Jenny d'Héricourt definiert Recht auf dem Entwicklungsstand, auf dem die Gesellschaft und der in ihr entwickelte Begriff von »Gerechtigkeit« angekommen sind, als

> »... das legitime Streben jedes Menschen nach Entwicklung und Ausübung seiner Fähigkeiten und folglich — im Rahmen der Rechtsgleichheit — nach dem Besitz der Mittel, die dazu nötig sind« (d'Héricourt 1860, Bd. II, S. 7)

Alle besonderen Rechte und Pflichten resultieren aus diesem allgemeinen Recht und dürfen dazu nicht im Widerspruch stehen. Dieses allgemeine Recht ist die conditio sine qua non des Lebens und auch der Pflicht. Es darf darum weder verfremdet noch geschmälert werden. Der Anspruch auf Recht ist nicht an besondere Funktionen oder Fähigkeiten gebunden, sondern einzig an das Mensch-sein. Es ist nicht die Konsequenz von, sondern Voraussetzung für die freie Entfaltung der Individuen.

Jenny d'Héricourt sieht es als die wichtigste Aufgabe der Menschen an, eine harmonische Ordnung der Gesellschaft herzustellen. Diese Aufgabe zu erfüllen, bedarf es so unterschiedlicher Talente, wie sie niemals in einem Menschen allein vereinigt sind. Auch gibt es so viele verschiedene Menschen, als es Menschen überhaupt gibt. Keiner ist genau der gleiche wie ein anderer, dies gilt für Männer genauso wie für Frauen. Darum ist die Inanspruchnahme des individuellen Rechts der Garant für den gesellschaftlichen Fortschritt. Es ist sogar die Pflicht eines, einer jeden, sein eigenes Recht auch durchzusetzen. Denn wer sich denen, die dieses Recht unwissentlich oder aus Bösartigkeit oder zur Sicherung ihrer Macht angreifen, nicht widersetzt, macht sich zum Komplizen seiner eigenen Unterdrückung (ebd., S. 24). (Eine wichtige Erkenntnis von zeitloser Gültigkeit.)

Aus dem Recht eines jeden auf freie Entfaltung und Entwicklung seiner Fähigkeiten leitet sich die Pflicht des Staates ab, dafür Sorge zu tragen, daß jeder die hierfür notwendigen Mittel zur Verfügung hat. Dazu zählen die Produktionsmittel ebenso wie der Zugang zu Bildungsmöglichkeiten. »Arbeit« (bedeutet bei Jenny d'Héricourt »Erwerbstätigkeit«) ist zum einen zentrale Pflicht, weil durch sie der Fortschritt der Menschheit in der Aneignung der Natur erreicht wird, zum anderen aber auch zentrales Recht, weil nur durch die Arbeit das Individuum sein Leben sichern kann. Um dieses Recht zu verwirklichen, muß Gerechtigkeit im Tauschverhältnis eingeführt werden. Diese Gerechtigkeit aber existiert noch nicht.

Aus den allgemeinen Grundsätzen, die Jenny d'Héricourt mit Proudhon teilt, leitet sie unmittelbar die Rechte der Frauen ab. Diejenigen, die den Frauen die Wahrnehmung ihrer Rechte verwehren wollen, begründen dies damit, daß die Frauen schwächer seien als die Männer, weniger intelligent, spontaner und gefühlvoller und vieles mehr. Dagegen ist nicht nur vorzubringen, daß es viele schwache und dumme Männer gibt, sondern mehr noch, daß Recht nicht abhängig gemacht werden kann von den Qualitäten der Intelligenz, der physischen Stärke und Ähnlichem. Auch die Männer fordern für sich Gleichheit, trotz ihrer jeweiligen Verschiedenheit. Zum einen kann nicht das zur Begründung von Recht herhalten, was erst dessen Konsequenz ist, zum anderen kann nicht das zum Kriterium für Gleichheit gemacht werden, worin jeder vom anderen unterschieden ist und schließlich widerspricht die Aufstellung von Kriterien, das heißt die Auswahl und Bewertung bestimmter Fähigkeiten durch Einzelne schon in ihren Voraussetzungen dem Prinzip der Gleichheit.

Die Rechte der Frauen haben dasselbe Fundament wie die Rechte der Männer. Wenn diese die Rechte der Frauen negieren, negieren sie zugleich ihre eigenen. Man kann eine neue Ordnung durch einen Handstreich herbeiführen, doch kann man sie nur erhalten, wenn man eine Mehrheit auf seiner Seite hat. Die Mehrheit wird von den Frauen gebildet, die den Männern von der Wiege an den Haß oder die Liebe für die freiheitlichen Prinzipien beibringen (vgl. ebd., S. 33-47).

Erst auf einer kommenden Stufe der Gerechtigkeit kann »Liebe«, so wie Jenny d'Héricourt sie versteht, verwirklicht werden. Dann werden

> »die Ehegatten sich zusammentun, weil sie gleiche Lebensprinzipien verfolgen, weil ihre Herzen zueinanderpassen, weil ihr Verstand sich wechselseitig ergänzt, und weil sie zusammen arbeiten können. Die Liebe wird so ihre Kräfte verdoppeln, jeder wird durch den anderen mehr Gutes schaffen können, und aus der totalen Harmonie werden Kinder und eine neue Generation entstehen, die besser sind als die vorangegangenen« (ebd., S. 143).

»Liebe« ist in Jenny d'Héricourts Verständnis auch ein Verhältnis mit sozialen Implikationen und Konsequenzen. In gewisser Weise ist es auch ein gesellschaftliches Verhältnis, doch nicht eines, das dem Tauschverhältnis entgegengesetzt, sondern eines, das ihm enthoben ist. Die Rechtsgleichheit im Tauschverhältnis haben die Frauen nicht als Frauen, sondern als »personne humaine« und »membre du corps social« zu fordern. In dieser Eigenschaft spielen Geschlechtsunterschiede ebensowenig eine Rolle wie alle anderen Unterschiede zwischen Menschen. Der Rechtstitel wird einzig aufgrund der Qualität, menschliche Person zu sein, vergeben.

Die Ehe versteht Jenny d'Héricourt zum einen als eine Assoziation von Arbeit und Kapital. Als solche bedarf sie vertraglicher Vereinbarungen, deren Einhaltung von der Gesellschaft garantiert werden muß, wie dies auch bei anderen Verträgen der Fall ist. Weil die Ökonomie in Jenny d'Héricourts Verständnis einen anderen Stellenwert hat als in den Theorien der Männer, nämlich als Teil umfassenderer gesellschaftlicher und zwischenmenschlicher Beziehungen gedacht wird, verfällt Jenny d'Hericourt nicht der Dichotomisierung: hier Geld, Vertrag, Abstraktion, dort Liebe, kein Vertrag, konkrete Sinnlichkeit. Ihre Menschen, Männer und Frauen, sind in Ehe und Beruf zugleich Rechtspersonen mit gleichen Rechten, aber auch Männer und Frauen mit — möglicherweise — unterschiedlichen Begabungen und Fähigkeiten. Ehe ist für Jenny d'Héricourt auch eine Liebesbeziehung, die durch wechselseitige Sympathie, durch die Gemeinsamkeit von Vorlieben und Einstellungen oder auch durch Gegensätzlichkeit und wechselseitige Ergänzung getragen sein kann. Diese »Liebe« ist nicht dem Tauschwert subsumiert, weil sie nicht als dessen Gegenpol bestimmt wird.

Jenny d'Héricourt stellt nicht grundsätzlich die kapitalistische Warenproduktion in Frage. Indem sie aber ebenso wie die anderen Frauen, die in diesem Kapitel angeführt sind, die Affektivität und menschliche Wärme nicht aus den ökonomischen Beziehungen ausgeklammert, sondern diese im Gegenteil dort angesiedelt wissen will, indem sie für eine gerechtere Verteilung des Reichtums und gegen die grenzenlose Ausweitung der Produktion plädiert, setzt sie Prioritäten, die in letzter Konsequenz mit den Erfordernissen einer »Marktgesellschaft« nicht vereinbar sind.

»Fortschritt« und »Glück« haben für Jenny d'Héricourt eine andere Bedeutung als für Comte, Michelet und Proudhon. »Fortschritt« ist nicht primär ökonomischer Fortschritt und Glück nicht primär eines, das im Binnenraum des Hauses und durch Konsumtion verwirklicht wird. (vgl. ebd. S. 205)

In dieser Auffassung von Gesellschaft hat die Beherrschung der äußeren Natur durch Wissenschaft, Technik und kapitalistische Aneignungsformen nur nebengeordnete Bedeutung. Eine Gesellschaft, die nicht ausschließlich nach ökonomischen Prinzipien organisiert ist, bedarf gerade auch des »weiblichen

Elements«, der Fähigkeit, die Männer den Frauen zuschreiben. Dieses muß in die Politik und die Wissenschaft eine Kraft bringen, die der männlichen Logik fehlt. Solange die Gesellschaft auf Gewalt beruhte, wurde dem »weiblichen Element« der kleinstmögliche Platz zugewiesen. Jetzt aber, wo die materielle Existenz der Gesellschaft gesichert ist, ist der Zeitpunkt gekommen, wo auch die Frauen gleichberechtigt an allen Entscheidungen beteiligt werden müssen.

Juliette Lamber führt die Notwendigkeit, das »weibliche Element« mit einzubeziehen, am Beispiel der Rechtsprechung aus: Während die Gesetze einfach sind, sind die Tatsachen immer komplex, verkettet mit anderen zumeist unbekannten Tatsachen; oft hängen die Delikte mit anderen Gesetzen zusammen als denen, denen sie unterworfen werden. Die Rechtsprechung kann, obwohl die Gesetze eindeutig sind, immer nur ein relatives Recht sprechen. Auch wenn die Gesetze auf einem sozialen Konsens beruhen und allen bekannt und von allen anerkannt sind, sind sie doch tote Abstraktionen, mit denen lebende Wesen gerichtet werden. Es müssen gleiche Gesetze für unterschiedliche Personen angewandt werden, die unterschiedliche Kräfte und Voraussetzungen haben und unterschiedlichen Einflüssen des Milieus und der Erziehung ausgesetzt sind.

Daraus folgt, daß diejenigen die besten Richter sind, die nicht nur das abstrakte Gesetz kennen, sondern die sich auch am besten in die beschuldigten Personen hineinversetzen können. Gerechtigkeit ist nicht nur eine Sache des Intellekts. Um jemanden richten zu können, bedarf es nicht nur der Fähigkeit, abstrahieren zu können, es bedarf auch der Fähigkeit der Liebe. Wenn diese Fähigkeit als »weibliches Element« bezeichnet wird, dann, so Juliette Lamber, ist der Beitrag der Frauen in der Rechtsprechung wichtig. Bisher wurde die Rechtsprechung so nicht verstanden und meistens das Mitgefühl daraus ausgeschlossen. Doch hat diese Auffassung schon lange geherrscht und für Juliette Lamber ist nicht erkennbar, was Gutes daraus resultiert habe.

> »Wäre es nicht an der Zeit, ein wenig Barmherzigkeit walten zu lassen, eine kluge und mitfühlende Barmherzigkeit, die jene empfinden, die wegen der Schmerzen der anderen leiden und sie erleichtern möchten? Wäre es nicht an der Zeit, die Rechtsprechung nicht mehr als Rache aufzufassen, sondern als Wiedergutmachung und aus der Strafe ein Mittel des Ausgleichs des Verbrechens und der Läuterung des Straftäters« (Lamber 1858, S. 183)?[42]

* * *

Die Formen der Unterdrückungen und Behinderungen, denen sich die Frauen in der Mitte des Jahrhunderts ausgesetzt sahen, waren mannigfaltiger Art. Sie waren nicht ausschließlich und auch nicht primär ideologischer Natur. Letztere waren bedingt und begleitet von anderen Mitteln der Gewaltanwendung. Die Form der Gewalt gegen die Frauen hatte sich gegenüber der, die in der alten Gesellschaft angewandt wurde, verändert, sie wurde spezifisch bürgerlich.

Die Frauen wurden enteignet. Dies geschah durch Verdrängung aus der Subsistenzwirtschaft und durch Entfernung von ihren Produktionsmitteln oder durch Entwertung ihrer Arbeit durch maschinelle Warenproduktion. Die Frauen wurden »frei« von feudalem Schutz, »frei« für individuelle Verantwortlichkeit unter gesellschaftlichen Bedingungen, die sie entmündigten, »frei« für das Geheiratetwerden (was den Kapitalfluß über die Mitgift erleichterte), »frei«, um ihre Sexualität ausbeuten zu lassen. Die Standesgrenzen und Schutzbestimmungen in bezug auf die Frauen waren für den freien Warenverkehr so hinderlich geworden wie die Binnenzölle.

Anders als für den im Marx'schen Sinne doppelt freien Lohnarbeiter bedurfte es für die Frauen nur einer eingeschränkten Freiheit. Man könnte aus diesem Grund die Frauen als Halb-Freie bezeichnen, wobei allerdings gerade der Teil, der ihnen vorenthalten wurde, als der Entscheidende anzusehen ist. Die Freiheit, die den Frauen gewährt werden mußte, um sie frei verfügbar zu machen, wurde durch vielfältige Gesetze, Urteile, materielle und physische Gewaltformen eingeschränkt. Für die Ehefrauen war dies der bürgerliche Sklavenvertrag, dem sie sich nach den Bestimmungen des Code Civil zu unterwerfen hatten, für die »anderen Frauen« waren es auch die soziale Ächtung, die strengen Reglementierungen und die Verpflichtung, allein für die Kinder aufkommen zu müssen, die die Grenzen der weiblichen Freiheit markierten.

Viele Frauen erkannten, daß der »Fortschritt« unter den gegenwärtigen Bedingungen zu ihren Lasten ging. Der »Luxus« der Kleidung und des Lebensstils erschien ihnen in erster Linie als ein Bedürfnis der Männer und nicht als ihr eigenes. Ihr wesentliches Anliegen war das Recht auf selbständige Berufsarbeit und die Beteiligung an allen gesellschaftlichen Aufgaben. Dies vertrug sich schlecht mit der Mühe, die aufgebracht werden mußte, um allwöchentlich eine Ballschönheit zu sein.

Die Frauen hatten nur einen geringen Anteil als Subjekte an den neuen Bedürfnissen, die vom Kapitalismus propagiert wurden. A. Décaux stellte sich die Frage, warum sich viele Frauen so leicht in die Zurichtung gefügt haben (Décaux 1972, Bd. II, S. 849). Man muß dies wohl mit dem Hinweis auf die vorangegangene Entrechtung und Entmündigung beantworten. Die Frauen, die in der größten sozialen und ökonomischen Abhängigkeit von den Männern lebten, ließen es sich gefallen, »femmes-objets« zu werden. Die Schwierigkeiten für Frauen, etwas Anderes zu sein, wird in den vorliegenden Texten betont.

Die oppositionellen Frauen wußten, daß der Ausgleich, nach dem »menschliches Glück« sich in der Familie herstellen soll, unter den Bedingungen der Unterdrückung der Frauen in der Ehe und der Gesellschaft nicht funktionieren könne. Sie maßen dem industriellen Wachstum einen geringeren Stellenwert bei und betonten demgegenüber vielmehr die Notwendigkeit einer gerechteren Verteilung des Reichtums. Sie stellten die »freie Entfaltung des Individuums« höher als die »freie Entfaltung der Industrie«. Wenngleich auch keine der Frauen eine grundsätzliche Kritik am Privateigentum übte, war doch ihre Gesellschaftsauffassung in letzter Konsequenz subversiv. Wären sie nicht im Bereich der bloßen Gedanken und Apelle verblieben, wäre nicht mit Worten, sondern mit Kanonen auf sie geschossen worden. Die Frauen zielten nicht auf eine Vervollkommnung der bürgerlich-kapitalistischen Gesellschaft hin, wie sie dies selber meinten, sondern auf eine grundsätzliche Umorientierung.

Der bürgerlichen Gesellschaft als Gesellschaft an ihrem ökonomischen Besitz und Wert bemessener Menschen kann der qualitativen Sprung zu einer Gesellschaft gerechter, liebender und glücklicher Menschen nicht gelingen, wenn sie nicht ihre eigenen Voraussetzungen ändern will. Die bürgerlich-kapitalistische Gesellschaft kann wohl integrieren, daß Frauen Lohnarbeit leisten, qualifizierte Berufe ergreifen oder auch in seltenen Fällen leitende Stellungen einnehmen, wie die Geschichte gelehrt hat. Sie wird auch dadurch nicht erschüttert, daß im Zuge immer weiter voranschreitender Rationalisierungen Heere von Arbeitslosen entstehen, die nicht mehr nur im klassischen Sinn Reservearmeen sind, sondern lebenslänglich randständige und »unnütze« Menschen bleiben. Welche Herrschaftsformen innerhalb solcher Gruppen zwischen Männern und Frauen entstehen, läßt die Gesellschaft solange unberührt, wie diese von der Beteiligung an der Macht ferngehalten werden können.

Das Problem reicht weiter als die Frage, ob die Frauen als Geschlechtspersonen aus den politischen und ökonomischen Entscheidungsfunktionen herausgehalten werden. Es geht darüber hinaus und im wesentlichen um die Eliminierung bzw. Domestizierung dessen, was als »weibliches Element« bezeichnet und auf die Frauen projiziert wird. Man darf sich aber von den Begriffen »männlich«, »weiblich« nicht in die Irre leiten lassen derart, daß man sie als Ausdruck der Anerkennung einer Differenz zwischen den Geschlechtern versteht. Das Gegenteil ist der Fall. Die Ideologie, die angetreten ist, die »Polarität der Geschlechter«, die »natürlichen Wesensunterschiede« zwischen Mann und Frau nachzuweisen, betreibt die Leugnung und Unterdrückung von »Weiblichem«, das etwas anderes wäre als ein Drittel männliche Arbeitskraft, »verkleinerter Mann« und aus männlichem Kopf geborenes idealisiertes Kultgeschöpf. Letzteres sind die Frauen auf der Eben der Ideologie und der daraus abgeleiteten Moral, ersteres im alltäglichen Leben, wo sie die schlechteren Arbeitsplätze und geringeren Lohn als Männer bekommen. Die Frauen hatten es schwer, dagegen zu argumentieren (und auch, dagegen eine eigene Identität zu entwickeln). Die Frauen negierten nicht die Differenz, sie bestanden auf ihrem Anderes-als-Männer-Sein. Sie standen aber in dem Dilemma, nicht sagen zu können, was dieses Andere ausmache, weil es unter der Herrschaft der Männer keine Form gibt, in der »Weiblichkeit« sich anders denn als Verdrängtes, Bekämpftes und Unterdrücktes entfalten kann. Sie führten einen doppelten Kampf, in dem sie sowohl die ihnen von den Männern angetragenen »Wesensunterschiede« wie auch die darin angelegte Verdrängung ihrer Weiblichkeit abwehren mußten.

Die bürgerliche Gesellschaft ist, wie von Marx dargestellt, im Kern eine Gesellschaft »autonomer Warenbesitzer« oder der »homines oeconomici«. In der Ideologie von Comte, Michelet und Proudhon sind die Mitglieder der Gesellschaft so bestimmt. Mitglieder ist »Mann«, der »produziert«, »rational« denkt etc. Die Frauen werden bestimmt als schlechtere und deswegen als »non homines oeconomici«. Doch wie die »Liebe«, so sie gefaßt wird als »nicht für Geld«, dem Maßstab des Geldes unterworfen ist, gleichsam nur der negative Pol desselben, sind in dieser Bestimmung auch Mann und Frau nur die beiden entgegengesetzten Pole derselben Qualifizierung.

Der Maßstab des »homo oeconomicus« ist in der bürgerlichen Gesellschaft kein bloß ideeller, sonder auch ein realer. Die Frauen bleiben diesem Maßstab ganz verhaftet, solange sie nur anführen, daß Frauen gleich gute »Produzentinnen« wie Männer seien. Sie überschreiten ihn, wenn sie fordern, daß das »weibliche Element« einen Platz in der Politik und der Wirtschaft bekommen solle. Doch sitzen sie dabei dem falschen Glauben auf, daß sich nur die Menschen und ihre Ideen verändern müßten, um ihre Vorstellungen zu verwirklichen. Sie verkennen, daß es nicht ausreichen würde, Frauen in Männerberufe und -positionen zu lassen, weil das »weibliche Element« (weder das im männlich-abgespaltenen Sinne »Weibliche« noch ein anderes, erst zu entwickelndes »Weibliches«) nicht schon durch die Anwesenheit von Frauen Gewicht bekommt. Es ist die innere Logik einer an der Zweckrationalität des kapitalistischen Fortschritts orientierten Gesellschaft, die das »weibliche Element« immer neu und bis heute aus ihren Entscheidungen eliminieren mußte.

Den Frauen machte nicht nur die Ideologie und die propagierte Moral zu schaffen, sondern auch der Widerspruch, der zwischen den neuen Normen und der gesellschaftlichen Wertung, wie sie in der »öffentlichen Meinung« zum Ausdruck kam, bestand. Die Doppeltheit der Moral trat in dem ambivalenten Verhalten der Männer und in der Widersprüchlichkeit ihrer Reden zutage. Zwischen dem Gesetz auf der einen Seite und dem Tun und der gesellschaftlichen Wertschätzung auf der anderen bestand eine Diskrepanz, die für die Frauen die Unmöglichkeit umfassender gesellschaftlicher Anerkennung bedeutete.

Doch ist gerade die Ebene der »Meinung« für die Identitätsbildung und das Selbstverständnis der Individuen von noch größerer Bedeutung als die geschriebenen Gesetze. Den Ehefrauen wurde Tugendhaftigkeit vorgeschrieben und verstärkt idealisiert, da sie Teil ihrer neuen Aufgaben wurde. Die weibliche Sexualität wurde dem Paradigma der Prostitutionsbeziehung unterworfen, dies hatte auch für die Sexualität in der Ehe Konsequenzen. Die Aufspaltung des Weiblichkeitsbildes erlaubte es, beide Teile jeweils als Mangel am anderen hinzustellen und dadurch noch gefügiger zu machen. Die »offizielle« Achtung der Mutter und Ehefrau und Verachtung der Kurtisane ging einher mit einer fast geradeso offenen Verachtung des Hausmütterchens und der Bewunderung für die Hure. Teile und herrsche! Doch waren nicht nur die Wertschätzungen gespalten, sondern auch die ganz handfesten materiellen Vorteile, die jeweils der eine Stand dem anderen gegenüber hatte.

Die Frauen beklagten die reale Existenz der Kurtisane, doch ebenso die Aufwertung und Propagierung, die sie erfuhr. Die Kurtisanen bedrohten die materielle Existenz der Frauen, da diese faktisch nur durch eine Eheschließung — wenn überhaupt — einigermaßen sicherzustellen war. Die bürgerlichen Frauen erfuhren die Konkurrenz, in die sie sich zu der Kurtisane gestellt sahen, als eine Abwertung und Einschränkung nicht nur ihrer ökonomischen Situation, sondern allgemein ihrer Beziehungen zu den Männern. Weil die Kurtisanen um des Geldes willen alles den Männern zuliebe machten, waren diese später nicht mehr bereit, auf die Bedürfnisse ihrer Ehefrauen einzugehen. Darum galt die Kurtisane als Symbol einer Weiblichkeit, die ihren Körper und ihre Seele auf die Befriedigung männlicher Bedürfnisse ausrichtet, den Frauen als der korrumpierte Parasit der neuen Gesellschaft.

Die Frauen betonten, wie sehr sie unter der doppelten moralischen Bewertung zu leiden hatten. Auch wenn die Frauen sich für einen Erhalt und Verbesserung der »Sitten« einsetzten, so waren ihre Argumente doch von einer anderen Qualität als die der moralisierenden Männer. Sie rekurrierten weder auf eine naturgesetzliche moralische Ordnung noch auf weibliche Wesensbestimmungen. Sie argumentierten mit ihrer eigenen materiellen und sozialen Sicherheit als Ehefrauen und ihren Bedürfnissen nach Liebe und Sexualität.

Diese Frauen sprachen nicht aus dem Selbstverständnis im bürgerlichen Sinne zugerichteter Ehefrauen heraus. Es waren nicht schon die Mütter und Hausfrauen, die, sich selber als Gegenbilder der Kurtisane verstehend, sich empörten. Sie bekämpften beide Pole, die Aufstellung der Alternative »ménagère-courtisane«, doch taten sie dies nicht als der eine oder andere Teil dieser Entgegensetzung. Die Empörung, mit der sich bürgerlich-konservative Frauenverbände später gegen die Prostitution wandten, übernahm teilweise auch die Argumente der Männer. Dies geschah dann, wenn die Frauen ihre Identität soweit im Rahmen herrschenden männlichen Denkens und tabuisierter Sexualität entwickelt hatten, daß sie sich durch die Prostituierte in irrationaler Weise bedroht fühlten, weil eigene unterdrückte Triebregungen und verdrängte Wünsche aktualisiert wurden. Dies war nicht der Standpunkt der hier angeführten Frauen.

Der Groll der Frauen traf nicht die sozial niedrig stehende Prostituierte, die von allen Frauen nahezu einhellig als Opfer bürgerlich-patriarchalischer Ausbeutung betrachtet wurde. Wenn die Frauen im Zusammenhang mit ihr »moralisch« argumentierten, richtete sich ihr Zorn immer gegen die Männer, deren Gewalt und Unmoral die Prostituierten in solch unwürdige Positionen drängten. Diese Kategorie war eher eine, von der sich die Männer in stärkerem Maße bedroht fühlten. Die Prostituierten der unteren Klasse waren keine Sinnbilder, sie blieben potentielle Klassenfeinde. Ihnen galten die Kampagnen, die die Prostituierten zur »sozialen Frage« machten, sie wurden als kriminell, aufrührerisch und potentielle Unruhestifterinnen angesehen. Ihre Lebensweise, herumzustreichen, sich zu besaufen, schmutzig zu sein, enthielt einen allzu deutlichen Gegensatz zu bürgerlichen Wertvorstellungen, als daß ihr öffentliches Wohlwollen hätte entgegengebracht werden können. Wenn auch sie gerade auf die sauberen bürgerlichen Ehemänner eine gewisse Faszination ausübten, so kam dies doch allenfalls in der Literatur, die unter dem Ladentisch verkauft wurde zum Ausdruck. Die bürgerlichen Frauen, zumindest diejenigen, die Bücher schrieben, fühlten sich durch die arrivierte Prostituierte bedrängt.

IV. Kapitel

Kurtisanen im zweiten Kaiserreich

Die Kurtisanen des zweiten Kaiserreichs unterschieden sich in vielerlei Hinsicht von ihren Vorgängerinnen. Nie hatte es eine Zeit gegeben, wo ihnen in der Öffentlichkeit so große Bedeutung beigemessen wurde. Unter den vielleicht hundert Kurtisanen von Rang zählten etwa zwanzig zur obersten Spitze. Einige unter ihnen bildeten eine geschlossene Kaste, die über viele Jahre hinweg ihre Vorrangstellung behaupten konnten. Wenige heirateten und waren dann dem Tagesgespräch entzogen, doch blieben das die Ausnahmen.

Ihrer Herkunft nach waren es durchweg Mädchen aus dem Volk, ohne Bildung und ohne die in einer bürgerlichen oder adligen Mädchenerziehung ausgebildeten Umgangsformen. Viele von ihnen waren aus der Provinz nach Paris gekommen, zumeist mit einem Mann, der sie »entdeckt« hatte. Blanche d'Antigny, eine der bekanntesten Kurtisanen der Zeit, war Verkäuferin in einem Modegeschäft in Bourges gewesen (Auriant 1935, S. 7). Jeanne de Tourbay, an deren Tisch allerhöchste Kreise sich trafen, hatte in einem Hospital in der Küche gearbeitet. Die Paiva, eine der wenigen Frauen, die es zu lebenslangem Reichtum brachten, war Tochter einer sehr armen jüdischen Familie aus Rußland (Décaux 1958, S. 130). Von Anna Deslions, Maitresse Napoleons III., wurde gesagt, ihre Laufbahn habe in einem Bordell begonnen; auch sie stammte aus einer armen Arbeiterfamilie. Rosalie Léon hatte als Dienstmädchen in einem Gasthof gearbeitet, bevor sie mit sechzehn Jahren nach Paris kam und dort innerhalb eines Jahres Karriere machte.

Welche Faktoren darüber entschieden, ob eine unter den vielen tausend Frauen, die unter ähnlichen Bedingungen ihr Leben führten, aus der Tiefe hochgetragen wurde, ist schwer feststellbar. Der einen gelang es dann, manchmal über Nacht, aus großer und, bis auf eben den einen Ausweg, auswegloser Armut, in eine Woge verschwenderischen Reichtums und weit verbreiteter Bewunderung zu geraten. Geträumt von einem solchen Glück haben sicher viele Mädchen, die nach Paris kamen. Es war nahezu ausgeschlossen, daß eine Frau aus eigener Kraft eine bekannte Kurtisane werden konnte. Es gehörte grundsätzlich der Arm eines Mannes dazu; doch war auch auf seiten der Frauen ein großes Maß an Ehrgeiz, Durchsetzungskraft und Vertrauen in die eigenen Kräfte erforderlich, um einen solchen Weg einzuschlagen.

Die Kurtisanen wurden von Männern lanciert. Eine Schlüsselposition auf diesem Gebiet hatte Nestor Roqueplan, Journalist und Direktor der Oper. Der Graf Horace de Viel-Castel beschreibt ihn als eine Art Zuhälter. Die Taktiken, mit denen er sich der Frauen bediente, waren allgemein übliche Vorgehensweisen: Die Frauen wurden als Schauspielerinnen zumeist für ein Jahr engagiert und bekamen ein sehr geringes Gehalt. Manchmal mußten sie beim Abschluß des Vertrages unterzeichnen, den ersten Teil der Gage schon bezogen zu haben, obwohl dies gar nicht der Fall war. Um auftreten zu können, verschuldeten sie sich dann im allgemeinen hoch, da die Schauspielerinnen für ihre Kostüme selber zuständig waren (vgl. Viel-Castel 1979, Bd. II, S. 87f.)

Es bestand eine enge Verbindung zwischen den Kurtisanen oder den Frauen der »demi-monde« und dem Theater. Viele von ihnen stiegen im Laufe ihrer Karriere auf eine der zahlreichen Bühnen, die anderen waren regelmäßig im Zuschauerraum anzutreffen. Die Stücke der kleineren Theater und der Operette stellten keine großen Ansprüche an die schauspielerischen Leistungen der Darstellerinnen. Im Palais-Royal, in den Variétés, in den Folies-Dramatiques, in den Bouffes-Parisiennes und in anderen vielbesuchten Bühnen dominierte ein genre mit einer etwas unbestimmbaren Form, zwischen Revue und musikalischer Bouffonerie angesiedelt. Zumeist handelte es sich dabei um eine banale Liebesgeschichte, ohne gedanklichen Hintergrund und mit frivolem Vordergrund.

Der Inhalt wurde von allen als zweitrangig betrachtet gegenüber dem Spiel der Schauspielerinnen, die dabei zunehmend mehr ihren Körper, ihre Bewegungen und ihre erotische Ausstrahlungskraft zur Schau stellten. Die männlichen Rollen dieser Stücke wirkten daneben unbedeutend, sie hatten in erster Linie die Funktion, der Umrahmung der auf der Bühne exponierten Weiblichkeit zu dienen. Ob es sich um die Rolle eines Cupido, einer Diana, einer Mimi Bamboche oder der Belle Hélène handelte, immer waren der »Erfolg als Frau und der als Schauspielerin« unmittelbar miteinander verknüpft. Als Blanche d'Antigny von Petersburg nach Paris kam, nutzte sie als erstes die Beziehungen aus, die ihr den Zugang zu den Brettern des Palais-Royal öffneten. Sie hatte keine Ausbildung als Schauspielerin, und das Urteil der renommierten Kritiker über ihre schauspielerischen Leistungen fiel ziemlich vernichtend aus.

Paul Foucher, der gegen die »ausgehaltende Kunst« wetterte, urteilte über Blanche d'Antigny:

> »Als Schauspielerin ist sie eine Null; als Sängerin unmusikalisch und als Tänzerin ohne Anmut« (zit. in Auriant 1935, S. 15)

Derartige Kritiken verhinderten dennoch nicht, daß Blanche nahezu über Nacht zu einem schnellen Erfolg gelangte. Es ging nicht um eine künstlerische Leistung, die erbracht werden mußte. Der Erfolg hing davon ab, wie sehr es der Schauspielerin gelang, »den Saal zu elektrisieren«, Begehren zu erzeugen. Und Blanche d'Antigny spielte »mit dem ganzen Feuer einer großartigen

Komödiantin die Verführungsszenen, und wie sie den Doktor Faust betörte, betörte sie das ganze Publikum« (ebd., S. 19).

Wesentlicher Teil des Erfolges war die »öffentliche Meinung«. Diese erzeugte und schürte jenes der Pariser Luft eigentümliche Fieber der Neugierde, mit der das Publikum sich dem Spektakel einer neuen Präsentation von Weiblichkeit hingab. Daß es dabei in erste Linie um Formen sexueller Stimulation ging, wurde von manchen bedauert, von niemandem bestritten. Zola beschreibt die Atmosphäre dieses Theaters und seines Publikums in »Nana«. Bordenave, der Direktor des Theaters, »jener Mann, der einen förmlichen Weibermarkt hielt«, hatte seit einer Woche Reklame für ein neues Stück gemacht. Als wichtigste Attraktion in dem ansonsten belanglosen Stück wurde die neue Schauspielerin hervorgehoben. Auf die Frage eines Journalisten nach den Qualitäten der Debütantin antwortete Bordenave:

> »Muß denn ein Frauenzimmer nur singen und spielen können? Ach mein Herrchen, du bist ein wenig allzu dämlich ... Nana hat andere Dinge, ei Donnerwetter! Etwas, was für jeden Mangel entschädigt. Ich hab sie aufgestöbert, und das, was ich meine, ist ganz famos bei ihr vertreten ... Du sollst sehen, junger Herr, du sollst sehen: sie braucht nur aufzutreten, und der ganze Saal läßt die Zunge lang aus dem Halse heraushängen« (Zola o.J., S. 9).

Bordenave, den Zola in einer vorbereitenden Skizze charakterisiert hatte als: »... einer, der Frauen zeigt, ohne die geringsten literarischen Ansprüche ... mit erstaunlichen Fähigkeiten zur Reklame, ein Kopf, immer damit beschäftigt, Geld zu machen« (Zola 1961, Bd. II, S. 1672) behielt mit seiner Berechnung Recht. Nana, deren schauspielerische Leistungen unbeholfen und deren Gesang eine Katastrophe waren, errang einen Sensationserfolg:

> »Nana war so weiß und so fett, so natürlich in dieser starke Hüften und ein kräftiges Mundwerk erheischenden Rolle, daß sie im Flug das ganze Auditorium gewann. ... Das große dicke Frauenzimmer, das sich auf seine Schenkel schlug und wie eine Henne gluckste, erschien in so überwiegend weiblichem Nimbus und war von so kräftigem Lebensodem umhaucht, daß sich das Publikum daran berauschte. Von diesem zweiten Akt an war Nana alles erlaubt; ihre Haltung mochte kläglich sein, sie brauchte keine einzige Note zu singen, sie konnte steckenbleiben. Sobald sie sich umdrehte und lachte, war alles gut, ihr Lachen genügte, um die Bravorufe aus allen Winkeln des Saales einzuheimsen (...) Allmählich hatte Nana vom Publikum Besitz ergriffen, jedermann war ihr jetzt untertan. Das Fluidum, das von ihr ausging, breitete sich mehr und mehr aus und erfüllte den Saal. In diesem Augenblick atmeten auch ihre leisesten Gebärden Wollust; eine einzige Bewegung ihres kleinen Fingers ließ jedes Männerherz stillstehen« (Zola, o.J. S. 30)

Auf der Bühne und im Zuschauerraum gleichermaßen wurden die Frauen vorgestellt, wobei die Stimmung dort der eines Marktplatzes ähnelte, auf dem Delikatessen für männliche Gaumen feilgeboten wurden. Zola ist in dieser Darstellung selber auch Teil des Publikums, das er im Rückblick und von außen beschreibt. Er ist Teil auch jener Öffentlichkeit, die den Mythos schürte und verbreitete. Dennoch trifft seine Darstellung den Kern der Veränderungen, die in der Beziehung zwischen Bühne und dem (männlichen) Publikum vorgingen.

Cora Pearl wurde von Nestor Roqueplan lanciert, und auch Blanche d'Antigny konnte sich endgültig durchsetzen, nachdem er sie zwei- oder dreimal in seine Loge mitgenommen hatte (vgl. Auriant 1935, S. 10)

Die Faszination, die von diesen Darbietungen ausging und die durch die Publikationen und die darin enthaltene Reklame angestachelt, wenn nicht erst erzeugt wurde, reichte weit. Unter das Publikum mischten sich Herren aus dem Faubourg Saint-Germain und bürgerliche Familienväter. Das Publikum wuchs ständig. Reisende aus der Provinz, die mit der Eisenbahn nun einen leichteren Zugang zur Stadt hatten, ausländische Lebemänner, sie alle partizipierten an der neuen Erotik, die in dieser Stadt zu haben war. Sexuelle Stimulation wurde zu einem kollektiven Erlebnis der Zuschauer. (Und alle waren mächtig aufgeregt, weil es der Anfang eines langen Prozesses war, an den wir uns schon lange gewöhnt haben.)

Der Erfolg der Kurtisanen hätte niemals so nachhaltig sein können, wenn es nicht eine Öffentlichkeit gegeben hätte, die darauf ausgerichtet war, solche »Ereignisse« nach außen zu tragen. Die Öffentlichkeit im zweiten Kaiserreich wurde von denen bestimmt, die sich öffentlich artikulieren konnten und wollten. Die weitgehende Ausschaltung der öffentlichen Diskussion politischer Probleme, nachdem zehntausende von Sozialisten, Republikanern und Mitgliedern geheimer Gesellschaften verhaftet, verbannt oder deportiert waren, bestimmte die Presse und die Themen, mit welchen diese sich beschäftigte. Die schon seit den Zeiten der Juli-Monarchie bestehende Verbindung zwischen Boulevard und Journalismus trug ein weiteres dazu bei, Kreise, die zuvor eher am Rande des öffentlichen Interesses gestanden hatten, nun in den Mittelpunkt der allgemeinen Aufmerksamkeit zu stellen. Die Journalisten trafen sich im Stammcafé auf dem Boulevard, wo sie, umgeben von Müßiggängern und Künstlern, das Treiben beobachteten und sich ihm selber gerne öffneten. Philibert Audebrand, ein Journalist jener Zeit, beschreibt eine solche Runde: »Cato durchbohrte sich nicht mehr mit seinem Degen, er setzte sich an ein Cafétischchen, er trank hier, er rauchte hier, als Stoiker um sich blickend und zuhörend« (zit. n. Krakauer 1962, S. 225).

Wesentlicher Teil dieser Öffentlichkeit war die Presse, Blanche d'Antigny wurde dort als der neue »Stern« gefeiert, der sein Publikum in ein »Delirium« und in »Frenesie« versetzt habe. In der »Gazette des Etrangers«, im »Gaulois«, im »Barbe-bleu«, selbst in der »Presse« und in der »France« erschienen Artikel über die Frau, die einen dreifachen Erfolg errungen habe: als modische Frau, als schöne Frau und als Schauspielerin. In den Artikeln wurde ausgeführt, daß sie in der Avenue Friedland ein Haus mit einer Monatsmiete von 15.000 francs gemietet habe, daß ihr Schlafzimmer mit Spitzen, Seidenstoffen und Möbeln ausgestattet sei, die 55.000 francs gekostet hätten und Ähnliches mehr (ebd., S. 23).

Das wichtigste Attribut der Kurtisanen war der Luxus ihrer Kleidung, des Schmuckes und des Lebensstils. Danach zählten Jugend und Schönheit, doch waren das Kategorien, die inhaltlich nicht sehr eindeutig bestimmt waren. Die Frauen konnten sehr jung sein, doch stand die Paiva auch mit mehr als vierzig Jahren noch hoch im Kurs. Einige der großen Kurtisanen waren sehr schlank, andere waren berühmt wegen ihrer runden, rubenshaften Formen. Dunkle Haare wurden gleichermaßen gelobt wie blonde; schwarze Augen ebenso wie grüne oder blaue. Einzig die Weiße der Haut war ein besonderes Kriterium für Schönheit und wurde auch dementsprechend hervorgehoben.

Es gab auch berühmte Frauen, die von den Zeitgenossen als häßlich bezeichnet wurden, ohne daß diesem Urteil widersprochen worden wäre. So soll die »Rigolboche« erschreckend unansehnlich gewesen sein, eine Säuferstimme gehabt und sich einer unangenehm realistischen Ausdrucksweise bedient haben. Dennoch brauchte sie sich um bestzahlende Liebhaber nicht zu sorgen. Und wenn sie auf der Bühne einen Tanz zelebrierte, bei dem ihre Bewegungen die Sinne ihrer Zuschauer faszinierten, erntete sie uneingeschränkte Bewunderung.

Wichtiger als persönliche Qualitäten war die repräsentative Ausstattung. Jedes Detail der Kleidung wurde beachtet und darüber berichtet. Die Kostbarkeit der Stoffe, die Raffinesse der Schnittführung und der Farbzusammenstellung, die Auswahl des Zubehörs, ja selbst die Knöpfe und Schnallen wurden für wichtig genug erachtet, in den Zeitungen, und nicht nur in der Modepresse, dargestellt zu werden. Kleidung und Schmuck, aber auch die Equipagen und die Wohnungseinrichtungen wurden zur Schau gestellt. Mit großer Genauigkeit wurde die Ausstattung der Räume beschrieben, kostbare Einzelheiten hervorgehoben, so daß der Lebensraum dieser Frauen transparent wurde wie eine Musterwohnung.

Der Umzug einer bekannten Kurtisane war dann auch jedesmal Anlaß genug, um ausführlich in der Presse dargestellt zu werden. Als Blanche d'Antigny in die Rue Lord-Byron zog, »war dies eine Premiere, von der man lange sprach«:

»Diener bildeten ein doppeltes Spalier entlang der Diele, die mit wertvollen Gobelins geschmückt war. Goldenes Blätterwerk, aus dem weißer Flieder rankte, bedeckte die Treppe und die Wände des Salons und des Speiseraums. Alle Zimmer schwelgten in Seide, Samt, Brokat und Spitzen. Vorhänge mit englischer Stickerei dämpften das Tageslicht. In der Mitte des Schlafzimmers erhob sich, wie ein Schmuckkästchen, in dem sie die Perle war, das Bett, ein mit blauem Samt bespannter Thron, der in einen Himmel aus Spitzen ragte. (...) Zu ihren Essen fanden sich die schönsten Frauen von Paris und die größten Namen Frankreichs ein: des Adels, der Kunst und der Hochfinanz. Der Champagner floß in Strömen aus fein ziselierten und vergoldeten Silberbechern, deren jeder die Gestalt eines Tieres hatte: Hirsch, Fuchs, Pferd, Wolf, Wildschwein, etc. Die silberne Klingel, mit der der Bedienung geläutet wurde, war der berühmten Moskauer Glocke nachgeformt« (Auriant 1935, S. 24).

Und neben der Beschreibung fehlte zumeist nicht die Angabe des Preises, den diese Herrlichkeiten gekostet hatten. Die umfassende, modellhafte Zurschaustellung eines unerhörten Luxus und einer scheinbar maßlosen Unbekümmertheit im Umgang mit Geld kennzeichnete eine Seite des Bildes der Kurtisane in der Öffentlichkeit. Ihre äußere Erscheinung, die nicht nur durch Reichtum, sondern auch durch einen »guten Geschmack« geprägt war, machte die Kurtisane den Frauen der reichsten Gesellschaftsklassen ähnlich.

In einem merkwürdigen Gegensatz zu dieser äußerlichen Assimilation, die sich wechselseitig zwischen den Frauen der wohlhabenden Klassen und den Kurtisanen vollzog, standen die übrigen Qualitäten, die den Kurtisanen zugeschrieben wurden. Es gehörte zum Bild der Kurtisane im zweiten Kaiserreich, daß sie, anders als ihre Vorgängerinnen vergangener Zeiten, nicht nur ungebildet, sondern auch dumm und einfältig sei. Die Kurtisane zeichnete sich, dem Bilde nach, das von ihr verbreitet wurde, dadurch aus, daß sie mit der Orthographie auf schlechtem Fuß stand, und daß sie sich jedem Gedankengang, der nicht auf ihre Schneiderin oder den nächsten Ball bezogen war, verweigerte.

Nur wenigen unter ihnen gelang es, als Gesprächspartnerin ernstgenommen zu werden. Sie standen dann mehr am Rande und mit dem Theater und literarischen Zirkeln in Verbindung. Sie zählten nicht zur eigentlichen Kerngruppe der bekannten »Löwinnen«. Für die meisten Kurtisanen galt, daß der Verzicht auf konventionelle Wohlerzogenheit und ein bewußt derbes Verhalten von ihren Bewunderern als Zeichen ursprünglicher Naivität und Sinnlichkeit gesucht und geschätzt wurde. So wie Cora Pearl in ihren Memoiren das Amüsement ihrer Gäste als wenig den Geist strapazierend darstellt, wurde allgemein die Form der Unterhaltung im Umgang mit den Kurtisanen beschrieben (s.u., S. 186).

Im Bild von Weiblichkeit, das mit der Kurtisane verbreitet wurde, schlossen Attraktivität und Sinnlichkeit der Frauen Nachdenklichkeit und Sensibilität aus. Und Männer wie die Brüder Goncourt, Arsène Housseye, Prosper Mérimée und viele andere, die in abfälliger Weise über diesen Mangel an Bildung und Feinheit spotteten, waren zugleich die, die besonders intensiv die Nähe dieser Frauen suchten. Das allgemeine Urteil schloß sich diesem Spott an. S. Krakauers Beschreibung übernimmt dieselbe Beurteilung:

>»Für die geistigen Freuden fehlte den von greifbareren Genüssen beschlagnahmten Kurtisanen der Sinn. ... Da unter solchen Umständen der Gesprächsstoff bei festlichen Zusammenkünften rasch versiegte, griffen die Damen gern zu leichterem Amüsement. Irgendeine von ihnen belustigte gelegentlich einer Gasterei die Tafelrunde damit, daß sie einfach ihrem Tischherrn eine kalte Kraftbrühe über die Glatze goß, ein Spaß, der belebender wirkte als der geistreichste Witz« (Krakauer 1962, S. 216).

Ähnliches wird auch in anderen Zeugnissen berichtet. Aber vielleicht waren es gar nicht die »Damen«, die zu nichts anderem fähig gewesen wären. Vielleicht waren es die anwesenden Männer, die genau diese Art der Unterhaltung schätzten.

Für die Erstausstattung der Frauen, die, wenn sie anfingen, im allgemeinen keinen Pfennig in der Tasche hatten, sorgte eine 'Tigerin'. Dies waren ältere Frauen mit größerer Lebenserfahrung, die an der geschäftlichen Seite der kleinen Loretten beteiligt waren. Sie vermittelten Kunden und Wohnungen. Sie vermieteten Kleider, Schmuck und sämtliches modische Zubehör, wenn sie den Eindruck hatten, daß sich solche Dienste auszahlen würden. Oft warfen sie ihr Auge auf ein Mädchen, das ihnen einträglich erschien, manchmal wendeten sich die Frauen von sich aus an diese Vermittlerinnen. In guten Fällen erzielten die 'Tigerinnen' einen hundertfachen Gewinn ihres Einsatzes (Décaux 1958, S. 130). Die Paiva hat auf diese Weise angefangen, und auch Cora Pearl knüpfte so ihre ersten Beziehungen in Paris an.

Die Kraft und der Erfolgswille, die für die Frauen nötig waren, um zu reüssieren, werden aus einer Schilderung deutlich, die Théophile Gautier von den Anfängen der Paiva gibt: Die Paiva hatte ihren Mann mit einem Kind allein in Moskau zurückgelassen und war nach Paris gekommen. Dort wurde sie von dem Komponisten Hertz »bekanntgemacht«. Als Hertz sie nach einiger Zeit verließ, wurde sie sterbenskrank. Halbtot, im Krankenbett, faßte sie den Entschluß, eine große Kurtisane zu werden. Sie sei nicht die Frau, um in der Konfektion ihr Geld zu verdienen. Als Gautier sie nach ihrer Genesung wieder besuchte, probierte sie die Kleider an, die ihr von einer Modehändlerin für die Durchführung ihres Vorsatzes geliehen worden waren. Sie begutachtete die Ausstattung »wie ein Soldat, der vor einer Schlacht seine Gewehre prüft«. Für den Fall, daß ihr Unternehmen scheitern würde, hatte sie sich Chloroform besorgt, um sich umzubringen (vgl. Loliée 1927). Die Paiva brauchte das Chloroform nicht — viele haben es benutzt —, sie schaffte den Sprung und war eine der wenigen Kurtisanen, die es verstanden, Geld zu sparen und so anzulegen, daß der Reichtum ihr ein ganzes Leben lang erhalten blieb.

War es einer Frau einmal gelungen, unter den für diese Art gesellschaftlichen Lebens zuständigen Herren die notwendige Beachtung zu finden, brauchte sie sich um den Fortgang ihrer Karriere nicht mehr zu sorgen. Sie konnte ziemlich sicher sein, aus der Gruppe der etwa hundert stadtbekannten Lebemänner, die fast ausnahmslos der Aristokratie angehörten, einen Begleiter zu finden, der dafür sorgte, daß der Ruhm ihrer Frivolität nicht verblaßte.

Die Kontakte wurden vielerorts geschlossen. In den Logen der Theater, in den Cafés, bei der Spazierfahrt auf den Champs-Elysées oder beim Ritt im Bois de Boulogne, bei sportlichen Veranstaltungen oder bei einer gemeinsamen Einladung. Oft reichte auch ein Brief oder ein Vermittler, mit dem die Bedingungen des Empfanges ausgehandelt wurden. Im allgemeinen war es für die Frauen wichtig, daß auf dieser Stufe die »délicatesse du bon ton« eingehalten wurde. Cora Pearl hebt dies verschiedentlich hervor, doch gilt das auch für die anderen Frauen. Die Männer sollten sich auf diese Weise als »wohlerzogen« und »welterfahren« ausweisen. Dies war ein Schutz für die Frauen, wenngleich die Art der Werbung oft keinerlei Aussagen für das spätere Verhalten der Männer zuließ. Für die Liebhaber erhöhte diese Eingangsschwelle den Reiz, weil, sie zu überschreiten, nicht nur als Beleg für die Zahlungsfähigkeit, sondern auch als Beweis eines unwiderstehlichen Charmes gewertet werden konnte. Zumeist waren die Herren Mitglieder des Jockey-Clubs und dadurch schon qualifiziert für die Teilnahme am mondänen Leben. Ein Verhältnis zu möglichst vielen der bekannten Frauen steigerte das Prestige der Betroffenen. Die internationale Kundschaft wurde verstärkt in den beiden Weltausstellungen, doch spielte sie in der gesamten Zeit des zweiten Kaiserreichs eine wichtige Rolle.

Allen diesen Verhältnissen war gemein, daß sie plakativ in die Öffentlichkeit getragen wurden. Mehr im Verborgenen blieb das Verhältnis zum zahlenden Bürger.

> »Obwohl er sich stets im Hintergrund bewegte, war er eine der Hauptfiguren des mondänen Ensembles. Ein Herr mittleren Alters, der mit seinem Geld die Luxusbedürfnisse irgendeiner Kurtisane befriedigte und sich so das erhebende Bewußtsein verschaffte, über die Lebemänner zu triumphieren, die ihn mißachteten« (Krakauer 1962, S. 221).

Die Lebenswirklichkeit der Kurtisanen aber, ihr Selbstverständnis und das Bild, das von ihnen verbreitet wurde, klafften weit auseinander. Zwei Selbstzeugnisse von Kurtisanen vermitteln uns einen Einblick darein, was es bedeutete, das Leben einer Prostituierten und Kurtisane zu führen.

V. Kapitel

Lebenserinnerungen zweier Kurtisanen aus der Mitte des 19. Jahrhunderts in Frankreich

Es gibt bis in die heutige Zeit nur wenige Autobiographien von Prostituierten. Erst in den letzten Jahren wurde die Prostitution häufiger aus der Perspektive der unmittelbar davon betroffenen Frauen dargestellt und diskutiert. In der Mitte des neunzehnten Jahrhunderts in Frankreich wurden zwei Autobiographien von Frauen, die das Leben einer Kurtisane geführt haben, veröffentlicht: »Adieux au monde«, die Memoiren der Celeste Mogador, zum ersten Mal 1854 publiziert, und die »Mémoires« der Cora Pearl, die 1886 erschienen. Celeste Mogador und Cora Pearl haben die subjektive Wirklichkeit des Mythos Kurtisane beschrieben. Ihre beiden Autobiographien gewähren einen Einblick in Lebenszusammenhänge, die wenig mit dem plakatierten Bild gemeinsam haben. Sie sind weitgehend unbekannt geblieben und für die zahlreichen Arbeiten zur Prostitution im neunzehnten Jahrhundert in Frankreich bisher, meiner Kenntnis nach, nicht herangezogen worden.

Corbin, der die gründlichste und umfassendste Analyse, die in den letzten Jahren zu dem Thema unternommen wurde, vorgelegt hat (vgl. Corbin 1978), ist nicht auf die Berichte dieser beiden Frauen gestoßen. Er selbst beklagt den Umstand, daß erst in der neueren Zeit Prostituierte es gewagt hätten, Lebensberichte zu veröffentlichen. Corbins minutiöse Auswertung seines umfangreichen Materials liefert wertvolle Hinweise zu den äußeren Bedingungen, in denen sich das Leben der Prostituierten (vor allem derer, die offiziell registriert waren) abspielte. Dennoch kann Corbin trotz seiner Sympathie für die betroffenen Frauen und trotz seiner weitgehend kritischen Haltung dem männlichen Diskurs über Prostitution gegenüber keinen Eindruck darüber vermitteln, wie den Prostituierten selber zumute war. Grundlage seiner Arbeit sind fast ausschließlich Beobachtungen, die Männer im Zusammenhang mit der Prostitution gemacht haben: Berichte von Ärzten, denen die medizinische Überwachung der eingeschriebenen Prostituierten oblag und Dokumente aus den Polizeipräfekturen. Um die Frauen zu portraitieren, zieht Corbin literarische Schilderungen, wie sie von Balzac, Hugo, Flaubert, den Brüdern Goncourt, Dumas, Maupassant, Zola, Maxime du Camp und andern gegeben wurden, hinzu. Aber wie die Prostitution und alles, was damit verknüpft ist, von Männern wahrgenommen wird und wie dieselbe Situation von der beteiligten Frau empfunden wird, unterscheidet sich in fundamentaler Weise voneinander.

Im Panoptikum literarischer Huren- und Kurtisanenbilder des neunzehnten Jahrhunderts nehmen noch ungehemmter und einhelliger als sonst männliche Wünsche und Phantasien Gestalt an. Zwei Kategorien werden in vielfältigen Variationen gezeichnet: Die der kaltblütigen und kriminellen »fille de marbre« und — ungleich häufiger — die reuige, den männlichen Retter herbeisehnende »Maria Magdalena«. Paradigmatisch für den letzteren Typus ist Esther Gosbeck, Balzacs Protagonistin aus »Glanz und Elend der Kurtisanen«. Esther hat »etwas wie eine Wünschelrute, mit der sie die brutalen Begierden entfesselt, die bei den Männern, die noch Herz haben, so heftig unterdrückt sind, wenn sie sich mit Politik, Wissenschaft, Literatur oder Kunst befassen« (Balzac 1976, S. 22). Dieser Gegenpol der Männer (die Romane verfassen) ist: kindlich, wollüstig, »ein Tier, bei dem die Wollust das Denken ersetzt«. Zugleich strahlt sie »die Unschuld einer Jungfrau, die Anmut der Kindheit aus«. Sie »hat sich im Kot gewälzt und ist wie das Samenkorn einer Lilie in ihrem Humus darin schön geworden« (ebd.,) So aus den Balzac'schen Phantasien gestaltet, ist sie »von mittlerer Größe, die es gestattet, aus einer Frau eine Art Spielzeug zu machen, sie zu ergreifen, loszulassen, wieder zu heben und mühelos herumzutragen« (ebd., S. 47)

Aber auch im Roman selber ist sie noch einmal ganz und gar der Männer Werk, der Söhne des Prometheus, die keine fertige Pandora wollen. Die Männerrunde, die einander durch das Medium des Leibes der Kurtisane als Liebhaber begegnet, bestimmt Esthers Leben: Mit zehn oder elf Jahren war sie »von Wüstlingen zum Laster und zur Unzucht ausgebildet« worden. Der als spanischer Priester verkleidete Zuchthäusler und Lucien machen aus »der Ratte« eine »Magdalena«, die fortan, als hingebungsvolle, kein Opfer scheuende Geliebte, sich vier Jahre in eine Wohnung einsperren läßt, die sie nur nachts verlassen darf. Die Tage verbringt sie damit, sich zu baden und anzukleiden, so daß sie immer erst fertig ist, wenn Lucien kommt. Dann steht sie vor seinen Augen »wie eine frisch erblühte Blume«. Diese wunderbare Frau »kannte keine andere Sorge als die um das Glück ihres Dichters; sie gehörte ihm an wie ein Besitztum, das heißt, sie ließ ihm vollkommene Freiheit« (ebd. S. 80) Und für sie ist dieser Zustand »das Glück in seiner schönsten Form«.

Daß sie, erneut zur Prostitution getrieben, aus Liebe zu Lucien den Tod wählt, hypostasiert das Opfer ihre Selbstaufgabe. Selbstgewählt, wie der der Esther, oder in Kauf genommen, wie der der Kameliendame — jeweils um der reinen Liebe willen — schützt der Tod der Kurtisane die männliche Imagination davor, von einer anders gearteten Realität eingeholt zu werden. Er sichert nicht nur Straffreiheit für die Phantasien von Kot, Gewalt, Promiskuität und Männervereinigung. Er erhöht die Subjekte dieser Träume, denn, so Balzac: »Heißt es nicht, ein wenig den Engeln gleichen, die den Auftrag haben, die Schuldigen zu besseren Gefühlen zurückzuführen?« (ebd., S. 42)

Teil derselben Imaginationswelt, in der Männer Frauenbilder schaffen, um sie zu erniedrigen oder ihnen Absolution zu erteilen, je nach Belieben und nach ihren Maßstäben, bleiben auch zwei Kommentare unserer Zeit: der des Übersetzers der deutschen Ausgabe, Junker (ebd. S. 2), der betont, daß es Balzac, dessen Genie darin bestehe »sich immer ganz in die Seelen und Schicksale seiner Gestalten zu versetzen« gelungen sei, in der Person der Esther »menschliche Größe« zu gestalten. Und der Th. W. Adornos, der urteilt: »So fällt das Licht des Humanen auf Verfemte, die Hure, fähig zur großen Passion und Selbstaufopferung« (zit. in ebd.). Die Lebensberichte von Celeste Mogador und Cora Pearl mögen auch als Kontrastzeichnung zu diesen männlichen Phantasien gelesen werden.

Das, was Autobiographien vor allen anderen Quellen auszeichnet, ist ihre Subjektivität, die persönliche Stellungnahme, die die Wiedergabe und Interpretation des eigenen Lebens ausmacht. Es werden Bereiche des Lebens auf dem Gebiet der zwischenmenschlichen Beziehungen, der Hoffnungen, der Freude, der Ängste, der Enttäuschungen und Einsamkeiten beschrieben, die in anderen Dokumenten ausgespart bleiben. Ich habe der »Subjektseite« in beiden Autobiographien einen besonderen Stellenwert beigemessen, und die Antworten, die beide Frauen auf die sie umgebenden und eingrenzenden Verhältnisse gegeben haben, nachgezeichnet. Dabei waren mir die persönlichen Wahrnehmungen, die Empfindungen und Gefühle, die das konkrete Leben dieser Frauen ausmachten und die ihre Identität und ihr Selbstbewußtsein bestimmten, von besonderer Wichtigkeit.

Gerade in der relativ großen Subjektivität ihres Gegenstandes liegen die Chancen einer wissenschaftlichen Arbeit mit autobiographischen Darstellungen wie auch ihre Grenzen. Geht es um die subjektive Wahrnehmung gesellschaftlicher Zusammenhänge und der Geschichte der eigenen Person, so sind immer auch die vielfältigen Selektionen, Beschönigungen und Rechtfertigungen in Rechnung zu stellen, in denen das Erlebte so dargestellt wird, wie es sich in der Erinnerung des Autors oder der Autorin festgemacht hat. Die Subjektivität wird durch die Auswahl und die Bewertung des eigenen Lebens gleichsam verdoppelt.

Darüber hinaus ist zu beachten, daß Autobiographien für ein bestimmtes Publikum und auf ein bestimmtes Ziel hin geschrieben werden. Diese Zielsetzung wie auch die Adressaten nehmen Einfluß auf die Darstellung, so daß grundsätzlich ein Stück Ungewißheit gegenüber der »Authentizität« des Geschriebenen bleibt, das der Interpretation bedarf. Die Schwierigkeit besteht darin, daß es Kriterien, nach denen »Glaubhaftigkeit« zu entscheiden wäre, nicht gibt. Es mag Gründe geben, warum Zweifel an einer Darstellung angebracht sind oder auch, warum dies gerade nicht der Fall ist. Diese sind jedoch in den meisten Fällen wenig offenkundig und in hohem Maße dem historischen und persönlichen Standpunkt des Interpreten überlassen.

Autobiographien spiegeln in der Hauptsache das Bild wider, das der Autor, die Autorin von sich haben oder vielleicht auch nur das, was andere von ihm oder von ihr haben sollen. Aber ist eigentlich die Empfindung, die Menschen im Nachhinein, möglicherweise erst beim Schreiben, in eine Situation hineintragen, weniger »wirklich« als die, die sie im Moment selber verspürten? Auch in der Beschönigung und selbst in der Verkehrung ist noch die persönliche Antwort der Schreibenden auf die Lebenssituation, in die sie gestellt wurden, enthalten. Wie weit diese Antwort als bloße Anpassung an zeitgemäße Klischees oder vermutete Lesepublikumserwartungen zu werten ist oder aber als eigenständiger Ausdruck subjektiver Wahrnehmung gesellschaftlicher Bedingungen und Grenzen, kann nicht mehr als plausibel gemacht werden. Aber vielleicht bietet der Rekurs auf »Plausibilität«, der sich der Grenzen seiner Interpretation bewußt ist, eine größere Chance der Erkenntnis als ein sich sicher dünkendes Urteil.

Ich habe Celeste Mogador und Cora Pearl im folgenden breiten Raum gegeben, um sie »zu Wort kommen zu lassen«. Erst so werden »Einfühlung« wie auch Distanzierung möglich. »Einfühlung« als Voraussetzung für Verständnis gelingt nur, wo eine Nähe besteht. Soweit die Einschränkungen und Grenzen, die den Frauen in den bürgerlich-kapitalistischen Gesellschaft gesetzt wurden, noch fortdauern, ist das Nacherleben der Erfahrungen der beiden Frauen, die hermeneutische Annäherung, möglich. Die historische Distanz mag demgegenüber dazu beitragen, Verhaltensweisen und Empfindungen, die so sehr durch Gewohnheit verschüttet sind, daß sie nicht mehr hinterfragt werden, in ein neues Licht zu rücken.

Das Leben der Celeste Mogador

Celeste Mogador durchlebte in den Jahren 1840-1854, von ihrem sechzehnten bis zu ihrem dreißigsten Lebensjahr, die verschiedensten Stufen der Prostitution. Sie begann als »fille inscrite« in einem Bordell, wurde »femme à la mode« und erlangte Bekanntheit als »Tänzerin von Mabille«. In den Kreis der wenigen sehr berühmten Kurtisanen stieg sie nie auf, wurde jedoch aufgrund verschiedener Anlässe in der Presse erwähnt. Durch ihre Hände gingen große Summen Geldes, auch wenn diese nicht vergleichbar waren mit dem Reichtum, über den Cora Pearl später verfügte.

Beendet wurde die Phase der Prostitution durch die Heirat mit einem verarmten Grafen, die Celeste Mogador den Titel einer Gräfin einbrachte, wobei sich jedoch die sonst an diesen geknüpfte gesellschaftliche Hochwertung in besondere Verachtung verkehrte. Celeste Mogador wurde »Comtesse Lionel de Chabrillan« und »ménagère«. Als der Graf nach vierjähriger Ehezeit starb, wurde ihr Leben durch die Kämpfe um ihre Existenzsicherung bestimmt. Sie wurde Schriftstellerin, schrieb Romane, Dramen, Komödien und Gedichte, arbeitete als Schauspielerin, Theaterdirektorin und Regisseurin, sie versuchte sich als Fotografin und eröffnete eine Lesekabinett. Lebenslang mußte sie einen hartnäckigen Kampf führen, um den »Makel« ihrer Vergangenheit auszulöschen.

Die Zeit der Kindheit und der Prostitution beschreibt Celeste Mogador in dem ersten Teil ihrer Memoiren, deren erste Auflage in den Jahren 1854/55 in fünf Bänden unter dem Titel »Adieux au monde« erschienen. 1877 gab Celeste Mogador eine Fortsetzung der Memoiren mit dem Titel »Un deuil au bout du monde« heraus, worin die Zeit der Ehe und der Tod ihres Mannes beschrieben sind. Der Zeitraum von 1859 bis 1907, zwei Jahre vor ihrem Tode, ist in fünfzehn unveröffentlichten handgeschriebenen Heften dargestellt. Diese stehen nicht in den Pariser Bibliotheken und befinden sich vermutlich noch in Privatbesitz.[1]

Die Entstehungsgeschichte von »Adieux au monde« war ebenso ungewöhnlich wie die Tatsache, daß eine junge Frau, die nicht über Schulbildung verfügte und die sich Lesen und Schreiben autodidaktisch angeeignet hatte, eine Darstellung über ihr Leben als »fille publique« veröffentlichte. Celeste Mogador schrieb die Memoiren, als ihr Leben durch mehrere Gerichtsprozesse ohnehin zum Gegenstand des öffentlichen Interesses geworden war. Ihr späterer Mann und damaliger Liebhaber, der Comte Lionel de Chabrillan, war angeklagt worden, Teile seines Vermögens auf sie übertragen zu haben, um es vor dem Zugriff der Gläubiger zu retten. Um sich gegen die Anschuldigungen zu verteidigen, mußte Celeste in einer peinlichen und erniedrigenden Weise die Herkunft ihres Besitzes nachweisen. Ihr Rechtsanwalt, Desmarest, der sie bei den Prozessen beraten und dabei viel von ihr erfahren hatte, ermutigte sie dazu, ihr Leben aufzuschreiben. Sie nahm den Anstoß auf, um das verzerrte Bild, das von ihr in der Öffentlichkeit verbreitet wurde, durch eine zusammenhängende Darstellung zu korrigieren. Vermutlich hat Desmarest sie bei der Abfassung der Erinnerungen unterstützt, doch steht die Autorenschaft Celeste Mogadors außer Zweifel. Unterstützung erhielt Celeste auch von Emile Girardin, der ihr einen Verleger beschaffte und einen Vertrag für sie aufsetzte.

In den ersten Absätzen der Memoiren, die die Ungeübtheit und Spontaneität verraten, mit der sich die Autorin ans Werk machte, gibt sie die Begründung für ihr »Gekritzel«: »Ihr habt mich nach meiner Geschichte gefragt. Das, was ich nicht zu sagen gewagt habe, werde ich aufschreiben« (Mogador 1858, Bd. I, S. 15)[2]. Es geht ihr darum, Tatsachen (faits) darzustellen, aber auch ihre

Empfindungen und Gefühle dabei zum Ausdruck zu bringen. Nicht als Heldin will sie erscheinen, auch nicht sich 'rehabilitieren', sondern von dem Guten und dem Schlechten, das ihr widerfahren ist, erzählen.

Celeste hatte genügend Selbstachtung, ihre eigenen Gefühle für mitteilenswert zu erachten. Es waren »unangenehme oder erfreuliche Emotionen«, die sie dazu veranlaßten, tagebuchartige Notizen zu machen, die den Grundstein für ihr Buch bildeten (ebd., Bd. II, S. 49). Sie hat den subjektiven Empfindungen einen wichtigen Stellenwert beigemessen und doch keine bloß »vorteilhafte« Schilderung ihrer Person gegeben. Sie formuliert oft Ängste, Unbehagen, Eingeständnisse von Schwäche, Trauer und Verlassenheit, Wut, Zorn, Eifersucht, Unausgeglichenheit und auch Ränketum ihren Liebhabern gegenüber. Das Bild, das sie von sich wiedergibt, erweckt nicht den Eindruck einer stilisierten Persönlichkeit. Celeste zeichnet sich widersprüchlich, das erhöht ihre Glaubhaftigkeit.

Celeste wollte keines der obszönen Bücher schreiben, die sie verabscheute[3]. Sie maß dem Bericht ihres Leben, der, wie sie schreibt, für sich allein genommen nicht von allgemeinem Interesse wäre, die Bedeutung bei, stellvertretend die Lebenssituation vieler Mädchen und Frauen zu schildern. (vgl. ebd. Bd. II, S. 214)

Die Weise, in der Celeste ihren individuellen Lebensweg als Ausdruck allgemein gültiger Lebensbedingungen auffaßte, unterstellt ein gesellschaftliches Interesse am Einzelnen. Das Interesse an ihrer Person hatte sie, wenn auch in einer diskriminierenden Form, erfahren. So hatte sie zugleich ein persönliches wie auch ein darüber hinausreichendes Bedürfnis, dem Urteil der Gesellschaft und der öffentlichen Diskussion eine andere Sicht von der Lebenswirklichkeit der Kurtisanen und der »filles publiques« entgegenzuhalten. Weder die »herzzerreißenden Idyllen« noch deren »gezwungener Gegensatz, bei dem sich das Pariser Publikum vergnügt, je nach Belieben zu heulen oder zu lachen« beschrieben die Erfahrungen, die Celeste auf ihrem Weg als Prostituierte gemacht hatte (ebd., S. 4)[4]. Ebensowenig wie das Leiden, das sie verspürt hatte, waren Stolz und Genugtuung, die sie auch empfunden hatte, zutreffend darin ausgedrückt.

Die ersten Jahre

Elisabeth-Celeste Vénard, die später unter dem Namen Celeste Mogador bekannt wurde, wurde 1824 in der Rue du Pont-aux-Choux nahe dem Boulevard du Temple in Paris geboren. Dort wuchs sie die ersten fünf Jahre ihres Lebens in der Obhut ihrer Mutter auf. Von ihrem Vater sagt sie in den Memoiren, daß sie ihn mit sechs Jahren verloren habe. Er sei ein tapferer und ehrenwerter Mann gewesen, er würde sie erstickt haben, hätte er gewußt, daß sie später »die Mogador« genannt wurde. Von ihrer Mutter berichtet sie, diese habe ein Hutmachergeschäft geleitet (Mogador 1859, Bd. I, S. 6).

Beide Angaben über ihre Eltern scheinen so nicht ganz zutreffend zu sein. Celeste hat sich den tapferen und ehrenwerten Vater offenbar nur gewünscht, in Wirklichkeit ist sie eines der zahlreichen Kinder, die in der Zeit in Paris unehelich zu Welt kamen. In der Geburtsurkunde ist sie angezeigt als »Tochter der Anne-Victoire Vénard, Vater nicht genannt« (Moser 1935, S. 16).

Von der Mutter behauptet eine Freundin Celestes, die die Biographin F. Moser noch befragen konnte, diese sei Weißnäherin gewesen. Festzustehen scheint jedoch, daß die Mutter mit Erfolg über viele Jahre hinweg es immer wieder verstanden hat, kleine Geschäfte zu betreiben (Mogador 1859, S. 7; Moser 1935, S. 17).

Von sich erzählt Celeste, daß sie am liebsten mit den Jungen gespielt und eine Soldatenbüchse jeder Puppe vorgezogen habe. Sie wurde, wie die meisten Kinder ihrer sozialen Situation, auf der Straße groß und lernte weder Lesen noch Schreiben noch erhielt sie sonst eine Ausbildung.[5] Wie sehr sie auch später diesen Umstand beklagt und als einen entscheidenden Mangel hervorhebt, sieht sie doch zugleich auch in der Möglichkeit, als Kind so herumzustreunen, wie sie es tun konnte, die Voraussetzung für die Entwicklung ihres durchsetzungsfähigen und entschlossenen Charakters.

Die Verhältnisse in der Stadt, wie sie sich aus der Perspektive eines auf der Straße herumstreifenden Mädchens darstellten, waren prägend für Celeste Mogadors Lebenswünsche. Die Straße war für sie der wichtigste Ort ihrer frühesten sozialen Erfahrungen, dort lernte sie und entwickelte ihre Wertmaßstäbe. Viel berichtet sie nicht über die unmittelbare Umgebung ihrer ersten Jahre und die Weise, in der sie diese wahrgenommen hat. Dies war ein vertrauter und selbstverständlicher Teil ihres Lebens, dem sie keine besondere Beachtung schenkt. Dennoch wird aus dem Wenigen, das sie erwähnt, deutlich, wie sehr ihre Biographie den Stempel der Gegensätzlichkeiten und Widersprüche der Pariser Gesellschaft, wie sie im Bild der Stadt offensichtlich wurden, trägt (s.o., S. 70ff.).

Im Vergleich zu den wohlbehüteten Töchtern aus bürgerlichem Hause, die nur in Begleitung ihrer Gouvernante oder des Dienstmädchens die Straßen betreten, und da auch nicht mit Jungen, sondern nur mit Puppen spielen durften, hat sie sich ein größeres Stück Selbständigkeit und Unabhängigkeit erwerben können. Doch war dies eine sehr spezifische Form der Selbständigkeit, die nichts gemein hatte mit der »Autonomie des bürgerlichen Individuums«, denn sie resultierte gerade aus dem Mangel an bürgerlichen Privilegien. Der Mangel war ambivalent, er war das Fehlen der (wenn auch höchst geringen) Bildungs- und Lebenschancen bürgerlicher Mädchen, aber zugleich auch das Fehlen der damit verbundenen Einschränkungen.

Die Tatsache, daß Celeste Mogador keine Schulausbildung erhalten hat, entsprach ihrem ökonomischen und sozialen Status als Tochter einer alleinstehenden und nicht wohlhabenden Frau, war doch die Bildung der Mädchen ausschließlich der Initiative und dem Aufwand der Eltern überlassen.[6] Celeste Mogador war darin exemplarisch für die vielen Frauen, deren Eltern ihre Töchter nicht in eine der wenigen und zumeist teuren Pensionsschulen schicken konnten oder wollten.

Ihre Biographie zeigt, welche Bedeutung der Ausschluß von Schul- und Berufsausbildung für ihr Leben und ihr Selbstbewußtsein hatte. Ihr Selbstbildnis war durch das Gefühl eines lebenslangen Desiderats geprägt, das sie zu immer erneuten Anstrengungen veranlaßte, um sich Bildung und bürgerliche Verhaltensweisen anzueignen. Dem standen die Qualitäten, die ihr auf der Straße zugewachsen waren, entgegen. Die Fähigkeit, sich eigenständig zu orientieren, sich auf die eigenen Kräfte zu verlassen und diese zu mobilisieren, wenn immer nötig, war eine Eigenschaft, die es ihr nicht erleichterte, als Frau eine angesehene Position in der bürgerlichen Gesellschaft zu erwerben. Sie selber bezeichnet diese Eigenschaften als ihren widerspenstigen Charakter, der ihr die Anpassung, um die sie sich immer auch bemüht hat, erschwerte und oft unmöglich machte.

Die Unbekümmertheit und Sicherheit der ersten Lebensjahre Celestes fanden ein Ende durch das Erscheinen von Monsieur G···. Celeste empfand von Anfang an eine tiefe Abneigung gegen ihn, während er die Mutter umwarb. Es gelang ihm, die Mutter durch allerei Schmeicheleien so zu betören, daß diese einwilligte, ihn zu heiraten. Er war von Beruf Ingenieur und konnte sich als wohlhabend und ehrbar beleumunden lassen. Durch die Eheschließung wurde er zum Besitzer des Geschäftes der Mutter, und nach wenigen Tagen trat ein, was häufig von Frauen der Zeit als reale Gefahr beschrieben wird.

»Es dauerte nicht einmal eine Woche, die meine Mutter verheiratet war, als zwanzig Personen ankamen und Geld forderten. G··· war überhäuft mit Schulden. Die Leute sagten zu meiner Mutter, daß sie einen Schurken geheiratet habe. Hätte dieser ihnen nicht Geld geschuldet, hätten sie sie benachrichtigt. So jedoch konnte G··· ihnen androhen, daß er ihnen, wenn sie seine Heirat verhindern würden, niemals das Geld zurückgeben könnte« (Mogador 1858, Bd. I, S. 5)

Fortan fiel das Leben der Mutter und das Celestes unter die Gewalt dieses Mannes. Er maltraitierte beide und lebte vom Geld und der Arbeit der Mutter. Diese reichte einen Antrag auf Trennung ein, dem das Gericht nicht stattgab, obwohl sie Beweise von Mißhandlungen vorbringen konnte (s.o., S. 105f.). Aus dem Kommentar Celestes wird die Hoffnungslosigkeit, in der Frauen allgemein in einer solchen Situation steckten, deutlich.

>»Das Gericht sagt immer zu den unglücklichen Frauen: wartet ab und
habt Geduld, euer Ehemann hat doch versprochen, euch nicht mehr zu
schlagen« (ebd.).

Die Mißhandlungen wurden schließlich so schwer, daß sich die Mutter deswegen mehrere Wochen in einem Krankenhaus behandeln lassen mußte. Da der Mann unterdessen mit einer anderen Frau im Bett der Mutter ertappt worden war, kam er für eine kurze Zeit ins Gefängnis, doch war auch dies nicht Grund genug, eine offzielle Trennung durchzusetzen. Um den Nachstellungen ihres Mannes zu entfliehen, mußte die Mutter Paris verlassen. Dieser Rat wurde ihr auf der Polizeidienststelle gegeben.

Für die Mutter bedeutete dies, daß sie das von ihr aufgebaute Geschäft verlassen mußte, um an anderer Stelle ganz neu zu beginnen. Eine ihrer ehemaligen Arbeiterinnen überließ ihr einen Arbeitsplatz bei einem Hutmacher in Lyon. Mit einem Paß, der auf den Namen der Arbeiterin ausgestellt war und nahezu ohne Geld, traten Mutter und die siebenjährige Celeste zu Fuß die Flucht vor dem Ehemann von Paris nach Lyon an. Celeste blickte, so erzählt sie, erwartungsvoll auf das Neue, dem sie begegnen würden, die Mutter hingegen war still und weinte in ihrer Verzweiflung darüber, alles verloren zu haben. Celeste beschreibt die Wärme und Solidarität der Freunde, die selber ganz arm waren, aber dennoch den beiden Fliehenden zum Abschied Geschenke mit auf den Weg gaben. Mutter und Tochter hatten eine Strecke von mehr als 200 km zu laufen, um nach Châlons-sur-Saône zu gelangen, von wo aus sie mit dem Schiff weiterfuhren. Am Tage aßen sie nichts. Wenn sie am Abend in einen Bauernhof einkehrten, konnten sie nicht viel bestellen, weil sie wenig Geld hatten. Celeste bemerkte, daß sie wegen ihrer Armut oft unfreundlich empfangen wurden, und sie fand heraus, daß die Leute großherziger zu ihnen waren, wenn sie, ihre Müdigkeit unterdrückend, sich als fröhliches Kind darstellte.

>»Ich tat so, als sei ich frohgemut, ich sprang herum und neckte die Leute
im Haus. Meine Freundlichkeit gefiel, und wir wurden mit der gleichen
Sorgfalt bedient, als wenn wir reich gewesen wären« (ebd., S. 13)[7]

Sie lernte die Bedeutung des Scheins, der in ihrem späteren Leben immer wichtiger wurde, kennen.

Der neue Arbeitgeber in Lyon, wo die Mutter als Hutnäherin eingestellt wurde, war so freundlich, daß ihm nach kurzer Zeit die wahren Verhältnisse geschildert werden konnten. Da die Mutter sehr geschickt und tüchtig war, konnte sie eine längere Zeit ohne Sorge leben. Celeste fühlte sich zwar einsam, weil sie tags alleinbleiben mußte und ihre Mutter nur selten sah, empfand aber dennoch diese Monate als Zeit relativen Glücks. Doch währte dies nur solange, bis der Stiefvater, der ihre Adresse herausbekommen hatte, nach Lyon kam. Es gelang ihm, Celeste zu entführen, um die Mutter, derer er nicht habhaft werden konnte, unter Druck zu setzen.[8]

Celeste geriet in große Angst und Verzweiflung, G··· brachte sie zu einem der wenigen Orte, die jedem Mann in einer fremden Stadt zugänglich waren und darum angesichts der Fremdheit in den Städten eine wichtige Funktion hatten: in ein Bordell. Celeste sollte dort versteckt gehalten werden. Hier kam sie zum ersten Mal mit dem Milieu der Prostituierten in Berührung. Die Beschreibung, die Celeste von dem Empfangsraum gibt, erinnert an die Bilder des Malers Toulouse-Lautrec: ein Raum mit mehreren Stühlen und kleinen Tischen, eine Theke, Liköre, mehrere Frauen, sehr stark dekolletiert, fast nackt. Eine Frau hatte eine rauhe Stimme und ein unfreundliches Gesicht, zwei andere saßen an einem Tisch mit zwei Männern. In der Mitte zwischen ihnen brannte ein bläulich-rotes Licht, das allem einen geheimnisvollen Ausdruck verlieh. Eine jüngere Frau besserte ein Kinderkleid aus. Sie war häßlich, aber hatte warmherzige Augen. Zu ihr faßte Celeste Vertrauen.

G··· versuchte, den Frauen eine Geschichte aufzutischen, damit sie das Kind bei sich behielten. Die Prostituierten erkannten am Verhalten Celestes, daß der Vater log und fanden einen Weg, die Mutter zu benachrichtigen. Es gelang ihnen, sowohl mit Geistesgegenwart wie auch durch gemeinsame körperliche Kraftanstrengung, Celeste ihrer Mutter zu übergeben und G··· solange festzuhalten, bis er im Moment die Verfolgung nicht mehr aufnehmen konnte. Celeste merkt an, daß dies nicht das einzige Mal blieb, wo sie durch die Großherzigkeit von Prostituierten Gutes empfing.

Die Mutter war erneut gezwungen, Arbeitsplatz und Wohnung zu wechseln, um sich zu verstecken. Dies wiederholte sich noch zwei Mal. Diese Verfolgungssituation führte nicht nur jedesmal zum Verlust der ökonomischen Position der Mutter, sie setzte auch Mutter und Tochter unter einen erheblichen psychischen Druck. »Aus allen Möbeln schien mir G··· hervorzukommen, aus den Steinen aller Mauern sah ich ihn auftauchen« (ebd., S. 50). Die Mutter konnte sich nur mit Angst auf die Straße begeben, wie eine Verbrecherin, die fürchtet, von der Polizei gefaßt zu werden.

> »... die Hand meiner Mutter war eiskalt. Ich spürte an den Bewegungen ihres Armes, daß sie zitterte. Ich sagte ihr alles, was mir einfiel, um sie zu beruhigen und beruhigte mich dabei selbst. Das hatte begonnen, als wir einen Mann die Straße entlangkommen sahen, die wir gerade verlassen hatten. Wenn man Angst hat, verfolgt zu werden, nimmt alles die Gestalt von dem an, was man fürchtet. Die Diebe müssen wohl die Kilometersteine für Polizisten halten.
> Wir drängten uns aneinander und stießen einen Schrei aus. Unsere

Freunde kamen zu uns heran. Eine Sekunde verging, die so lang erschien wie ein Jahrhundert. Ein Mann ging vorbei, ohne auf uns zu achten. Als wir uns von unserem Schreck erholt hatten, sahen wir ihn uns an. Er war sehr klein, er maß, ohne zu übertreiben, sicher zwei Fuß weniger als mein Stiefvater« (ebd., S. 39)[9]

Die Hatz fand ein Ende, als der Stiefvater bei den Aufständen der Seidenweber ums Leben kam. Für Celeste waren diese Aufstände schreckenerregende Ereignisse, die sie in ihren politischen Zusammenhängen nicht wahrnehmen konnte und die sie aus der Perspektive ihres Arbeitgebers betrachtete. Um Politik kümmerte sie sich nicht, und von den Revolutionen habe sie nur die scheußlichsten Erinnerungen zurückbehalten.

Der Tod G···s beendete den erzwungenen Aufenthalt in Lyon, und Celeste konnte mit ihrer Mutter nach Paris zurückkehren.

Von dem Großvater finanziell unterstützt, ließ sich die Mutter in dem vertrauten Quartier zwischen dem Faubourg du Temple und dem Kanal Saint-Martin nieder. Sie begann wieder als Hutmacherin zu arbeiten und konnte, dank guter Geschäfte, bald einige Arbeiterinnen beschäftigen. Den Wohnverhältnissen nach, die Celeste schildert, hatte die Mutter ein Einkommen, das gut ihre Existenz sicherte, ohne daß jedoch die Möglichkeit bestanden hätte, etwas davon zurückzulegen. Beide bewohnten zwei Zimmer, eines davon mit einem Erker, und eine Küche; Celeste besaß zwei Kleider, verschiedene Tücher und Schals, hin und wieder ging sie mit ihrer Mutter ins Theater, doch hatten sie keine Hausangestellte.

In der Zeit lebten Mutter und Tochter sehr eng miteinander. Celeste half der Mutter beim Arbeiten, und in der freien Zeit gingen sie gemeinsam aus. Damals liebte Celeste ihre Mutter leidenschaftlich. In der Isolation, in die sie die besondere Umstände gebracht hatten, war die Beziehung zur Mutter Celestes Lebensfeld. Dementsprechend schwer wurde es ihr, einem neuen Liebesverhältnis, das die Mutter mit einem Bildhauer, Auguste, einging, zuzustimmen. Die Beziehung zu ihrer Mutter verschlechterte sich in dem Maße, wie Celeste das Gefühl gewann, daß der Mann der Mutter wichtiger wurde als sie. Sie hatte schon früh einen Charakter, der, wie sie sagt, kein Mittelmaß kannte. Die Radikalität ihrer Gefühle blieb bis in ihr hohes Alter ein wesentliches Merkmal ihrer Persönlichkeit. Sie wurde dadurch in manchen Situationen zu sehr extremen Reaktionen verleitet, und es ist für uns schwer festzustellen, ob ihr dieses Temperament geholfen hat, Schwierigkeiten zu meistern oder ob es solche erst hervorgerufen hat. Mir scheint, daß sie ihr Leben nicht hätte bewältigen können, wenn sie nicht auch über die Kraft verfügt hätte, die aus solch bedingungs- und kompromißloser emotionaler Parteinahme resultiert.

Die neue Liebe ihrer Mutter erfüllte sie mit so viel Haß, daß sie darum bat, in eine Lehre geschickt zu werden. Die Tatsache, daß die Mutter diesen Vorschlag sofort aufgriff, weil er offensichtlich ihren eigenen Bedürfnissen entgegenkam, entfachte erneut Celestes Traurigkeit und verletzte ihren Stolz. In diesem Moment emotionaler Verlassenheit floh sie, um der bedrückenden Gegenwart zu entkommen, in ihre Träume. Darin nahm das Leben der Boulevards, das einem Mädchen so leicht und bewundernswert erscheinen mußte, einen wichtigen Platz ein.

»Mein Herz, das ein so großes Bedürfnis nach Zuneigung hatte, wurde in dem Maße, wie die Quelle von Zärtlichkeit, die ich für meine Mutter empfand, versiegte, immer gehässiger; ich spürte in mir Regungen, die ich noch nicht gekannt hatte. Statt zu schlafen verbrachte ich viele Stunden damit, die Sterne zu betrachten. Meine Gedanken folgten den Wolken, die vorbeizogen, und ich verlor mich in Schwärmereien. Ich sah mich reich, glücklich, geliebt. Die Theater, in die ich früh geführt worden war, brannten mir im Kopf« (ebd., S. 105)[10]

Celeste konnte sich der belastenden Situation dadurch entziehen, daß sie eine Arbeitsstelle in einer Stickerei antrat, wo sie auch einen Schlafplatz hatte. Nach zweimonatiger Einarbeitungszeit verdiente sie 20 Sous täglich. Sie blieb dort ein gutes Jahr, bis sie wegen eines Streites mit der Tochter des Besitzers kündigte. Daraufhin wohnte sie wieder in der Wohnung der Mutter.

Als die Mutter wegen ihres kranken Vaters längere Zeit abwesend sein mußte und Celeste mit Auguste allein blieb, versuchte dieser in angetrunkenem Zustand, sie zu vergewaltigen. Es gelang ihr, sich loszumachen, jedoch traute sie sich nicht mehr in die Wohnung zurück. Wiederum packte sie Angst vor den Nachstellungen eines Mannes, vor dem sie sich verbergen mußte. Sie ergriff nach diesem Vorfall die Flucht von zuhause, mit 15 Sous in der Tasche. Sie hatte sich ausgerechnet, daß sie, wenn sie täglich für 2 Sous Brot kaufen würde, ein paar Tage damit reichen könnte, und hoffte, daß die Mutter dann zurück sein würde. Sie irrte auf den Straßen von Paris umher, weil sie niemanden kannte, bei dem sie hätte Unterschlupf finden können. Nachts versteckte sie sich in einem alten Schuppen, der an das Haus grenzte, in dem die Wohnung der Mutter lag. Sie selbst wundert sich beim Rückblick des Schreibens darüber, daß sie sich so dicht bei der Wohnung aufhielt, die für sie mit so viel Angst verbunden war. Ich vermute, daß die Verlassenheit und Fremdheit in der Stadt so beängstigend waren, daß das letzte Stück Geborgenheit, das ihr blieb, das der vertrauten Umgebung war.

Die Mutter kam nicht zurück, und nach sechs Tagen war Celeste so erschöpft und nun auch hungrig, daß sie sich auf die Stufen der Kirche setzte und zusammenbrach. Dabei machte sie die Erfahrung, daß die Leute an ihr vorübergingen, ohne sich im geringsten um sie zu kümmern. Diejenige, die die allgemeine Gleichgültigkeit dem verlassenen Mädchen gegenüber nicht teilte und sich schließlich zu Celeste herabbeugte, war eine Prostituierte. Im Strom der beschäftigten Menschen war sie die Einzige, die das Elend Celestes bemerkt hatte und darauf reagierte. Sie wollte Celeste helfen. Dies wurde jedoch dadurch erschwert, daß sie sich nicht mit dem minderjährigen Mädchen sehen lassen durfte, geschweige denn, es bei sich unterbringen (s.o., S. 100). Celeste, die den Verlust der Menschenwürde durch die Reglementierung wohl kannte, als sie die Memoiren schrieb, läßt die Prostituierte mit folgenden Worten ihre Situation beschreiben:

> »Das ist schwierig zu erklären. Ich bin keine Frau mehr, ich bin eine Nummer. Ich folge nicht mehr meinem Willen, sondern den Regeln einer Karte.
> Wenn ich mit bloßem Kopf gehen möchte, schreiben mir die Regeln eine Kopfbedeckung vor. Wenn ich am Tage ausgehen möchte, verbietet mir das Reglement dies. Ich kann in manchen Straßen nicht sein. Ich darf nicht zum Fenster heraussehen, und vor allem darf ich nicht mit einer ehrenwerten Frau zuammen spazierengehen. Stell Dir vor, wie das mit einem 15jährigen Mädchen wäre! man würde denken, ich wollte Dich verkaufen« (ebd., S. 131).[11]

Die Prostituierte wußte, daß sie sechs Monate Gefängnis riskierte, trotzdem zögerte sie nicht lange, das Kind bei sich aufzunehmen. Celeste konnte ein paar Tage im Zimmer der Frau bleiben, die unterdessen versuchte, die Mutter zu benachrichtigen. Deren Rückkehr verzögerte sich länger als erwartet, und es geschah, was in der Zeit nicht ungewöhnlich war. Eine Polizeirazzia verschaffte sich nachts zwischen zwei und drei Uhr Zutritt und führte beide zur Polizeipräfektur.

Die geschilderte Episode hat sich vielleicht nicht so zugetragen. Da die Tatsache, daß Celeste mit einer Prostituierten zusammen von Polizisten aufgegriffen wurde, eine wichtige Rolle für ihren weiteren Lebensweg spielte, mag sie gerade an diesem Punkt die tatsächlichen Zusammenhänge derart verändert haben, daß ihre eigene Person der Öffentlichkeit gegenüber in ein günstigeres Licht geriet. Aber »wahr« ist sicher die Darstellung der Unbeteiligtheit der Passanten am Schicksal eines fremden Kindes und »authentisch« die Beschreibung dessen, was es für die Frauen bedeutete, als Prostituierte eingetragen, numeriert und überwacht zu werden.

In der »Correction« von Saint-Lazare

In dem Aufbewahrungsraum des Gefängnisses, wo Celeste vorläufig untergebracht wurde, lernte sie die Misere und die Elendskriminalität der anderen dort eingesperrten Kinder kennen. Die Aussicht, in die »Correction« zu gelangen, erschreckte Celeste zutiefst. Sie versuchte, sich mit allen ihr zur Verfügung stehenden Mitteln dagegen zu wehren, doch half ihr das nichts. Kinder, die wie sie aufgegriffen worden waren, wurden grundsätzlich dorthin gebracht und solange behalten, bis die Eltern einen Antrag auf Rückgabe stellten. In der »Correction«, einer Abteilung des Gefängnisses Saint-Lazare, unterlag der Tagesablauf strengen Regelungen. Neben Unterricht im Schreiben, Rechnen und Musik wurde gearbeitet: Sticken oder Streichholzschachteln herstellen. Der mittägliche Rundgang wurde wie der der Gefangenen auf dem Gefängnishof absolviert.

Unter den Mädchen und Frauen herrschten Rivalitäten, die sich in dauernden Prügeleien manifestierten, aber auch Solidarität und Hilfsbereitschaft. Celeste berichtet ohne distanzierende Empörung von zärtlichen Beziehungen zwischen vielen Frauen im Gefängnis, die von den Aufseherinnen, so gut es ging, übersehen wurden. Wo dies nicht mehr möglich war, wurden die Frauen bestraft, doch nicht allzu streng.[12]

Celeste befreundete sich mit einem etwa gleichaltrigen, sehr selbstbewußten Mädchen, Denise. »Denise war ein rechter Junge. Sie trug die Haare kurz geschnitten und einen Seitenscheitel. Ihr Gesicht war frei und kühn; sie hatte vor nichts Angst. Wenn sie bestraft wurde, lachte sie. Sie war nicht unrecht, aber unverbesserlich« (ebd., S. 172) Denise hatte schon feste Pläne für die Zeit, wo sie sechzehn Jahre alt sein und entlassen werden würde. Sie wollte sich registrieren lassen und in einem der Häuser arbeiten, »wo man wie in einem Palast lebt und viel Geld hat«. Daß der Weg in die Prostitution ein Risiko war, wußten beide. Eine Frau, die ihn beschritt, konnte verlieren und in höchstem Maße unglücklich werden oder aber reich, beneidet und in gesellschaftliche Beziehungen gelangen, durch die sie aus ihrer Herkunftsklasse herausgehoben würde.

Der Dialog, der sich darüber zwischen den beiden Freundinnen entwickelte, spiegelt die Überlegungen wider, die viele Mädchen in solchen Situationen angestellt haben mögen.

> »Ich riet ihr, von dem Plan Abstand zu nehmen und sagte, daß ein solches Leben das unglücklichste der Welt sei. Ich dachte an Thérèse.
> — Du irrst dich, erwiderte sie. Du hast nur die niederste Klasse dieser Frauen gesehen, die häßlichen oder die dummen. Ich hingegen kenne welche, die schöne Wohnungen haben, Schmuck, Wagen und Beziehungen nur zu Leuten der besten Gesellschaft. Wenn ich so schön wäre wie

du, hätte ich schnell mein Glück gemacht. Das wäre ein schöner Erfolg
für Dich, einen Arbeiter zu heiraten, der dich vielleicht schlägt oder für
zwei arbeiten läßt. Und außerdem warst du hier. Da kannst du Dir viel
Mühe geben, man wird es herausbekommen und dir vorwerfen« (ebd.).[13]

»Le pas infernal«

Die Mutter Celestes kam erst nach mehreren Wochen, um die Tochter abzuholen. Das Verhältnis in der Wohnung blieb angespannt, so daß Celeste den Entschluß faßte, endgültig von zu Hause fortzugehen. Auch die Mutter und ihr Liebhaber hatten beide ein Interesse daran, daß Celeste die Wohnung verließe. Sie wollten sie zu diesem Zwecke mit einem Arbeiter aus der Nachbarschaft verheiraten. Doch kannte Celeste inzwischen das Leben gut genug, um zu wissen, was es bedeutete, die Frau eines Arbeiters zu sein. Sie weigerte sich. Eine solche Ehe hätte den Tod der Träume bedeutet, die Celeste sich vom Leben machte. Sie sehnte sich nach Reichtum, Anerkennung und Liebe. Das Leben, das sie als Arbeiterin und Frau eines Arbeiters hätte führen können, wäre von fortdauernden Kämpfen um die Sicherung der materiellen Existenz geprägt gewesen. Gemessen an ihren Träumen gab es für ein Mädchen wie sie keine Alternative zur Prostitution.

> »Ich träumte von Denise und von den Ratschlägen und Hinweisen, die sie
> mir gegeben hatte. (...)
> Ich wachte unter dem Eindruck unheilvoller Träume auf und fühlte mich
> mit einer düsteren Entschlossenheit bewaffnet. (...) Ich zählte die Tage,
> die Stunden. Bei jedem Streit, bei jeder Auseinandersetzung sagte ich
> mir: Na gut, noch zwei Monate, noch ein Monat, noch zwei Wochen, und
> ich werde euch verlassen und nie wiedersehen. Ich werde reich werden
> und euch nicht mehr brauchen. ... Ich gab mich bizarren, unmöglichen
> Phantasien hin. Bis dahin hatte ich vom Leben nur die eingeschränktesten
> und elendsten Seiten gesehen, ich hoffte, zu einem weiteren Horizont zu
> gelangen, den ich mit Phantasiegebilden der Theaterbühnen und des
> Boulevards bevölkerte. Ich war verrückt« (ebd., S. 206).

Celeste stellt die Entscheidung, sich zu prostituieren, als einen Entschluß der Stärke dar, mit dem sie sich auch gegen die Schwäche der Mutter abgrenzen wollte. Das Leben der Frauen bot damals wie heute den heranwachsenden Töchtern Grund, nicht so werden zu wollen wie ihre Mütter. Celeste nahm es der Mutter, die zu dem Zeipunkt 47 Jahre alt war, übel, daß sie um eines unwürdigen Liebhabers willen litt. Für die Selbständigkeit und Unabhängigkeit, die Celeste sich wünschte, gab es keine andere Möglichkeit als die Prostitution (die sie in andere Abhängigkeiten geraten ließ).

Celeste setzte ihren Vorsatz, sobald es möglich war, in die Tat um. Fünf Francs besaß sie, als sie loszog, um ihre alte Freundin Denise in dem Haus aufzusuchen, das diese ihr genannt hatte. Dort traf sie Denise in schönen Kleidern und in einer Atmosphäre, die den Eindruck eines guten Lebens erweckte. Die Freundin selber pries die Annehmlichkeiten ihrer neuen Existenz. Voraussetzung, um in dem Bordell arbeiten zu können, war, in das Register der Prostituierten eingeschrieben zu sein, »in dieses Buch der Hölle, aus dem nichts euch streicht, selbst der Tod nicht« (ebd. S. 226). An ihre erste Begegnung mit einem Mann hat sie nur eine anonyme Erinnerung, sie war weder mit Gefühl noch mit Lust verbunden (ebd., S. 223).

Im Rückblick versucht Celeste sich noch einmal der Motive zu erinnern, die sie zu diesem bedeutsamen Schritt bewogen hatten. Sie hat die Entscheidung ganz und gar in ihre Verantwortung genommen. Wenn sie die gesellschaftlichen Bedingungen anklagt, die es Mädchen in ihrer Situation unmöglich machten, auf andere Weise zu Wohlhabenheit zu gelangen, dann tut sie dies mehr in Nebensätzen. Sie sieht sich nicht als Opfer der Verhältnisse, obgleich sie unter diesen gelitten hat. Zu dem Zeitpunkt, da sie damit begann, war die Prostitution für sie selber kaum ein moralisches Problem.

> »Wenn ich zwölf Jahre danach die Erinnerungen befrage, die mit diesem Schritt, der mich ins Verderben gestürzt hat, verbunden waren, so bezeugen sie, daß mir selbst der Gedanke an moralische Verderbtheit bei dem Entschluß, den ich getroffen hatte, völlig fremd war; das, was sich am deutlichsten aus dem Gemisch verwirrender Gefühle, die ich damals empfand, heraushebt, ist neben der Eifersucht für meine Mutter und meinem Haß für Auguste, ein fehlgeleiteter Ehrgeiz, eine unstillbare Sehnsucht nach einem Leben in Eleganz, nach den Vergnügungen des Luxus und der Eitelkeit. Ich habe mich aus Überheblichkeit verdammt« (ebd., S. 223)[15]

Die Entscheidung für die Prosititution verlief nicht so ungebrochen, wie es hier den Anschein haben mag. Celeste wurde sehr schnell auch von Zweifeln gepackt. In solchen Momenten fühlte sie sich ausgezehrt und ohne jede Kraft.

> »Ich fühlte mich so verloren, so tief gesunken, daß ich kein Interesse mehr für mich hatte, was sicher der Gipfel menschlichen Schmerzens ist. In bezug auf meinen Mut war ich bloß noch ein Leichnam. Fremder Willen verfügte über mich wie über einen Automaten« (ebd., S. 223)[16]

Trotzdem verteidigte sie der Mutter und auch dem Polizeipräfekten gegenüber mit Nachdrücklichkeit ihren Entschluß.

Nach kurzer Zeit merkte sie, daß sie sich getäuscht hatte, daß der Glanz des Bordells nur äußerlich und nicht für die Frauen, sondern für die Kunden bestimmt war. Am meisten machten ihr, die so freiheitsdurstig und selbständig war, die Bevormundung und Abhängigkeit, in die sie sich begeben hatte, zu schaffen. Bei ihrem Antritt war sie von der Besitzerin des Hauses kostbar eingekleidet worden. Es war üblich, die in einem Bordell arbeitenden Frauen auf diese Weise so zu verschulden, daß sie keine Möglichkeit mehr hatten, Bedingungen zu stellen.

Celeste hatte bald Schulden in Höhe von 1.100 Francs. Sie hatte keinerlei Möglichkeit, sich einem Klienten zu verweigern, und sie durfte niemals das Haus verlassen. Die Beziehungen der Frauen untereinander empfand sie als feindselig. Eigentlich sollte man denken, meint sie, daß die Prostituierten sich gegenseitig trösten, weil sie alle gleichermaßen unglücklich sind, daß sie sich gegenseitig die Zärtlichkeit geben, die keine von ihnen mehr von der Familie oder der Gesellschaft erwarten kann. Doch war dies nicht so. Dieselben Leidenschaften und Schwierigkeiten wie draußen traten auf und vielleicht noch heftiger, weil sie sich in der Abgeschlossenheit und im Müßiggang entwickelten (vgl. ebd., S. 227). Celeste konnte nicht verstehen, wie Frauen sich an diese Gefängnisse anpassen konnten und hatte schnell nur noch den Gedanken, da wieder herauszukommen. Dies war jedoch sehr schwierig, da sie wegen der hohen Schulden darauf angewiesen war, daß ein Freier sie loskaufte.

Celeste bekam die Verachtung zu spüren, die den Prostituierten entgegengebracht wurde, und dies gerade von den Männern, die am meisten den Kontakt mit ihnen suchten. Celeste sah sich in einem Zustand der doppelten Knechtschaft, in dem ihr Körper und auch ihre Seele zum Verkauf angeboten wurden.

> »Ich verstehe sehr wohl die Verachtung, die die Männer für die Prostituierten hegen. Doch verstehe ich sie nur von seiten derer, die, umfangen von den heiligen Freuden der Familie, selber niemals den Fuß an einen schlechten Ort setzen. Die Lüstlinge hingegen, die ihr Leben im Spiel verbringen und damit, in die Bordelle zu laufen, sollten für die Gefährtinnen ihrer traurigen Vergnügungen mehr Nachsicht haben. Aber gerade das Gegenteil ist der Fall. Die ausschweifendsten sind zugleich die unverschämtesten. Kein rechtschaffenes Herz vermag sich das Maß an Erniedrigung vorzustellen, dem eine Kurtisane ausgesetzt ist, wenn sie, ohne zu sterben und ohne sich zu rächen die Beleidigungen erträgt, die ihr zugefügt werden« (ebd., S. 231f.)[17]

Einer derjenigen Männer, die ihren Stolz am nachhaltigsten verwundet hatte, war Alfred de Musset. Sie erwähnt seinen Namen in den Memoiren nicht, doch war er den Freunden bekannt (Moser 1935, S. 53). Musset war Stammgast des Hauses, in dem Celeste arbeitete. Er hatte sie sich ausgesucht, um sie mit seinen Schikanen zu maltraitieren. Das Reglement erlaubte es Celeste nicht, sich einem Kunden zu verweigern. Musset traf sie an einer besonders verletzlichen

Stelle, als er sie bei einem Restaurantbesuch in der Öffentlichkeit von oben bis unten mit Sprudel naßgoß und sie dadurch dem Gelächter der anderen Gäste aussetzte.

Diese Szene verdeutlicht nicht nur, wie sehr das, was ein Mann schreibt und das, was er tut, auseinanderklaffen kann, sondern auch, wie sehr eine Prostituierte der Menschenrechte beraubt und Freiwild des öffentlichen Spottes war.

Der Glanz und der Ruhm des Poeten blieben von solch profanen Dingen unangetastet.

Die Tänzerin von Mabille

Celeste konnte dem Bordell erst entkommen, als sie an Pocken erkrankte, wovon sie leichte Narben im Gesicht zurückbehielt. Aus dem Krankenhaus entlassen, stellte sich für sie erneut die Frage des Lebensunterhalts. Der Nachweis einer Arbeit, die ihr Existenz sicherte, war Voraussetzung dafür, von der Liste der Prostituierten gestrichen zu werden. Celeste stellte sich bei verschiedenen Theatern vor, wurde jedoch jedesmal abgewiesen. Dabei zeigte sie einen ganz erstaunlichen Mut, da sie keinerlei Vorbildung für die Schauspielerei hatte. Entsprechend niedergeschlagen und verzweifelt war sie, als nichts klappte. Sie konnte die Miete nicht mehr bezahlen und wohnte wieder bei einer Prostituierten. Die sozialen Verhältnisse der bürgerlichen Gesellschaft zogen feste Grenzen für die Erwerbsmöglichkeiten von Frauen. Die Wünsche wurden entgrenzt, nicht die Möglichkeiten, sie zu realisieren.

In der Zeit ging Celeste eine Liebesbeziehung zu einem Medizinstudenten ein, der ihr jedoch schnell eine bekannte Schauspielerin vorzog. Sie beschloß, sich zu rächen, indem sie die Nebenbuhlerin auf derem ureigensten Gebiet zu übertrumpfen suchte. Ihre früheren Träume, in den ersten Rang der Kurtisanen aufzusteigen, vermischten sich mit dem Gefühl, auf diese Weise Macht zur Rache zu gewinnen. Bei der Ausübung dieses Gewerbes würden — darüber war sie sich klar — echte Empfindungen und Gefühlsregungen keinen Platz mehr haben. Die Kollegin, Marie la Blonde, mit der Celeste die Wohnung teilte, erschrak vor der energischen Entschlossenheit, die Celeste an den Tag legte. Umgekehrt war Celeste zuvor von den Selbstmordgedanken Maries entsetzt worden. Beide Frauen waren unglücklich in ihrem Lebenszusammenhang, doch während Celeste alles daransetzte, um darin erfolgreich zu sein, ließ Marie sich von Resignation packen. Die eine wie auch die andere Haltung können als charakteristisch für viele angesehen werden.

Um erfolgreich zu sein, mußte eine Prostituierte sich Männer suchen. Diejenigen, die nicht den Zugang zu einem der vielen Salons hatten, suchten die Möglichkeiten zum Tanzen und zum Amüsement in den allgemein zugänglichen

Ballgärten. Neben der »Grande-Chaumière« war der Ball »Mabille« der bekannteste. Früher war es ein ländlicher Ball, wo die Diener und Kammermädchen hingingen, weil dort kein Eintritt gefordert wurde. Als Celeste mit ihrer Freundin nach Mabille zog, ersetzten schon Gaslaternen die Ölleuchter, doch hatte der Ballgarten noch nicht den Prunk späterer Zeiten. Er war der Treffpunkt der Grisetten, der Modistinnen und der Studenten, und es mußten ein Franc Eintritt entrichtet werden. Er galt als Marktplatz für das Anknüpfen von bezahlten Liebesbeziehungen.

Celeste ging zu diesem Ball, obwohl sie das Tanzen erst noch lernen mußte. Angespornt von dem Ziel, das sie sich gesetzt hatte, brachte sie es schnell zu großem Erfolg. Sie gelangte durch ihre Weise, die neu aufgekommene Polka zu tanzen, zu solcher Berühmtheit, daß ihr Name in den Feuilletonberichten der Zeitungen erschien. Im »Constitutionnel« und im »Charivari« des Jahres 1844 wurde Celeste einen Sommer lang wiederholt mit Artikeln und Gedichten gefeiert als schöne und geschmeidige Tänzerin, die mit vollendeter Leichtigkeit die Polka tanzte. (vgl. Moser 1935, S. 288) Ihr Ruhm verbreitete sich in der Stadt.

»Man weiß, wie Paris ist. Jeder überspannte Einfall hat seine Stunde der Berühmtheit. Unser närrisches Verhalten war Gesprächsgegenstand aller Unterhaltungen und unser trauriger Ruf, der von hundert Pressestimmen geschürt wurde, gelangte bis in die Provinz: (Mogador 1858, Bd. I, S. 289).[19]

Im Rückblick führte Celeste ihr »exzentrisches Verhalten und all die Torheiten« auch auf den Applaus der Zuschauer zurück. Die Besucher kamen in teuren Kutschen, um die beiden rivalisierenden Tänzerinnen »wie seltsame Tiere« anzustaunen. Celeste vermutete im Nachhinein, daß der ganze Wirbel in der Presse durch Zahlungen des Besitzers des Ballhauses gefördert wurde, zumal zwei Tänzerinnen in der Chaumière in ähnlicher Weise an die Öffentlichkeit gebracht wurden. Die Aufmerksamkeit, die ihr geschenkt wurde, berauschte Celeste und machte sie stolz. Sie genoß die Bewunderung, die es ihr für eine kurze Zeit ermöglichte, sich selber stark zu fühlen. Zum ersten Mal in ihrem Leben konnte sie sich eine eigene Wohnung einrichten. Die Möbel waren ihr auf spätere Bezahlung hin geliefert worden. Dies war ein Zeichen dafür, daß sie hoch genug im Kurs stand, so daß der Möbelhändler ihr Kredit gewährte. Darüber war sie so glücklich, daß sie den ganzen Tag damit verbrachte, mit den Fingern über die Möbel zu gleiten und in Gesprächen bei jeder Gelegenheit einfügte »... chez moi« (ebd., S. 115). Sie hatte ihrem »Ich« aus eigener Kraft einen materialisierten Bezugspunkt geschaffen.

PHYSIONOMIES DES BALS PUBLICS (Extrait du Charivari.) (aus: Moser, 1935)

Anläßlich ihres Erfolges auf dem Ball wurde ihr der Name *Mogador* gegeben, weil es gerade so schwer sei, sie gegen den Ansturm der Männer zu verteidigen wie die Stadt Mogador. In dem Erfolg und dem damit verbundenen Namen fand Celeste so sehr ihre Identität, daß sie den Namen übernahm und ihn bis zu ihrer Heirat führte. Auch die Memoiren veröffentlichte sie als Celeste Mogador.

Es scheint, daß diese Zeit für Celeste eine ihrer glücklichsten war. Bei ihren späteren Versuchen, gesellschaftliche Beziehungen anzuknüpfen, wurde ihr diese Epoche ihres Lebens fast immer als untilgbare Schande vorgeworfen. Doch im Moment selber wurde sie umschwärmt, weil es Mode war, Namen von Frauen im Munde zu führen, sie zum Tagesgespräch zu machen, um sie danach zu vergessen oder schlimmer, sie zu verachten.

Celeste spürte schnell, daß es sich bei den Lobpreisungen nicht um dauerhafte Wertschätzungen handelte. Dennoch genoß sie sie aus vollen Zügen. Obwohl Celeste wußte, daß es um doppelten Schein ging, Schein, der dem Publikum geboten wurde und scheinhafte Bewunderung, das dieses äußerte, stellte sie diesem ihre Person anheim und gewann daraus ihre Identität. Wie sehr dieses Leben eine Komödie war, empfand Celeste jedesmal dann besonders, wenn sie sich mit einer ihrer Kolleginnen befreundete und dabei Gelegenheit hatte, in das dahinterstehende Elend zu sehen. Den anderen war es meist noch schlechter ergangen als ihr, weil diese offensichtlich nicht über einen so ausgeprägten Kampfeswillen verfügten wie sie.

In den Beziehungen zu den Freundinnen schildert Celeste die anderen Prostituierten und auch sich selber von der Seite des alltäglichen Lebens, in dem die Männer ausgespart blieben und die Schminke abgelegt war. Es bestand da viel Rivalität und Gehässigkeit, aber oft auch eine Art selbstverständlicher, auf den Moment bezogener Hilfsbereitschaft. Spontane Reaktionen, in schwierigen Lagen anzupacken, zu teilen oder zu trösten, solange die andere Frau in Not war, kennzeichneten die Art des Miteinanderumgehens.

Eine von ihnen, die Pomaré, hatte Celestes Interesse erweckt, weil in ihrem Verhalten sehr unterschiedliche Wesenszüge zum Ausdruck kamen. Vor dem männlichen Publikum im Ballhaus trat sie mit dem Gehabe und den Gesten einer ihres Einflusses sicheren Frau auf, was auf Celeste den Eindruck einer närrischen Selbstüberschätzung machte. Ihr blasses und ausgezehrtes Gesicht verwies demgegenüber auf ein kummervolles Leben, ihr Geist und ihr Verstand hatten etwas, das »über die anderen hinausragte«. Auf dem Ball »hielt sie Hof«, aber der Wagen, den sie gemietet hatte, war so schäbig, daß Celeste um nichts in der Welt hätte bei Tageslicht aus ihm aussteigen mögen.

Celeste folgte mit Neugier einer Einladung der Pomaré zu einem Souper im Café Anglais.[20] Celeste war zum ersten Mal Teil einer Gesellschaft, die sie früher nur als Außenstehende bewundert hatte. Die Pomaré konnte Klavierspielen und trug ein Lied vor, von dem sie sagte, daß sie es selber komponiert habe. Celeste war beeindruckt von der Weise, in der die neue Freundin ihre Gäste unterhalten konnte. Sie wurde mit Fragmenten bürgerlicher Bildung konfrontiert, die ihr großartig erschienen, weil sie selber diese nicht besaß und sich doch immer danach gesehnt hatte.

So verging die Nacht, der illusionäre Schein wurde schwächer mit dem Morgengrauen, beim Aufbruch zerstob er ganz. Der Heimweg, den beide zu Fuß antraten, konfrontierte sie mit den Straßenkehrern und Lumpensammlern, deren Misere den beiden Frauen drohend vor Augen hielt, was möglicherweise ihre Zukunft sein könnte. Wie wichtig es dennoch für die Frauen war, die Fassade aufrechtzuerhalten, fast selber zu glauben, sie drücke ein Wirkliches aus und nicht nur dessen Schein, wurde beim Abschied von der Pomaré deutlich.

> »'Bis bald!' sagte die Pomaré, 'rue Gaillon, Nummer 19; Wenn Sie die Nummer vergessen, fragen Sie in der Straße nach der Königin Pomaré.' Ich fand diese Prahlerei übertrieben und hielt es für ratsamer, mir die Hausnummer zu merken. Ich sah ein Stück dieses Lebens, das mir von weitem betrachtet so schön erschienen war und von dem ich so oft geträumt hate, mich ihm anzuschließen« (ebd., S. 302)[21]

Celeste wurde mit Trauer gewahr, daß das Leben, von dem sie geträumt hatte, nur auf der einen Seite glänzte und auf der anderen matt und kummervoll war.

Die Pomaré war die Tochter eines wohlhabenden Mannes gewesen, der auf ihre Ausbildung Wert gelegt und sie in eine Pensionat geschickt hatte. Als bei einem Brand das gesamte Vermögen des Vaters dem Feuer zum Opfer fiel, mußte sie als älteste Tochter die vielköpfige Familie versorgen. Sie konnten sich keine Dienstboten mehr leisten, und die Mutter war krank. Die Pomaré, mit dem eigentlichen Namen Lise, fühlte sich überfordert und einsam, weil sie immer mit den kleinen Geschwistern allein war. Ein früherer Angestellter ihres Vaters besuchte sie manchmal. Er bedrängte sie mit Liebesbeteuerungen, und sie gab sich ihm ohne allzu großen Widerstand hin, weil ihr, wie sie sagt, die Konsequenzen eines solchen Fehlers nicht so recht bewußt waren. Als sie feststellte, daß sie schwanger war, geriet sie in große Verzweiflung. Der Freund wußte keinen anderen Ausweg, als ihr zu einer Abtreibung zu raten. Sie war über diesen Gedanken entsetzt, doch ist aus dem Bericht nicht zu entnehmen, ob sie dies aus moralischen Gründen oder aus Angst um ihr eigenes Leben zurückwies.

Es blieb ihr, wie so vielen Frauen in der gleichen Situation, kein anderer Ausweg, als das väterliche Haus zu verlassen. Sie kam eine Weile bei einer

Zimmerwirtin unter. In die Maternité, wo sie ihr Kind zur Welt bringen wollte, konnte sie erst zwei Wochen vor der Niederkunft gehen. Die Zeit bis dahin erfüllte sie mit Selbstmordgedanken. Da sie kein Geld hatte und durch die Arbeiten, die sie für die Frau, bei der sie in einem Schuppen wohnte, kaum mehr als ihr Recht, dort zu bleiben, erwirkte, war sie immer hungrig. Manchmal fand sie einen Stundenten, der seine Decke und sein Essen mit ihr teilte. In diesem Zustand begab sie sich zur Maternité, um entbunden zu werden.

Von ihrer Entbindung dort wird berichtet, daß sie unter fürchterlichen Qualen einen Jungen zur Welt gebracht habe. Obwohl ihr davon abgeraten wurde, das Kind zu stillen, bestand sie darauf, es selber zu nähren. Entlassen wurde sie aus der Maternité mit etwas Geld und einer kleinen Ausstattung für das Baby. Sie konnte wieder zu ihrer alten Unterkunft zurückkehren und wurde dort »nicht allzu schlecht« empfangen. Als das Kind zehn Monate alt war, starb es an Krämpfen. Sie sagt, daß ihr der Tod des Kindes Schmerzen bereitet habe, die sie an den Rand des Wahnsinns brachten.[22] Später ging sie nach Mabille in der Hoffnung, dort zu Geld zu kommen 'à la mode' und reich zu werden.

Kurtisane und »fille inscrite«

Mit ihrem Renommée als Tänzerin begann Celestes eigentliche Karriere als Kurtisane. Sie hatte einen Namen bekommen, sie war dadurch zu einer bekannten Person geworden. Im Theater Beaumarchais wurde sie engagiert, um in einer Tanzschau, in der die berühmt gewordenen Persönlichkeiten des Jahres dargestellt wurden, ihre eigene Person zu spielen. Das Engagement in diesem Theater lief mit dessen Schließung aus, und Celeste mußte sich ein neues Wirkungsfeld suchen.

Eine Modeartikelverkäuferin, vermutlich eine »entremetteuse«, vermittelte sie an Laurent Franconi, den Besitzer des neu eröffneten Hippodrome. Franconi, Star unter den Pariser Reitlehrern, veranstaltete zur Belebung des Geschäfts Pferderennen mit weiblichen Jockeys. Obwohl Celeste, wie sie sagt, eine panische Angst vor Pferden hatte, lernte sie das Reiten so gut, daß sie nach zwei Monaten auftreten konnte. Celeste war dabei besonders mutig und waghalsig. Als sie einmal bei einem großen Rennen als erste durchs Ziel kam, wurde sie vollends »à la mode«. Die Pferde- und Wagenrennen strengten Celeste sehr an. Eines Tages, nach einem schlechten Traum, trat sie nicht konzentriert genug an und stürzte mit ihrem Wagen so schwer, daß sie mehrere Meter unter und neben dem Wagen hergeschleift und lebensgefährlich verletzt wurde. Der Unfall steigerte die Besucherzahlen.

Es ging um den Verkauf von Sensationen, die Ware, für die das Publikum zahlte, war die Erregung der Nerven, die durch eine scheinbar gefährliche Situation hergestellt wurde. Je überzeugender die Gefährlichkeit dargestellt

werden konnte, bis zum Tode der daran beteiligten Personen, um so größer die
Gewinne des Veranstalters. Im »Charivari« fand sich dazu folgende Bemerkung: »Diese junge Reiterin hat sich bei einem Sturz schwer gequetscht und die
Einnahmen sind gestiegen. Sie hätten sich verdoppelt, wenn Mlle Celeste
gestorben wäre« (zit. in Moser 1935, S. 105). Demgegenüber blieb der Sinn
oder die Zweckmäßigkeit des Geschehens gleichgültig, Wagen fuhren im Kreis
herum und standen am Ende wieder genau dort, wo sie angefangen hatten.
Aber auch für Celeste stellte sich nicht die Frage nach dem konkreten Sinn oder
Unsinn dieser Arbeit im Hippodrome, entscheidend war das Geld, das sie
damit verdienen konnte.

Celeste war sich bewußt, daß sie eine Rolle spielte, daß sie illusionären
Schein verkaufte und daß dieser wesentlich von der sie umgebenden Öffentlichkeit abhing. Alles kam darauf an, »en vogue« zu sein. »Frauen« wie sie wurden »gemacht«. »Die Zeitungsleute behandeln die Frauen wie Regierungen: sie
erfinden sie; nachdem sie sie erfunden haben, heben sie sie auf einen Thron,
nachdem sie sie auf einen Thron erhoben haben, stürzen sie sie von dort herab«
(Mogador 1858, Bd. II, S. 2).[23] Indem die Presse den Ruhm des Flittergoldes
verbreitet, so führt Celeste an, erzeugt sie in den jungen Mädchen die Sehnsucht, an dem verlogenen Glanz teilzuhaben. Für diejenigen, die mit ihren
Familien im Elend und in großer Bedürftigkeit leben, ist es schwer, den Luxus
und die kühne Eleganz, die so gelobt werden, neidlos mit anzusehen.

Die Kaufleute unterstützten die »folie« nach besten Kräften, sie profitierten
davon. Das Verhältnis zu den Geschäftsbesitzern beschreibt Celeste illusionslos.« Diejenigen, die uns bedienen, um sich an unseren Schwächen zu bereichern, überschütten uns mit Schmeicheleien und Komplimenten; in der Tiefe
ihrer Seele verachten sie uns. Das ist ganz einfach, sie leben von uns« (ebd.,
S. 8)[24] (Es gehört zum Wesen einer Kaufbeziehung, daß der Verkäufer von den
Eigenschaften des Käufers absieht und nur das Geld betrachtet, das dieser
zahlt.) In den Jahren um 1844, über die Celeste berichtet, waren die Ladenbesitzer bei der Gewährung eines Kredits noch zurückhaltend. Um 1853, als sie
die Memoiren schrieb, hatte sich das Verhalten der Kaufleute an diesen Punkt
verändert.

> »Heutzutage liefern die großen Kaufhäuser, wie 'Ville de Paris', 'Chaussée d'Antin', 'Trois Quartiers' ins Haus und geben die Bestellungen auch
> in unserer Abwesenheit ab. Sie lassen sie da und schicken die Rechnungen erst sechs Monate später. Und bei alledem verkaufen sie uns zum selben Preis wie den anderen Leuten. ... jederman drängt uns zu diesen närrischen Ausgaben, die diejenigen, die uns aushalten, ruinieren und an
> denen sich so viele bereichern, ohne die Verantwortung dafür zu tragen.
> Alle Verführungskünste werden eingesetzt; wenn ich nicht durch ein

157

Gefühl von Rechtschaffenheit davon zurückgehalten worden wäre, hätte ich heute 300.000 francs Schulden: Die Kaschmir-, Schmuck-, Wagen- und Möbelverkäufer boten mir unbegrenzt ihre Dienste an« (Mogador 1876, Bd. II, S. 40).

Die Veränderung im Gebaren der Kaufhausdirektoren verdeutlicht einen grundlegenden Prozeß: die Entgrenzung und Maßlosigkeit, die den Umschlag der Waren zunehmend mehr bestimmte. »Folie« bedeutete Schrankenlosigkeit, das Absehen von jedwedem für »vernünftig« erachteten Motiv und besessene Aufmerksamkeit, die dadurch den Waren geschenkt wurde. Es ging nicht mehr um die Aneignung konkreter Gebrauchswerte oder Annehmlichkeiten, sondern um den schnellen Wechsel, um Steigerung gegenüber dem Vorangegangenen.

Der Kredit war Mittel, um die Schranken der Zahlungsfähigkeit der Kunden zu überwinden. Das Vertrauen der Geschäftsinhaber in die Wirksamkeit der »folie« war groß genug, um das Risiko des Kreditgebern einzugehen. Die möglichen Gewinne, die sie zu erzielen hofften, waren verlockender als eventuelle Verluste. Im Kredit tritt, so Georg Simmel,

> »die Bedeutung des Geldwesens in seiner Steigerung hervor ... Der Kredit spannt die Vorstellungsreihen noch mehr und mit einem entschiedeneren Bewußtsein ihrer unverkürzlichen Weite aus, als die Zwischeninstanz des baren Geldes es für sich tut. Der Drehpunkt des Verhältnisses zwischen Kreditgeber und Kreditnehmer ist gleichsam aus der gradlinigen Verbindung hinaus und in einer weiteren Distanz festgelegt: die Tätigkeit des Einzelnen wie der Verkehr bekommt dadurch den Charakter der Langsichtigkeit und den der gesteigerten Symbolik. Indem der Wechsel oder überhaupt der Begriff der Geldschuld die Werte weitabliegender vertritt, verdichtet er sie ebenso in sich, wie der Blick über die räumliche Entfernung hin die Inhalte der Strecke in perspektivischer Verkürzung zusammendrängt« (Simmel 1920, S. 544).

In bezug auf die Verhältnisse der Menschen zueinander war der Kredit wie ein Scheinwerfer, der das Licht von den Menschen fort und auf die Waren richtete. Nicht mehr nur »vornehme« Personen waren »kreditwürdig«, sondern auch Frauen wie Celeste.[26]

Celeste verspürte die prägende und zugleich gänzlich irrationale Kraft, die »Mode« innewohnte. Unverhohlen und »schamlos« unterwarfen sich die Mitglieder der für diese Bereiche tonangebenden Gruppen der »Ansteckung«. »Mode« war eine Macht, die sich hinter dem Rücken der Beteiligten herstellte, und die doch ohne jene nicht bestanden hätte. Sie bestimmte das Verhalten von Menschen, ihre Weise, sich die Zeit zu vertreiben, zu sprechen, sich zu kleiden, zu »lieben« und zu begehren gleichermaßen wie die Objekte. Dabei war der konkrete Gehalt dessen, was gerade »Mode« war, völlig zweitrangig, vorausgesetzt, es war etwas Neues.

»Nichts ist so ansteckend, wie die Mode. In jenem Jahr entstand aufgrund der Vorführungen im Hippodrome eine wahre Reitwut. Die Frauen stiegen auf die Pferde und suchten überall Hindernisse, um es uns gleich zu tun. Das sie keine Rennwagen lenken konnten, lenkten sie ihre Kutschen selber« (Mogador 1858, Bd. II, S. 117)[27]

Die Spielregeln modischen Verhaltens waren bekannt und wurden doch von niemandem aufgestellt. Die jungen Männer »à la mode« oder solche, die es werden wollten, stellten sich bei den Ställen des Hippodrome auf und warben um die Reiterinnen. Die Gunst einer von ihnen, am besten der bekanntesten zu erlangen, war Ziel des Spiels. Der jeweilige Gewinner erfreute sich der Bewunderung seiner Kumpane. Dabei spielte der Ruf, den ein Mann unter den anderen Männern in dieser Gesellschaft erwerben konnte, eine größere Rolle als die konkrete Beziehung zu der betreffenden Frau. Es ging im wesentlichen um eine Angelegenheit unter Männern. Das Ansehen des Mannes war zum einen durch die Anzahl der Maitressen zu steigern, zum anderen durch deren »Rang«. Der »Rang« einer Frau wurde im allgemeinen daran bemessen, wieviele Männer und welche sich zuvor um die Frau bemüht hatten oder zugleich bemühten, und was diese dafür zu zahlen bereit waren.

In diesem komplizierten Spiel von öffentlicher Meinung, Rivalität, Eitelkeit, Neid und Verbrüderung hatten die Frauen die Rolle von Spielsteinen, die die Männer hin- und herschoben. Damit das Spiel funktionieren konnte, bedurfte es auf seiten der Frauen bestimmter Verhaltensweisen. Sie mußten die Auswahl treffen, damit ein Mann als erwählt vor allen anderen gelten konnte, d.h., sie durften nicht jeden gleichermaßen umarmen. Ihr Kurswert wäre sofort so gefallen, daß er unbedeutend geworden wäre.

Celeste hatte schnell begriffen, daß »das Geschäft der Galanterie wie ein Krieg ist, den zu führen es der Taktik bedarf« (ebd., S. 17). Ein Teil der Taktik bestand darin, kapriziös und hochmütig zu erscheinen — schließlich kann es keine Eroberer geben, wo keine Festung ist.[28] Doch waren die Kriterien der Auswahl nicht im freien Belieben der Frauen, diese hatten sich auch dabei an ungeschriebene Regeln zu halten. Es gab bestimmte Riten der Annäherung und des Zurückweisens. Das entscheidende Kriterium, nach dem die Männer erwählt werden mußten, war ihr Reichtum beziehungsweise ihre Bereitschaft, Geld auszugeben. Wichtig waren auch der Titel, der Ruf und das gesellschaftliche Auftreten. Wesentliches Element des Spiels war der Wechsel, die Vielfalt der Beziehungen, die darum im allgemeinen nicht lang anhaltend sein konnten.

Es wurde als selbstverständlich erachtet, daß Frauen sich für diese Form der Unterhaltung zur Verfügung stellen würden, wenn ihnen die Gelegenheit dazu geboten würde. Mit diesem Argument wurde der Lohn von Kellnerinnen und Schauspielerinnen auf ein lächerliches Niveau gedrückt. Celestes Arbeit im Théâtre Beaumarchais war nach Meinung des dortigen Direktors mit der Ehre, auf seinen Brettern bekannt zu werden, hinreichend entlohnt (ebd., S. 15). Als sie im Hippodrome nach ihren Erfolgen um eine Gehaltserhöhung nachsuchte, verwehrte ihr Franconi diese mit den Worten:

> »Warum sollte ich Sie erhöhen? Machen Sie hier nicht ihr Geschäft? Was bedeuten für Sie einige hundert Francs mehr oder weniger im Jahr? Ich habe daran gedacht, die Löhne zu senken, ich habe mehr Frauen als ich brauche ...« (ebd., S. 138)

Dasselbe öffentliche Vorurteil spiegelt sich in den Schwierigkeiten, die den Frauen gemacht wurden, wenn sie sich aus der Liste der Prostituierten streichen lassen sollten. Als Celeste beim Präfekten darum ersuchte, wurde ihr dies mit der Begründung abgelehnt, daß das Hippodrome schließen könne und sie dann ohne Arbeit sei.

Celeste empfand die Registrierung als große Demütigung, und entsprechend verzagt war sie darüber, daß es ihr trotz verschiedener Versuche nicht gelang, die Streichung zu erreichen. Der Zwang zum regelmäßigen Erscheinen zu den Untersuchungen, die verschiedenen Verbote, denen sie als eingeschriebene Prostituierte ausgesetzt war, die sie aber immer wieder überschritt, weil sie ihr Leben nicht so einengen wollte, verletzten sie und ließen sie in dauernder Angst, aufgegriffen und eingesperrt zu werden, leben.

Das Leben, das Celeste führte, stand in einem starken Spannungsverhältnis. Anders als Cora Pearl drückt Celeste die beiden Seiten dieser Existenz aus. Die Bekanntschaften mit den Männern aus den oberen Klassen eröffneten ihr den Zugang zu gesellschaftlichen Kreisen, die ihr als Frau eines Arbeiters immer verschlossen geblieben wären. Am Arm des Grafen trat sie in die große Welt der Bohémiens ein. Zumeist war diese Welt hohl und leer, doch gab es auch solche Abende wie bei Alphonse:

> »Der Kreis der gebildeten Menschen gefiel mir über alle Maßen. Ich hörte ihnen zu; meine Intelligenz entwickelte sich bei diesem Kontakt: ich bedurfte dessen sehr, denn ich war so unwissend, daß es oft geschah, daß ich mitten im Wort anhielt und nicht wagte, es zu Ende zu führen, aus Angst, eine Dummheit zu sagen. Jeder half mir ein bißchen, und es gelang mir, mich sicherer zu fühlen« (ebd., S. 87)[21]

Charakteristisch für die Beziehungsstrukturen war es, daß entweder Langeweile herrschte oder daß grobe Späße gemacht wurden. Der spanische Herzog langweilte Celeste, weil er wenig mit ihr redete und sie oft allein ließ. Ein italienischer Sänger, der ihr zur gleichen Zeit vorgestellt worden war, hatte ungleich mehr Attraktivität, doch leider war er nicht so reich.

Eine Kurtisane konnte in solchen Fällen niemals ihrem Gefühl folgen. Daß sie ihrer Eitelkeit schmeicheln ließ, war nicht zufällig, sondern unabdingbarer

Teil ihrer Rolle. Hätte sie anders entschieden, wäre sie schnell nicht mehr ernst genommen worden und in der Nichtbeachtung versunken. In dem Moment, wo sie andere Überlegungen und Verhaltensweisen an den Tag gelegt hätte als solche, die auf eine Steigerung des Tauschwertes ihrer Person abzielten, hätte sie ihre eigene Existenz aufgelöst. »Man darf bei diesem Geschäft kein Herz haben« (ebd., S. 32). Dies Gesetz galt, weil es um eine Handelsbeziehung ging. Gerade so kann im Kapitalismus ein Kapitalist seine Charaktermaske nicht absetzen, will er nicht sein Kapital und damit das, was ihn zu einer bürgerlichen Person macht, verlieren.

Auch wenn die Wahlfreiheit für Celeste durch derartige »Gesetze« eingeschränkt wurde, bestand sie dennoch in diesen Grenzen. In ihnen konnte Celeste sich als Subjekt der Beziehungen fühlen, und darüber war sie stolz. Grundsätzlich konnte eine Kurtisane darauf bestehen, in Gesellschaft mit dem Respekt und der Höflichkeit, die einer Dame zukamen, behandelt zu werden. Dies war auch Teil der Riten. Dennoch mußte sie jederzeit gewärtig sein, in aller Öffentlichkeit verächtlich beschimpft und herabgesetzt zu werden. Celeste konnte sich in solchen Momenten ganz gut verteidigen, doch stellte sie in bezug auf ihre emotionale und intellektuelle Kraft bestimmt eine Ausnahme dar. Auch bei ihr reichte die Kraft gerade in der Situation selber aus. Wenn sie danach allein zu Hause war, weinte sie, betrübt und erniedrigt. Als Frau eines Arbeiters, aber auch als bürgerliche Ehefrau wäre sie in anderer Weise gedemütigt und geschlagen worden.

Als Kurtisane verfügte sie über Geld und Reichtum, wenn auch jeweils nur für begrenzte Zeit. Als der Herzog ihr eine Kutsche zur Verfügung stellte, konnte sie sich darüber wie ein Kind freuen.

> »Ich machte vor Freude Luftsprünge; ich schlief nicht in der Nacht. Um vier Uhr hielt eine hübsche Kutsche mit zwei Pferden vor meiner Tür. Der Kutscher sagte, daß er mir zur Verfügung stünde. Ich fuhr aus und wollte erst zurück, als die Spazierwege verlassen waren. Ich war zu müde, um Abendbrot zu essen. Die Furcht, in meinem Wagen nicht hinreichend gesehen zu werden, ließ mich am Rand der Polster aufrecht sitzen, das Gesicht an der Fensterscheibe. Mit dem Kopf nickte ich wie eine chinesische Prozellanpuppe aus Angst, für hochmütig gehalten zu werden« (ebd., S. 101).[30]

Das Wissen darum, daß der Luxis immer nur eine Sache des Augenblicks sei, die Angst vor der jederzeit drohenden Misere kennzeichneten Celestes Lebensgefühl. Sie hatte die Frauen vor Augen, deren Schicksal sie von weitem als Kind beneidet hatte. Als sie selber zu ihnen zählte, wurde sie gewahr, wie traurig sie die Liebschaften machten, die am Abend begannen und mit dem Tag endeten. Wenn der Rausch verschwunden war, erschien dahinter die Realität, die so ganz anders aussah.

Wie auch Cora Pearl verweist Celeste darauf, daß es für eine Kurtisane fast unmöglich war, das Geld nicht auszugeben, das ihr zugesteckt wurde.

Celeste betont, daß die Männer beim Handel mit der Kurtisane oder der Prostituierten meinten, sie kauften die ganze Person, daß sie sich einbildeten, die Frau würde ihnen mit ihren Küssen auch ihre Seele darbieten. Um die Männer dies glauben zu machen, bedurften die Frauen der Fähigkeit, Komödie zu spielen, wie ein Clown auf den Bühnenbrettern. Gefühle vorzutäuschen, die nicht vorhanden waren und die wirklichen zu verbergen, empfand Celeste als sehr bedrückenden Teil ihres Kurtisanenlebens.

»Ich mußte Ausgelassenheit zur Schau stellen, wenn mir zum Heulen zumute war, Lächeln verkaufen, das ich nicht empfand. ... Ich tanzte und sang mit dem Messer in der Seele, aber ich war seit langem an diese Art von Maskeraden gewöhnt. Es war vor allem dieser Zwang, der mich zum unglücklichsten aller Menschen gemacht hat« (ebd., S. 170).[31]

Celeste erfuhr die Verdinglichung des eigenen Lebens und der ganzen Person. Es ging um mehr als um eine Rolle, die sie nach Belieben hätte an- und ablegen können. Die Gewohnheit, sich eine Maske aufsetzen zu müssen, ließ die eigenen Gefühle nicht unbeschadet. Sie zerstörte den Glauben an die Möglichkeit wirklicher Zuneigung und an die Dauer und Echtheit von Beziehungen.

Celeste schwankte zwischen dem Wunsch nach dem Erfolg, den die »filles à la mode«, die »mit ihrer Seele Wucher treiben«, haben, und der Niedergeschlagenheit über die Auszehrung, die die Seele dabei erlitt. Dann ergriff sie das, wie sie sagt, schlimmste aller menschlichen Gefühle: die Unentschlossenheit. Sie konnte in einem solchen Moment weder an das Gute noch an das Schlechte glauben, moralische Leere bemächtigte sich ihrer. Zweifel und Mißtrauen allem gegenüber lasteten auf ihr, und sie wurde von der Sehnsucht gepackt, dieses Leben aufzugeben.

Als Celeste etwas Geld gespart hatte, kaufte sie ihrer Mutter ein kleines Geschäft, das sie eine Zeitlang gemeinsam betrieben. Möglicherweise hatte Celeste in der Zeit weniger reiche Bekanntschaften, so daß dadurch die Annehmlichkeiten einer bescheidenen Existenz in den Vordergrund traten. Doch ist dies nicht sicher. In ihrer Selbstdarstellung beschreibt sie ihre damaligen Gefühle so:

»Ich wollte nicht eine menschenscheue Heilige werden, aber ich wollte mich aus der Knechtschaft, den Vergnügungen anderer dienen zu müssen, befreien. Ich wollte lachen, wenn mir danach zumute war und zu meinem eigenen Vergnügen« (ebd., S. 161).[32]

Ihr Leben stand in einem starken Spannungsverhältnis, sie sehnte sich nach Reichtum, der ihr Unabhängigkeit garantieren würde, und sie beklagte den Verlust solcher Empfindungen, die nicht mit Geld gekauft werden konnten. Lucien Goldmann spricht in bezug auf die Romane der Zeit von der Suche der Helden nach authentischen Werten in einer vom Tauschwertgedanken beherrschten Welt.³³ (Goldmann 1964, S. 35) Celeste suchte nach »authentischen« Gefühlen. Sie kontrastiert die Vergnügen der armen Leute mit der blasphemischen Langeweile der »désoeuvrés du grand monde«, die ihre Sensibilität für die einfachen Dinge und für die Natur verloren haben.

Man mag dem entgegenhalten, daß der Lobpreis des ländlichen Lebens sehr verbreitet und auch eine Art literarischer Topos war. Daß Celeste sich möglicherweise an dieser Stelle eine häufig anzutreffende Romantisierung des einfachen Lebens selber als Empfindung bloß zugeschrieben hat, ist denkbar. Doch wäre es eine falsche Konsequenz, würde man aus solcher Annahme folgern, daß die »Suche nach authentischen Empfindungen« nicht wirklich, nicht »wahr« ist, denn auch in der Romantisierung ist, auf einer allgemeineren Stufe, die Suche nach Verlorenem oder noch nicht Gefundenem ausgedrückt.

Die Tragik des Kurtisanen- und Prostituiertenlebens zeigte sich Celeste eindringlich beim Tod ihrer drei Freundinnen, Marie, Denise und Lise. Alle drei waren in den letzten Wochen sehr allein. Da Celeste nur von Lises Krankheit wußte, hat sie auch nur ihr beigestanden. Bei den beiden anderen wurde sie erst im Nachhinein zur Identifikation gerufen und konnte nur aus den Erzählungen der Wirtsleute und aus aufgefundenen Briefen deren Verlassenheit rekonstruieren. Die Einsamkeit, der die Freundinnen ausgeliefert waren und auch deren früher Tod verursachten Celeste Alpträume. Die Liebhaber hatten sich entfernt, als die Frauen krank wurden. Denn mit dem Geld, das sie gaben, waren der Handel und damit auch die Beziehung korrekt beendet, dies gehört zum Wesen eines derartigen Kaufverhältnisses. Celeste läßt dies Lise sagen: »Das Leben, das ich geführt habe, ist ein Geschäft. Man hat meine Küsse gekauft; nun habe ich nichts mehr zu verkaufen und so kommt auch niemand mehr« (ebd., S. 213).³⁴

Celeste, die mit der Sterbenden viel zusammen war, hatte das Gefühl, daß mit Lise ein Teil ihrer selbst begraben wurde. Der Tod der Freundin stürzte sie in eine Phase der größten Entmutigung. Ihre ehrgeizigen Hoffnungen verschwanden, sie wurde von großem Mißtrauen den Menschen und dem Leben gegenüber gepackt. Das Geschäft, das ihre Mutter und sie führten (es handelte sich dabei vermutlich um Modewaren, vgl. Moser 1935, S. 108), lief nicht recht und mußte wieder aufgegeben werden. Über ihre »Liebesbeziehungen« aus der Zeit ist nichts bekannt, das Verhältnis zur Mutter war sehr gespannt.

In dieser Situation erhielt sie die Mitteilung, sie solle sich bei der Polizeipräfektur melden. Dies versetzte sie in solche Verzweiflung, daß sie einen Selbstmordversuch unternahm und sich mit Holzkohle vergiftete. Sie wurde durch einen Zufall und ziemlich spät erst gefunden, so daß sie noch längere Zeit gesundheitliche Nachwirkungen davon verspürte. Eine Freundin von ihr war bei dem gleichen Anlaß aus dem Fenster gesprungen und blieb davon zeitlebens gelähmt (Mogador 1858, Bd. III, S. 14). Es war für alle eingeschriebenen Prostituierten eine als demütigend und entwürdigend empfundene Verpflichtung, die polizeilichen Auflagen der Reglementierung zu erfüllen. Celeste geriet damit immer wieder in Verzug.

»Ich hatte mich nicht dazu entschließen können, mich bei der Polizeipräfektur zu melden, zusammen mit den Frauen, die unter Strafandrohung dazu verpflichtet sind, sich dort alle zwei Wochen vorzustellen. ... Ich hatte das Gesetz verletzt: sie hätten das Recht gehabt, mich überall aufzugreifen. Ich befand mich in einer Lage, wo ich mich nur zitternd fortbewegte. Ich mied die Boulevards; die Gegend um Montmartre war voller Frauen und die Überwachung dort intensiver als andernorts. Jedesmal, wenn ein Mann mich ansah, meinte ich, einen Aufseher zu erkennen ...« (ebd.)

Die Jäger, die Polizei und die Administration, häufig Nutznießer der Prostitution, sahen diese Hatz aus einem anderen Blickwinkel (vgl. Parent-Duchâtelet 1857; Corbin 1978). Die Vorladung, die Celeste zu ihrer Verzweiflungstat getrieben hatte, stellte sich später als fingiert und als übler Scherz jemandes, der ihr übelwollte, heraus. Celeste war an diesem Punkt so verwundbar, daß andere sich dessen bedienen konnten, um sie zu verletzen.

Der Comte Lionel de Chabrillan

Eine entscheidende Veränderung erfuhr Celestes Leben, als sie, vierundzwanzigjährig, den um ein oder zwei Jahre älteren Comte Lionel de Chabrillan, in den Memoiren Robert genannt, kennenlernte. Celeste beschreibt ihn als groß und vornehm in seinem Verhalten, doch ohne die aufgesetzte starre Strenge, die viele Leute seines Standes auszeichnete. Celeste spürte schnell, daß sie für ihn andere Gefühle hatte als sonst den Freiern gegenüber, sie war unsicher in dem ‚was sie sagen wollte, und schüchtern. Als sie von einer Freundin erfuhr, daß es sich um einen Grafen handele, bekümmerte sie dies. In den Beziehungen, die sie vorher zu Männern unterhalten hatte, war es ihr um so lieber gewesen, je höher der gesellschaftliche Rang war, den diese innehatten. Dies galt jedoch nur für Tauschwertbeziehungen. Für aufrichtige Gefühle war die gesellschaftliche Distanz ein Hindernis. Celeste verlor die Souveränität, die sie anderen Männern gegenüber besaß, sie wurde eifersüchtig und ohne Selbstbewußtsein. Anfangs wußte sie sich Robert gegenüber nicht zu verhalten, weil sie mit ihm nicht die gewohnte Komödie spielen wollte. An die Möglichkeit einer dauerhaften Beziehung glaubte sie nicht.

Diese Befürchtungen hatten reale Beweggründe, die nicht nur in dem unentschlossenen und wechselhaften Charakter Roberts begründet waren, sondern vor allem auch in den Forderungen, die die Familie und die Gesellschaft an den Grafen stellten. Von seiner Seite aus bestand offensichtlich eine wirkliche Zuneigung für Celeste, doch stand er unter dem Druck, eine »gute Partie« machen zu sollen, um aus seinen finanziellen Schwierigkeiten standesgemäß befreit zu werden. Er geriet darüber in Konflikte, die ihn innerlich zerrissen. Die Liebesgeschichte zwischen beiden wurde zu einer leidenschaftlichen Auseinandersetzung, wobei jeder mit den ihm zu Gebote stehenden Waffen kämpfte. Celeste fühlte in besonderer Weise die Diskriminierung, der sie aufgrund ihres Lebens ausgesetzt war. Zugleich war die Selbständigkeit, die sie als Kurtisane hatte, das Einzige, was sie Robert entgegensetzen konnte. In ihr war ihre finanzielle Unabhängigkeit begründet, die sie vor dem Gefühl der Erniedrigung bewahrte.

Die verschiedenen Heiratsprojekte, die die Familie für Robert in Gang gesetzt hatte, scheiterten jedesmal. Doch immer mußte Celeste mit einem endgültigen Abschied rechnen. Möglicherweise spielte jedoch die Tatsache, daß Robert sich letztlich nie konsequent von ihr trennte, eine Rolle für das Nichtzustandekommen einer »ordentlichen« Heirat.

Eine Wende nahm das Verhältnis zwischen beiden, als Robert sich so hoch verschuldete — wobei er Celestes Vermögen in einem Fall als Garantie angegeben hatte —, daß sie mitgepfändet wurde. Die anderen Gläubiger nahmen dies zum Anlaß, gleichfalls Ansprüche an Celeste zu stellen mit der Behauptung, Robert hätte seinen Besitz auf sie übertragen, um es vor ihrem Zugriff zu retten. Es wurden Prozesse in Gang gesetzt, in deren Verlauf Celeste Rechenschaft über die Herkunft und Zusammensetzung ihres Besitzes nachweisen mußte. Oft hatten Gläubiger mit solchen Frauen leichtes Spiel. Celeste machte sich zu ihrer eigenen Anwältin und informierte sich in minutiöser und konzentrierter Arbeit über sämtliche einschlägigen Gesetzestexte. Sie arbeitete sich in die Rechtsterminologie ein und gewann zwei Prozesse vor verschiedenen Kammern. Umfangreiche Prozeßakten dazu liegen vor, teilweise sind sie in einem Anhang im fünften Band der Memoiren veröffentlicht. Sie enthalten interessante Notizen zur Rechtsauffassung der Zeit zu diesen Fragen.

Durch die beiden Prozesse geriet Celeste erneut in das Flutlicht der Öffentlichkeit. Sie profitierte insofern davon, als ihr eine bedeutende Rolle in den Variétés angeboten wurde. Robert war inzwischen nach Australien ausgewandert und führte dort das harte Leben eines Bergarbeiters. Für Celeste begann zum ersten Mal eine Periode beruflichen Erfolges. Sie tanzte zusammen mit Adèle Page den »Pas de l'Impériale«. Der Portraitist Thomas Couture, der auch Béranger und Georg Sand gezeichnet hat, porträtierte sie. Dumas fils gratulierte ihr zu ihrem Durchbruch und erwog, eine Rolle für sie zu schreiben. In dieser Zeit begann sie, ihre Memoiren zu verfassen. Derweil schrieb ihr Robert aus der Ferne Briefe, in denen verzweifelte Liebeserklärungen mit Verwünschungen und dem Nachsuchen um Verzeihung abwechselten. Als er zurück nach Paris kam, ließ sich Celeste wieder von ihm gefangennehmen. Sie verkaufte, um dem Spuk ein Ende zu machen, ihren ganzen Besitz, bezahlte sämtliche Schulden von Robert und kaufte seine persönliche Habe zurück. Sie heirateten und Celeste verzichtete ganz auf das Leben, das sie bisher geführt hatte. Celeste Mogadors Leben bis zur Eheschließung war vor allem durch die Auseinandersetzung mit ihr von außen gesetzten Grenzen gekennzeichnet. Mit der Heirat hoffte Celeste, den Problemen ihrer Vergangenheit entgehen zu können. Sie wurde »ménagère« und fügte sich von da ab mit derselben Kraft wie zuvor in diese neue Rolle. Diesmal waren es andere Schranken, zwischen die sie geriet.

Ctesse Lionel de Chabrillan, Ménagère

»Un deuil au bout du monde«, so überschrieb Celeste, nun Ctesse Lionel de Chabrillan, den zweiten, nach dem Tode ihres Mannes verfaßten Teil der Memoiren. Diese beginnen mit dem Bericht über die verzweifelten Versuche, die Celeste unternahm, um nach der Eheschließung die Drucklegung der ersten Memoiren zu verhindern. Sie bat alle einflußreichen Freunde um Unterstützung, doch konnte selbst der Prinz Napoleon den Vertrag mit dem Verleger nicht rückgängig machen.

Aus unserer Sicht heraus ist schwer nachvollziehbar, daß die Tatsache der Ehe Celeste dazu bewog, ihr eigenes Werk, das Dumas mit den »Confessions« von Rousseau verglichen hatte, zerstören zu wollen.

Mit der Eheschließung trat nicht nur qua Gesetz, sondern auch in den Gefühlen Celestes Lionel in einen höheren Rang ihr gegenüber. Seine Vergangenheit, die gewiß gleichermaßen turbulent war wie die ihrige und nach christlichen Maßstäben auch der Reue und Vergebung bedurft hätte, wurde mit dem Akt der Eheschließung unerheblich. Celeste schreibt sich bei der kirchlichen Trauung Angst, Schuldgefühle und einen Nervenzusammenbruch zu, und läßt den Ehemann in vollem Ernst und ohne daß dieser Ausspruch für einen der beiden komisch gewirkt hätte, sagen: »Ich habe dir alle deine Sünden vergeben, der Diener Gottes auf Erden wird nicht weniger nachsichtig sein als ich« (Chabrillan 1877, S. 6). Sie, die zuvor in einem Gefühl der Stärke und des Rechts, gelebt hatte, veränderte ihr Verhalten durch die Ehe grundlegend. Sie begann, sich mehr als jemals zuvor »schuldig« zu fühlen. Sie sah es nun als ihre Pflicht an, sich »auf die Höhe der neuen Aufgaben« (ebd., S. 7) zu stellen.[35]

Die neue Verteilung von Schuld auf ihrer und des Gottesgnadentums auf des Mannes Seite durch das Sakrament der Ehe stand für Celeste so selbstverständlich fest, daß sie nicht den leisesten Zweifel an dieser Ordnung äußerte und ihre eigene Unterwerfung eher noch forcierte. Lionel erhält in der Darstellung

Celestes die Qualitäten eines Michelet'schen Ehemannes. Er wird für sie zum Stellvertreter Gottes auf Erden, er betet für sie, und er errät ihre Gedanken.

Ihr bedeutete der Titel der Ehefrau mehr als der der Comtesse, gibt sie an, doch kostete die Sicherheit, die sie auf diese Weise hoffte gewonnen zu haben, einen großen Preis. Die tatsächlich verlangte Unterordnung fiel ihr nicht leicht, obwohl oder vielleicht gerade, weil sie sich darum bemühte, eine Ehefrau zu sein, die den bürgerlichen Normen entsprach. Sie geriet in Konflikt mit den Teilen ihrer Persönlichkeit, die sie bisher stark gemacht hatten. Sie zweifelte daran, den Anforderungen gewachsen zu sein, der Feind war nun nicht mehr außerhalb ihrer, sondern in ihr. Das machte ihr in einer ganz anderen Weise Angst. Das Urteil Lionels wurde ihr so wichtig, daß sie nichts mehr tat, ohne ihn um Rat zu fragen, und sie vermied es, etwas zu tun, was gegen seinen Willen gewesen wäre.

Celeste hatte oft den Eindruck, Situationen richtiger einzuschätzen als Lionel. Dennoch wagte sie zumeist nicht, ihm das zu sagen. Beim Schachspielen, das sie ihm zuliebe gelernt hatte, um ihm eine angenehme Partnerin zu sein, ertrug er es schlecht, wenn sie ihn mattsetzte. Um ihn nicht zu kränken, richtete sie es so ein, daß sie nicht zu gut spielte. Zugleich sah sie auch die Gefahr, in die sie sich begab:

> »Lionel macht immer denselben Fehler: er ist trunken von seinen Ideen, erhitzt sich und läßt sich davon soweit fortreißen, daß er über das Ziel hinausschießt. Das zwingt ihn dann oft, verwirrt und besiegt an den Ausgangspunkt zurückzukehren. Ich bin entschlossen, ihm niemals nachzugeben, wenn ich sicher bin, rechtzuhaben. Das würde ihm eine zu große Macht über mein Denken und über meine Person geben. Er würde dies mißbrauchen und mich null und nichtig machen« (ebd., S. 21)[36]

Der innere Widerstreit zwischen dem Bedürfnis, sich gegenüber dem Mann, dessen Entscheidungen sie oft für unvernünftig erachtete, nicht selbst aufzugeben und dem Wunsch, eine gehorsame Ehefrau zu sein, prägten ihr Lebensgefühl und Verhalten in der Ehebeziehung.

Da Lionel seinen ganzen Besitz verloren hatte, bewarb er sich um das Amt des konsularischen Vertreters in Melbourne. Dank guter Beziehungen wurde ihm die Stelle zugesprochen. Die Überfahrt nach Australien, die fünf Monate dauerte und reich an gefährlichen Abenteuern war, nutzte Celeste, um sich intensiv zu bilden. Ihre Wißbegier war so groß, daß sie Lionel erschreckte. Darum versuchte sie, ihr Lernen so gut es ging vor ihm zu verbergen. Unter der Anleitung des Kapitäns lernte sie Navigation und Astronomie und bei einer Engländerin die englische Sprache.

Vom gesellschaftlichen Leben der Melbourner Oberschicht wurde Celeste anfangs isoliert. Bei ihrer Ankunft lagen ihre gerade erschienenen Memoiren in den Buchhandlungen aus. Obwohl sie als Frau des Konsuls einen gesellschaftlichen Rang bekleidete, der ihre Einladung zu einem selbstverständlichen Teil der Etikette machte, geschah es verschiedentlich, daß sie an Festlichkeiten nicht beteiligt wurde. Nach kurzer Zeit kehrte sich jedoch das beleidigende Ignorieren ihrer Person durch die Honoratiorenfamilien in Neugier um. Nachdem die erste Scheu überwunden war, sollte offensichtlich jeder »die Mogador« sehen, von der so viel gesprochen wurde. Celeste bemühte sich darum, die Rolle einer Dame, die zu präsentieren hatte, zu übernehmen. Ein Photo aus der Zeit zeigt sie bürgerlich gekleidet, mit aufgedunsenen und auch etwas starren Zügen (vgl. Moser 1935, S. 145).

Währenddessen hatte die Veröffentlichung ihrer Memoiren in Frankreich entrüstete Kritik hervorgerufen. Im »Figaro« vom 25.4.1854 schrieb Villemessant:

> »... es muß dem Kritiker erlaubt sein zu fragen, ob es sich mit manchen Büchern wie mit manchen Frauenzimmern verhält, und ob sie, mittels desselben Stempels und derselben Ordnungsnummer frei und unverschämt in den Lesekabinetten herumflanieren können und die Buchhandlungen in Bordelle verwandeln. Es kümmert uns letzten Endes wenig, ob Mlle Mogador ihre Memoiren publiziert oder nicht. Was uns jedoch kümmert ist, ob unseren Schwestern und Töchtern gelehrt wird, daß der kürzeste Weg, zu Wohlstand und sozialer Anerkennung zu gelangen, der ist, der den widerwärtigen drei Stationen folgt: dem Gefängnis Saint-Lazare, dem Büro der Sittenpolizei, dem Bordell«.[37]

Der Kommentar, den Villemessant einige Monate später, als die folgenden Bände veröffentlicht wurden, gab, läßt vermuten, daß er zu denjenigen zählte, von denen Celeste berichtet, daß gerade die die härtesten Urteile fällen, die selber die einschlägigsten Erfahrungen besitzen:

> »Die Lektüre dieser Memoiren bietet dem Geist eine wenig gesunde Nahrung, aber voller scharf gewürzter und pikanter Details. ... Wenn die Neugier einmal befriedigt ist, wendet sich das Herz mit Abscheu ab«.[38]

In ähnlicher Weise wie der »Figaro« schmähte auch der »Mousquetaires« die Memoiren. Ebenfalls voller Verachtung äußerte sich der Graf Viel-Castel in den »Commérages« vom 27.6.1854:

> »M. Lionel von Moreton Chabrillan, von mütterliche Seite her Enkel des Grafen von Choiseul, seinerseits ehemaliger Botschafter in Konstantinopel und Autor des Buches »Reise nach Griechenland«, hat, nachdem er sein Vermögen auf die bedauerlichste Weise verschwendet hat, die Frau, die seine Mätresse war, geheiratet. Diese Frau, Céleste Venard, war auf den öffentlichen Bällen, die sie frequentierte und im Zirkus, wo sie als Reiterin auftrat, unter dem Namen Mogador bekannt. ... Mogador

erzählt von ihren Anfängen im Bordell, beschreibt die Männer, mit denen sie die P ... für 20 francs losschickte, etc., etc. Die Polizei hat, sicher um dem konsularischen Korps Ehre zu machen, diese schmutzigen Memoiren erscheinen lassen. Refexionen darüber erübrigen sich«.[39]

Darüber, ob es zwischen ihr und Lionel zu Auseinandersetzungen über dieses Thema gekommen ist, sagt sie wenig. Sie schreibt, Lionel habe unter den Schmähungen gelitten, doch nur um ihretwillen. Sie selber war »bestürzt von der Weise, in der sie meine Gedanken und meine Handlungen verstehen«, doch verteidigte sie sich nicht öffentlich. Sie war sich in der Zeit so wenig ihres eigenen Wertes bewußt, daß sie ihren Gegnern nur einen Mangel an Fairness vorwarf.

Celeste hätte allen Grund gehabt, weniger moderat zu sein und den selbstgefälligen Ton, die heuchlerische Überheblichkeit der Kritiken anzugreifen. Es waren dieselben Zeitungen, die die Tänzerin von Mabille gefeiert hatten und die nun die Erinnerung daran niedermachten. Celeste aber hatte, so ist zu vermuten, die Wertmaßstäbe der Gesellschaft, in der der renommierte Zeitungskritiker ein »esprit incontestablement supérieur« war, zu sehr übernommen, als daß sie sich gegen die Verächtlichmachung ihrer Person hätte zur Wehr setzen können.

Celeste bildete sich heimlich weiter und begann, einen Roman zu schreiben. Diese Studien waren sehr anstrengend für sie, da sie sich die elementarsten Kenntnisse allein aneignen mußte. Zusätzlich machte sie englische Übersetzungen, um damit Geld zu verdienen.

Der Motor ihrer Bemühungen blieb die Sehnsucht nach gesellschaftlicher Anerkennung, die nicht auf den Qualitäten ihrer Vergangenheit beruhen sollte. Ebenso groß wie ihr Ehrgeiz waren auch ihre Ängste, den herrschenden Ansprüchen nicht zu genügen. Sobald sie in eine exponierte Situation geriet, fühlte sie sich schwach und fürchtete zu versagen.

Sie, die als Kurtisane kaum je Angst vor Männern gehabt hatte, auch dann nicht, wenn diese hochgestellt waren, wurde furchtsam und unsicher, wenn es darum ging, sich im Rahmen der bürgerlichen Etikette zu bewegen.

In der Zeit entstand ihr erster Roman, die »Voleurs d'Or«, der das Leben in Australien beschreibt. Das Schreiben wurde zu einer Besessenheit. Sich selbst gegenüber war sie stolz über die Leistung, die sie erbrachte, vor ihrem Ehemann versteckte sie diese.

»Ich gehe nicht mehr aus; ich schreibe viel. Ich habe zehnmal einen Roman geschrieben und immer wieder neu geschrieben über die Goldräuber. Ich weiß nicht, wo ich ihn verstecken kann, aus Angst, daß Lionel ihn findet. Er würde sich über mich lustig machen und mit mir schimpfen. Die angestrengte Arbeit schadet meiner Gesundheit; aber wenn ich schreibe, denke ich weniger an meine Sorgen. Ich stelle mir vor, — obwohl das lächerlich ist —, daß ich, wenn mir ein Unglück zustoßen sollte, damit Geld verdienen könnte ...« (ebd., S. 143)[40]

Lionel beteiligte sich in Melbourne an zweifelhaften Geschäften. Gegen den Rat Celestes wollte er durch das Horten von Lebensmitteln, von denen er hoffte, sie bei einer sich ankündigenden Hungersnot zu hohen Preisen verkaufen zu können, Gewinne machen. Die Rechnung ging nicht auf, stattdessen wurden die Schulden so hoch, daß wiederum beider Existenz bedroht war. In dieser Situation beschloß Celeste, nach Paris zu fahren, um dort Außenstände einzutreiben, die sie bei einem Cousin Lionels vom Verkauf ihres Schmuckes hatte. Für die Bewohner der Kolonien war es nicht ungewöhnlich, daß Frauen alleine reisten. Celeste wußte zu diesem Zeitpunkt noch nicht, daß sie nie mehr dorthin zurückkehren würde.

Bei jeder Überfahrt gab es Passagiere, die nicht überlebten und im Meer versenkt wurden. Celeste litt unter ihrer kranken Leber. In Paris angekommen, kämpfte sie zur gleichen Zeit gegen ihre Krankheit und ihre Schuldner. Sie hatte aus Australien das Manuskript ihres Romans mitgebracht und konnte es durch die Empfehlungen des mit ihr bekannten Edmond Charles bei Michel Lévi unterbringen. An dem Tag des ersten Verkaufes ihres Buches empfand sie, wie sie sagt, eine der größten Freuden ihres Lebens. Sie wollte den Erfolg auch, um sich vor Lionel rechtfertigen zu können.

Die Kritiken, die sie diesmal erhielt, waren überwiegend positiv. Nestor Roqueplan lobte in der »Presse« vom 16. Mai 1857 die spannungsreiche Handlung und die Darstellung der australischen Lebensverhältnisse. Lobend hob er hervor, daß die affektierte Sentimentalität, die sonst so häufig in Büchern von Frauen zu finden sei, fehle. Alexandre Dumas gab im »Le Monte-Christo« vom 28. Mai 1857 an, das Buch in zwei Nächten verschlungen zu haben, weil es so spannend sei und in trefflicher Weise das Furchtbare mit dem Anmutigen vereine.

Die lobenden Artikel und die darin ausgedrückte Sympathie stärkten Celestes Selbstvertrauen. Sie redigierte weitere mitgebrachte Manuskripte und schrieb, wie in einem Delirium, in ununterbrochener Anstrengung. Celeste hatte gegen die erneute Auflage der Memoiren prozessiert und verloren. Sie wurde dazu verurteilt, auch den zweiten Teil des Manuskriptes herauszugeben. Die Enttäuschung über diesen Prozeßausgang, das Übermaß an Arbeit und ihre Leberkrankheit überstiegen ihre Kräfte. Die Krankheit verschlimmerte sich so, daß sie über einige Monate hinweg mit dem Tod zu kämpfen hatte. Lionel bekam in der Zeit für ein paar Wochen Urlaub und konnte bei ihr sein. Die Weise, in der Celeste die Beziehung zwischen beiden darstellt, gibt nur wenig Aufschluß über ihr wirkliches Verhältnis. Da die Familie des Mannes nach dessen Tod versuchte, ihr den Familiennamen streitig zu machen, hatte sie ein Interesse daran festzustellen, daß Lionel den Entschluß, sie zu heiraten, nie bereut habe. Wahrscheinlich ist manches unter diesem Aspekt geglättet und beschönigt worden. Trotzdem läßt Celeste auch in der Darstellung ihres Liebesverhältnisses die Ambivalenz zu. Die Zuwendung, die ihr Lionel im Moment ihrer Krankheit entgegenbrachte, nahm sie als Beweis seiner Liebe. Zugleich durchzuckte sie der Gedanke, dies sei alles nur eine Komödie von Lionels Seite und er warte insgeheim auf ihren Tod (vgl. ebd., S. 168).

Als Lionel wieder nach Australien zurückreiste, mußte sie ihn allein fahren lassen, weil sie noch nicht ganz gesund war. Lionel wurde auf der Überfahrt selber krank und erholte sich nicht wieder. Er starb im Dezember 1858. Erst in einem seiner letzten Briefe nahm er Bezug auf die »Voleurs d'Or«, die er offensichtlich zuvor nicht beachtet hatte.

Mehr als die Hälfte ihres Lebens ...

Die Nachricht vom Tode Lionels ließ Celeste einen gesundheitlichen Rückschlag erleiden, der sie noch einmal an den Rand des Todes brachte. Doch ging für sie der Kampf um das Leben weiter. Die Familie Chabrillan setzte alles daran, sie zu hindern, ihren Namen zu tragen. Da die Eheschließung durch die Weitsicht Lionels rechtsgültig und unanfechtbar war, war eine Aberkennung des Namens nicht möglich. Um Celeste zu einem bezahlten, freiwilligen Verzicht zu bewegen, schaltete die gräfliche Familie den Außenminister ein. Dieser bot Celeste 12.000 francs, falls sie in das Arrangement einwillige und drohte ihr zugleich im Falle ihrer Verweigerung einen Prozeß an. Celeste widerstand dem Angebot und behauptete sich dem Minister gegenüber. Doch wie sehr sie in der konkreten Situation ihren Widersachern die Stirn bot, brach sie jedesmal danach, wenn sie allein war, zusammen und fühlte sich schwach und ängstlich. Der Tod Lionels hatte sie nicht nur affektiv allein gelassen, sondern stellte sie auch von nun ab wieder vor die Notwendigkeit, selbst für ihren Unterhalt sorgen zu müssen und dies nicht mehr auf die Weise, wie sie es früher getan hatte.

Ihr weiteres Schicksal war von der Sorge um eine Existenzmöglichkeit bestimmt. Dabei war sie den allgemeinen Schwierigkeiten ausgesetzt, die alleinstehende Frauen hatten und darüber hinaus den besonderen, den ihr weite Teile der Gesellschaft aufgrund des »Makels« ihrer Vergangenheit machten. Ich beziehe mich in der Darstellung des Folgenden auf die Biographie von F. Moser, die über die handgeschriebenen Aufzeichnungen Celestes verfügte.

Der Kampf der Familie Chabrillan wirkte sich auf die Arbeitsbedingungen Celestes aus. Mirès und E. Girardin, Herausgeber von »La Presse« (der zweitgrößten Tageszeitung) hatten ihr zugesagt, einen ihrer Romane zu publizieren und mit 25 centimes pro Zeile zu bezahlen. Üblicherweise betrug der Preis pro Zeile nur 15 centimes. Im letzten Moment zogen die beiden Verleger ihr Angebot zurück. Die guten Beziehungen der Familie Chabrillan zum Minister hatten diesen einen Wink an Girardin geben lassen, den kompromittierenden Namen Celestes nicht in die Zeitung aufzunehmen. Dieser Vorgang ließ Celeste auf kleinere Blätter angewiesen sein, die ihre Arbeit entsprechend schlecht bezahlten. Der Direktor des Theaters »Porte Saint-Martin«, der die von Dumas d.Ä. zu einem Theaterstück umgeschriebenen »Voleurs d'Or« aufzuführen versprochen hatte, entschuldigte sich im letzten Moment aus dem gleichen Grunde. Dies widerfuhr ihr noch einmal, und auch eine Rolle in dem Stück »Antony« wurde ihr mit derselben Begründung verwehrt. Die Familie ihres Mannes war einflußreich genug, ein Berufsverbot gegen sie durchzusetzen.

In dieser Situation kam sie auf die mutige Idee, selber ein Theater zu mieten und zu leiten. Das Problem des Startkapitals konnte sie dadurch lösen, daß sie ihr kleines Haus im Berry verkaufte. Da jedoch an Frauen keine Lizenzen für eine Theaterdirektion vergeben wurden, mußte sich sich einen Strohmann besorgen. Sie fand einen erfolglosen Journalisten, der gegen eine Gehalt von 300 francs monatlich seinen Namen zur Verfügung stellte. Trotzdem bedurfte es noch besonderer Empfehlungen und vieler mühevoller Schritte, bevor ihr der Direktor der Beaux-Arts die Genehmigung erteilte.

Anfangs lief das Theater gut, sie spielte eigene Stücke und erhielt gute Kritiken. Pierrefitte lobte in der »Revue d'Art dramatique« ihren doppelten Erfolg als Autorin und Schauspielerin. Bei besonders billigen Eintrittspreisen von 0 fr 25 setzte sich ihr Publikum vorwiegend aus Hausangestellten, kleinen Ladenbesitzern und Arbeitern zusammen. Im ersten Winter erzielte sie einen Gesamtumsatz von 12.000 francs pro Monat. Es gelang ihr, mit einem guten Gespür Schauspieler zu engagieren, die später bekannt wurden. Trotz solcher Erfolge wurde sie von der Kritik weitgehend verschwiegen, die Herren Kritiker begaben sich im allgemeinen nicht zu ihren Vorführungen. Doch blieben ihr auch bei dieser Arbeit die abfälligen Kommentare nicht erspart.

In der Folge war Celeste mit der Auswahl ihrer Stücke weniger erfolgreich. Sie spielte häufiger vor halbleerem Saal und mußte, da sie keine finanzielle Rücklage hatte, das Theater verkaufen. Ein Konkursverfahren wurde ihr anhängig gemacht. Sie geriet darüber in so tiefe Verzweiflung, daß sie einen erneuten Selbstmordversuch unternahm. Sie schluckte eine hohe Dosis Opiumtinktur. Ihre Genesung war sehr langwierig, sie hatte wiederum das Gefühl, von allen Menschen verlassen zu sein.

Celestes Sehnsucht war es zeitlebens, in die »gute Gesellschaft« aufgenommen zu werden. Sie richtete ihren Kampfeswillen und ihre Zähigkeit immer auf dieses Ziel, das sie trotz der Erfahrung der Hohlheit und Verlogenheit dieser Gesellschaft niemals in Frage stellte. Politisch war sie eine entschiedene Bonapartistin, wenngleich ihre Freunde zumeist Republikaner und teilweise sogar Kommunarden waren. Vermutlich hatte Celeste so sehr die Ausstrahlung einer Frau aus dem Volk und darin auch ihre Stärke, daß sie gerade von Freunden mit liberalen Ideen wegen ihrer Persönlichkeit geschätzt (und in bezug auf ihre politischen Anschauuungen nicht ernstgenommen) wurde. Letztlich gelang es ihr niemals, gesellschaftliche Wertschätzung in den Kreisen zu erfahren, wo sie sie ersehnte.

Eine Inszenierung der »Voleurs d'Or« im Theater von Belleville wurde zum größten Theatererfolg in Celestes Leben. Das Vorstadtpublikum, das Celeste als eine der Ihren betrachtete, feierte die Aufführung, bei der Pferde und Wagen auf die Bühne gebracht wurden, überschwenglich und begeistert. In den Zeitungsnotizen wurde wohlwollend berichtet.

Der Erfolg, den Celeste erzielte, war immer nur von begrenzter Dauer, er mußte mit jeder Aufführung und jedem Stück neu errungen werden. Oft entstanden Zwischenzeiten finanzieller Bedrängnis, aus denen sie sich immer wieder durch ihre Arbeit befreite, sei es, daß sie sich als Photographin installierte, sei es, daß sie als Sängerin und Schauspielerin auf Familienfesten auftrat oder ein Lesekabinett eröffnete. Sie schrieb auch weiterhin Romane und Theaterstücke, die sie jedoch nicht immer verkaufen konnte.

Ihre Gesundheit war oft angeschlagen, trotzdem kämpfte sie weiter gegen das Außenministerium an, das ihr seit vierzig Jahren die Pension vorenthielt. Im Alter von 74 Jahren fürchtete sie, so krank zu werden, daß sie nicht mehr allein bleiben könne. Aus diesem Grund wollte sie ein Dienstmädchen einstellen. In der Hoffnung, noch einmal zu Publizität und zu Geld zu kommen, suchte sie die Redakteure verschiedener Zeitungen auf und bat diese, Artikel über sie zu schreiben. Einige Journalisten waren sehr verärgert über ein derartiges Ansinnen, andere nahmen ihr Anliegen auf. Jules Chancel besuchte sie in der Passage de l'Opera, wo sie einen kleinen Laden hatte, und zeichnete nach dieser Begegnung folgendes Portrait:

»Ich habe den Eindruck, daß hinter dieser großen Glasscheibe, die sie von den Menschen und dem Leben auf dem Boulevard trennt, ihre Einsamkeit weniger groß, ihr Versinken in Vergessenheit weniger vollständig ist. ... Ich beobachte neugierig diese 74jährige Frau, die durch alle außergewöhnlichen Abenteuer ihres Lebens hinweg die unerschütterliche Vornehmheit der ehemaligen Kaiserin von Saint-Lazare behalten hat. ... Ein Schleier aus Spitze bedeckt ihre weißen und sehr schönen Haare und gibt dem regelmäßigen Gesicht mit den lebhaften Augen und dem verächtlichen Mund, den die Sorgen, der Überdruß und die Müdigkeit zusammengezogen haben, aristokratische Formen ...« (zit. in Moser 1935, S. 312).[41]

Henri Wendel veröffentlichte in »Vie illustrée« einen Artikel, in dem er den vergangenen Glanz von Mabille noch einmal in Erinnerung rief. Jules Clarétie widmete ihr eine Glosse in »Le Journal«, wo er davon spricht, wie in der Zeit seiner Jugend, während er noch zur Schule ging, die Erwachsenen von »der Mogador« schwärmten.

Aufgrund dieser Artikel gewährte ihr das Außenministerium eine Beihilfe von 300 francs. Celeste reagierte auf diese kleine Summe mit einem wütenden Brief, in dem sie das Ministerum anklagte, sie seit 40 Jahren zu betrügen. Celeste hatte Angst davor, in ein Altersheim gehen zu müssen. Als jedoch alle Versuche, ihre Theaterstücke noch einmal spielen zu lassen, scheiterten und endgültig keine Aussicht mehr für sie bestand, eine Hausdame bezahlen zu können, blieb ihr keine andere Wahl. Sie ging in ein Altersheim, wo sie ein für die Nonnen seltsam anmutendes Leben führte. Ihr Zimmer hatte sie mit Photos aus der Zeit von Mabille geschmückt, nachts schrieb sie zumeist, und wenn sie schlief, dann nackt. Zu den anderen Insassinnen hatte sie keinen Kontakt, doch ging sie weiterhin nach draußen und empfing auch manchmal Besuche. Eine Schwester, die Celeste in den letzten Jahren betreute, konnte noch von F. Moser befragt werden. Celeste sei sehr heftig in ihren Reaktionen gewesen, berichtete eine Nonne, sie habe auch oft Nervenkrisen gehabt. Wenn sie ruhiger geworden sei, habe sie sich für ihre Ausbrüche entschuldigt und sei dann sehr liebenswürdig gewesen. Als Celeste 1909 starb, hatte sie, die ihr ganzes Leben um den Erhalt ihres gräflichen Titels gekämpft hatte, verfügt, daß auf ihrem Grabstein nur Celeste stehen sollte.

* * *

Celeste Mogadors Lebensgeschichte verdient aus einem anderen Grunde Aufmerksamkeit als das Leben politisch engagierter Frauen, die durch ihre Kämpfe bekanntgeworden sind und die darin Vorbild für unsere eigenen Auseinandersetzungen sein können. Celeste hat nicht, wie manche ihrer Zeitgenossinnen, mit der klaren Schärfe ihres Verstandes die Unterdrückung der Frauen analysiert und dagegen polemisiert. Auf den ersten Blick scheint es vielmehr ihre hervorragendste Eigenschaft zu sein, sich zu arrangieren. Sie hat sich an die ihr gesetzten Bedingungen angepaßt, um innerhalb der für sie greifbaren Möglichkeiten einer weiblichen Existenz ein Leben zu führen, von dem sie hoffte, daß es ihr zu der so sehnlich gewünschten Anerkennung verhelfen würde. Celeste lädt nicht zur Identifikation ein. Im Gegenteil. Immer wieder drängt sich beim Lesen der Erinnerungen die Frage auf, ob diese Frau ihre außergewöhnliche Kraft nicht besser hätte nutzen können, ob sie sich nicht politisch gegen die Unterdrückung hätte auflehnen und Ideen aufgreifen und leben sollen, die sie freier und stärker gemacht hätten. Sie hat dies nicht getan, klassen- oder gar frauenkämpferische Gedanken kamen ihr nicht in den Sinn.

Die Faszinationskraft der Biographie rührt vom Nebeneinander von individuellem Widerstand und versuchter Anpassung an bürgerliche Wertvorstellungen her. Celeste hat sich der Armut und dem Ausgeliefertsein an einen Mann ihrer Klasse dadurch widersetzt, daß sie Prostituierte wurde. Sie hat sich mit diesem Entschluß über die um sie herum gültigen Normen erhoben. Aber sie ist nicht wirklich aus dem Rahmen, der den Frauen ihrer Klasse in der bürgerlichen Gesellschaft gesetzt wurde, ausgebrochen. Sie hat keine anderen Wertvorstellungen entwickelt.

Es hat Celeste nicht an Mut gefehlt, ihr Leben in die eigene Hand zu nehmen. Um so deutlicher erscheinen die Schranken, die ihr von der Allgegenwart männlicher Macht gesetzt wurden. Als sie noch ein Kind war, waren es der Ehemann und dann der Liebhaber der Mutter, von denen ihr Leben bestimmt wurde. Später waren es die Reglementierungen, die der Polizei und den Ärzten Kontrolle über sie verschafften, aber auch die Männergesellschaft ihrer eigenen Liebhaber, dann der Ehemann und dessen Familie, der »Strohmann«, auf den sie für ihr Theater angewiesen war und schließlich die Zeitungsmänner und die Männer, die über ihren Pensionsanspruch entschieden, deren Macht sie ausgeliefert war. Celeste hat sich im konkreten Fall immer mit großer Energie zur Wehr gesetzt, aber dabei die Ordnung und die Normen, auf denen die Gewalt dieser Männer beruhte, nicht in Zweifel gezogen.

Die Vorteile, die ihr die Prostitution und das Kurtisanenleben gegenüber dem, das sie als Frau eines Arbeiters hätte führen können, boten, waren offensichtlich. Doch zugleich mußte sie einen hohen Preis dafür bezahlen. Einerseits gewann sie durch den Besitz des durch eigene Kraft erworbenen Geldes Selbständigkeit. Andererseits beruhte diese Autonomie der Geldbesitzerin auf dem Verzicht an Eigenständigkeit. Denn das Geschäft verlangte es, der Lust der anderen zu dienen, sich gefühllos wie eine Maschine zu machen, wie ein Automat zu funktionieren, eine Maske der Fröhlichkeit aufzusetzen, um die Traurigkeit zu verbergen und schließlich, scheinhafte Bewunderung zu genießen, weil wirkliche Bewunderung der Person nicht gezollt werden würde.

Sowohl für die Kurtisane wie auch für die Ménagère blieb die männliche Macht, die ihr gegenübertrat, nicht nur äußerlich. Celestes Gedanken, ihre Empfindungen, ihr Selbstbildnis und ihre Selbstliebe blieben davon nicht unberührt. In beiden Lebensformen bestanden jeweils andere Einschränkungen und Abhängigkeiten, aber beide verlangten Selbstverleugnung, das »Komödiespielen«, scheinbare und wirkliche Anpassung an die Wünsche der

Männer und dabei großes Einfühlungsvermögen. Als Prostituierte und Kurtisane bedurfte sie der Charaktermaske des Verkäufers, dessen Qualität Haug (1976) so beschreibt:

> »Er zeigt schmeichlerische Ergebenheit und Zuvorkommenheit bei modisch gepflegter Erscheinung. ... Er macht Eindruck durch die Darstellung seiner eigenen Beeindruckbarkeit. Er wirft dem Käufer in seinem Verhalten ständig ein unterwürfiges und dabei die für seinen Standpunkt funktionalen Regungen des Käufers bestärkendes Spiegelbild zurück« (Haug 1976, S. 73).

Als Ehefrau schlüpfte sie in dieselbe Maske, um Lionel glauben zu machen, er sei der bessere Schachspieler, er treffe die klügeren Entscheidungen, und verbarg ihre eigene Klugheit und Selbständigkeit dahinter. Aber anders als der Schuhverkäufer konnte sie weder als Kurtisane noch als Ménagère die Maske ablegen, wenn der Handel beschlossen war. Celeste hat am eigenen Leibe die Doppelbödigkeit und Ambivalenz der gesellschaftlichen Wertschätzung erlitten. Interesse in der Öffentlichkeit erzeugte sie zeitlebens als »Tänzerin von Mabille« und nicht als Ctesse Lionel de Chabrillan. Der Grund für die Beachtung, die sie fand, war zugleich der, in dessen Namen ihr die Achtung verwehrt wurde.

Celeste entsprach keiner der Stereotypen, die zuhauf über Prostituierte und Kurtisanen verbreitet wurden (und werden). Sie war nicht »faul« mit einer »Neigung zu Ausschweifungen« und einer »Vorliebe für starke Liköre« — sie hatte nur Mühe, eine Erwerbstätigkeit zu finden. Sie war nicht von ihrem Charakter her eine Lügnerin — sie war gezwungen, Lüge zu verkaufen (vgl. Parent-Duchâtelet 1857, S. 45ff.). Sie war nicht einmal ärmer als die Mehrzahl der anderen Frauen — sie wollte nur nicht in dieser Armut verbleiben. Celeste stand nicht am Rande der bürgerlichen Gesellschaft, sondern in deren Zentrum. Sie war nicht in einer besonderen Weise »Opfer«, sondern in der alltäglichen. Celeste personifizierte die Halb-Freiheit der Frauen. In den unterschiedlichen Phasen ihres Lebens hielt sie jeweils andere Stücke davon in den Händen. Das Geld, das sie gewann, mußte wieder ausgegeben werden, die Publizität, die sie erlangte, machte sie zum Freiwild für Verachtung, die Würde der Ehefrau bezahlte sie mit einem Teil ihrer Eigenständigkeit.

Cora Pearl hat den Mythos Kurtisane von einer anderen Seite her aufgedeckt, dies wird im folgenden dargestellt.

Cora Pearl

Cora Pearl war ein Name, der im zweiten Kaiserreich in den Kreisen des »Tout-Paris« zustimmende Bewunderung, verächtliche Ablehnung, aber doch sicher immer einen Kommentar herausforderte. Er gehörte einer der teuersten und glanzvollsten Frauen der Zeit. Cora Pearl war von Geburt her Engländerin, kam mit 15 Jahren nach Paris, das war im Jahr 1857, und machte dort schnell eine Karriere, die sie auf die oberste Stufe der 'haute noce' brachte. Ihre Liebhaber zählten zu den reichsten und mächtigsten Männern des Hofes. Masséma, der Sohn des kaiserlichen Marschalls, der Prinz Napoleon, der Cousin Napoleon des III., Morny, Halbbruder desselben und Innenminister, die beiden Marut, Vater und Sohn, Gramont-Kaderousse, Persigny, Arsène Houssaye, der Prinz von Oranien, Malborough und sogar Bismarck, den Cora in Baden-Baden kennenlernte, um nur einige Namen zu nennen, gehörten dazu.

Bekannt und berühmt war Cora für ihre Meisterschaft im Haarfärben und in der Kunst des Schminkens. Sie färbte sich die Haare in einem gelb-roten Ton, der im Mittelalter als die Farbe der Prostitution geächtet war und auch danach mit Vorurteilen belastet blieb.

Es wurde von ihr gesagt, ihr Gesicht sei nicht sonderlich hübsch gewesen, doch habe sie einen sehr anziehenden Körper gehabt, und keine Frau habe es so gut wie sie verstanden, elegante Kleidung und kostbaren Schmuck zur Geltung zu bringen. Mit dem Ende des zweiten Kaiserreiches sank Coras Stern. Die »fête impériale«, deren Symbol sie war, war auch der Nährboden ihrer Lebensweise und ihres Ruhmes gewesen.

Cora Pearl hat 1885 ihre Memoiren veröffentlicht. Sie lebte in der Zeit in großer Armut, in einem bescheidenen Zimmer in der Rue Bassamo in Paris. Die Anregung zu den Memoiren soll von einem jungen Schriftsteller, dessen Name nicht bekannt ist, ausgegangen sein. Giles Breuil, der ihr anläßlich ihres 60. Todestages einen Artikel in der Zeitschrift 'Ordre' gewidmet hat, geht davon aus, daß Cora Pearl die Memoiren nicht selber geschrieben hat, sondern daß sie von dem Schriftsteller auf der Basis ihrer Erzählungen und Briefe verfaßt wurden.

Die Autorenschaft Cora Pearls bzw. der Grad ihrer Beteiligung ist heute nicht mehr feststellbar. Cora Pearl hat die Memoiren als von ihr verfaßt und mit ihrem Namen gezeichnet herausgegeben, ohne die Mithilfe eines anderen zu erwähnen. Sicher hat sie den Inhalt bestimmt, selbst wenn nicht alle Formulierungen aus ihrer Feder stammen. Das Buch hatte einen beachtlichen Erfolg. Im ersten Jahr wurden 15.000 Exemplare verkauft; doch kam Cora nicht mehr in den Genuß des Geldes, da sie im selben Jahr starb. Sie wurde 44 Jahre alt.

Die Umstände des Entstehens und auch die explizite Ausrichtung auf einen erfolgreichen Verkauf schränken die Aussagekraft der »Mémoires« als autobiographische Quelle ein. Cora selbst schreibt, sie habe dieses Buch gemacht, um die Gesellschaft des zweiten Kaiserreichs in Szene zu setzen und auch, weil sie sich von seiner Veröffentlichung »einige Scheine« erhoffe (Pearl 1886, S. 1). Cora hat nicht in erster Linie sich selbst, die Geschichte ihrer eigenen Subjektivität zum Gegenstand ihres Buches gemacht. Der 'subjektive Faktor' verschwindet sehr stark hinter der Darstellung der Rolle, die sie 25 Jahre hindurch ausgefüllt hat. In dieser Zeit hat — in den Erinnerungen — die Rolle keine Veränderung erfahren, ebensowenig wie die Frau, die sie gespielt hat.

Das strukturierende Prinzip des Textes ist nicht das der zeitlichen Abfolge des Lebenslaufs und der Entwicklung der Persönlichkeit Coras. Obwohl die Erinnerungen einen Zeitraum von etwa 40 Jahren umfassen, entsteht der Eindruck — sieht man von den ersten Jahren der Kindheit ab —, als handele es sich um eine Summe von Momentaufnahmen, in denen die Autorin, sich immer gleichbleibend, mit einem wechselnden Gegenüber festgehalten wurde. Cora stellt sich in ihrer Eigenschaft als Kurtisane dar, als jeweilige Partnerin in den Beziehungen zu den Männern, und bestimmt ihre Identiät, sowie sie sie aufschreibt, ausschließlich aus dieser Funktion. Darüber, ob sie Probleme mit dieser Rolle hatte, sagt sie nichts. Konflikte, Ängste, Wünsche oder Hoffnungen, die mit ihrem Leben hätten zusammenstoßen können, tauchen nicht auf.

Es ist schwer zu entscheiden, ob sich Cora als Frau so weit mit ihrer Arbeit als Kurtisane identifiziert hat, daß diese zu ihrer ganzen Identität wurde, oder ob sie und ihr Berater eine solche Darstellungsweise als besonders verkaufsträchtig erachteten. Es sind vermutlich beide Deutungen zutreffend, ohne daß die jeweiligen Anteile voneinander zu trennen wären.

Man muß davon ausgehen, daß Cora ihre Person zum Teil stilisiert hat. Doch ist die Cora des Buches kaum eine Frau, die geeignet wäre, in sensationeller Weise Neugierde und Lust zu befriedigen. Sie hat nichts gemein mit der Nana, diesem »poème des désirs du mâle«[42], und hat auch entsprechend enttäuschte Rezensionen bekommen. Dies wiederum macht den Text in seinen zentralen Aussagen sehr glaubhaft.

Das Buch ist weniger als andere Autobiographien eine Darstellung »von innen«. Auch ist es auf ein potentielles Lesepublikum und auf den Erfolg bei diesem ausgerichtet. Dennoch scheint mir, daß es sich mehr um eine Reduzierung der Person Coras handelt als um eine grundsätzliche Verfälschung.

Über ihre Jugend sagt Cora nur wenige Sätze. Von den 40 jeweils sehr kurzen Kapiteln, die das Buch umfaßt, ist der Darstellung der Kindheit nur eines gewidmet. Alle anderen zeigen Cora in ihren Beziehungen zu den Männern. Die Liebhaber Coras, zum großen Teil den führenden politischen Kreisen der Zeit zugehörig, werden in Episoden und Anekdoten hintereinander vorgeführt.

Cora hatte es sich zum Prinzip gemacht, niemals von einem Mann allein abhängig sein zu wollen. Sie hatte darum immer verschiedene Freundschaften nebeneinander, die sich oft während mehrerer Jahre überschnitten. So ergeben sich auch in der Darstellung, die in der Abfolge der Kapitel an den Personen ausgerichtet ist, mit denen Cora befreundet war, zeitliche Verschiebungen und Überschneidungen, die aus dem Text heraus nicht aufgeschlüsselt werden können. Eine Chronologie der Ereignisse kann daher nur sehr grob ausfallen, doch ist sie auch nicht wesentlich. Cora selbst ging es nicht darum. Ihr Bild von ihrer Person und ihrem Leben ist sehr statisch, und wir können es auch nur so nachzeichnen.

Cora Pearl wurde 1842 in England, in Devonshire, als Emma Crunch geboren. Den Namen, mit dem sie so berühmt wurde, nahm sie erst später an, als sie nach Paris kam. Sie lebte die ersten fünf Jahre im Haus ihrer Eltern, die Mutter war Sängerin, der Vater Komponist, und beide hatten 16 Kinder. Die meisten davon waren außer Haus, Cora kannte sie zum großen Teil nicht, »es waren eben so viele«. Im Haus herrschte eine Künstleratmosphäre und »unentwegter Lärm«. Als Cora fünf Jahre alt war, starb der Vater, und die Mutter heiratete wieder, einen Mann, den Cora von Herzen haßte. Cora wurde nach Boulogne in ein Pensionat geschickt, wo sie blieb, bis sie dreizehn Jahre alt war. Nach ihrer Rückkehr wurde sie bei ihrer Großmutter untergebracht, mit der sie tagsüber Karten spielte und abends Reiseerzählungen las.

Die knappen Angaben, die Cora über diese Jahre macht, vermitteln keine Vorstellung darüber, mit welchen Gefühlen und Konflikten diese Kindheit erlebt wurde. Ihre emotionale Bindung an die Eltern, die sie beide nur wenig kannte, und an die Geschwister, aber auch an die Großmutter, war gering. Die Trennung von der Familie nahm sie ohne Bedauern hin. »Sie haben sich nicht um mich gekümmert, und ich nicht um sie« (ebd., S. 13), so charakterisiert Cora dieses Verhältnis. Vermutlich lebte die Familie in einer gewissen Wohlhabenheit.

Als sie fast vierzehn war, veränderte ein Ereignis ihr Leben, welches für ihr weiteres Schiksal entscheidend war. Sie wollte eines Sonntags, nach dem Kirchgang, allein nach Hause gehen, weil ihr Dienstmädchen, das sie sonst immer dort abholte, nicht zur Stelle war. Als sie sich, stolz und unternehmungslustig, auf den Weg machte, wurde sie von einem Herrn angesprochen, der vielleicht vierzig Jahre alt gewesen sein mochte. Er versprach ihr, sie zum Kuchen einzuladen, und sie ging mit ihm. In dem Haus, in das er sie führte, gab es nur einen Grog für sie, der sie schläfrig machte. Als sie am nächsten Morgen im Bett dieses Mannes aufwachte, war sie »ein Kind mehr, das hinterhältig geschändet war. (ebd., S. 20). Sie habe von diesem Tag an eine instinktive Abwehr allen Männern gegenüber behalten, die sie niemals abgelegt habe.

Später habe sie ähnliche Schandtaten in den Zeitungen gelesen, und sie sei darüber nicht mehr erstaunt gewesen. Die Männer machten nur das, was sie zu ihrer Zeit auch gemacht hätten.

Für uns ist es nicht möglich, die Authentizität dieser Vergewaltigung nachzuweisen. Frauen gaben häufig eine Vergewaltigung oder ein nicht eingehaltenes Eheversprechen von einem Mann als Einstieg in ihre Laufbahn als Prostituierte an. Denen, die meinen, daß dies darum nicht sehr glaubhaft sei, ist nur entgegenzuhalten, daß auch heute Frauen in den allermeisten Fällen zu Unrecht an diesem Punkt nicht geglaubt wird. Es wird in dieser Episode, unabhängig davon, ob sie als literarische Erfindung zu betrachten ist oder nicht, zweierlei deutlich. Cora hat eine grundsätzliche und tiefsitzende Abneigung gegenüber allen Männern, die sie auch im Laufe ihres Lebens nicht aufgibt, nicht einmal abschwächt. Cora stellt diese Abneigung in Zusammenhang mit einer Situation, die jederzeit denkbar war und fast an der Tagesordnung. Es ist letztlich, meine ich, gar nicht mehr so entscheidend, ob die Realisierung dieses Machtverhältnisses am eigenen Leibe wirklich stattgefunden hat, damit Gefühle der Ohnmacht, des Hasses und der Wut entstehen, oder wie Cora sagt, »ein unüberwindbarer Ekel«.

Cora meinte, nach diesem Ereignis nicht mehr zu ihrer Familie zurückkehren zu können. Ihr Vergewaltiger hatte ihr 20 francs zur Abfindung gegeben, mit denen sie sich ein Zimmer mieten und bei einer Wiederverkäuferin die nötigen Kleider kaufen konnte.

Als zweite wesentliche Charaktereigenschaft, neben der Verachtung der Männer, führt sie ihren 'sens pratique' an und vor allem ihr Bedürfnis nach Unabhängigkeit.

Nachdem sie ein Zimmer in einem Londoner Vorort gemietet hatte, lernte sie sofort einen Herrn kennen. So zumindest steht es im Text. Wenn die im Text angegebenen Lebensdaten richtig sind, müßte zwischen der Vergewaltigung und der Bekanntschaft mit Williams Bluckel mindestens ein Jahr gelegen haben, über das sie nichts sagt. Mit diesem Jahr fehlt uns ein Teil ihrer Geschichte und ihrer Person, in dem sie wahrscheinlich mit sich allein war, wo sie grundsätzliche Lebensentscheidungen treffen mußte und vermutlich auch die Grenzen gespürt hat, in denen diese bleiben mußten. Doch hat sie uns darüber keine Auskunft gegeben.

In der Freundschaft mit Bluckel gab es für Cora mehr Gemeinsamkeiten als in den späteren Beziehungen. Wenn sie zusammen spazieren gingen und wie Kinder herumtollten, so hatte sie auch daran Vergnügen. Es war eine der wenigen Beziehungen, von denen Cora nicht berichtet, wieviel Geld sie daran verdient hat.

Als Bluckel mit ihr eine Reise nach Paris unternahm, besuchten sie gemeinsam die Sehenswürdigkeiten der Stadt, den Arc-de-Triomphe, die Abwässerkanäle, das Panthéon und die Tuilerien und natürlich auch das Ballhaus Mabille. Paris war für Cora das Ziel ihrer Träume. Als Touristin am Arm eines wohlhabenden Mannes bekam sie die Ausschnitte des »Pariser Lebens« vor Augen, die ihr verlockend erschienen und innerhalb derer sie eine eigene Lebensperspektive entwickeln konnte. Sie beobachtete die Faszination, die die Frauen auf ihren Begleiter ausübten und spürte, daß darin ein Stück Macht lag.

Cora genoß die Reise und die Lebensform, die ihr Bluckel bot, doch ohne sich selber gefühlsmäßig für ihn zu engagieren oder gar an ihn zu binden. Sie wollte ihn nicht heiraten und niemanden sonst, denn »ich verachte die Männer zu sehr, um jemals einem von ihnen zu gehorchen« (ebd., S. 31) Ihre emotionale Unabhängigkeit machte ihre Stärke aus. Als Bluckel vier Wochen später nach England zurückkehren mußte, um seine Besitztümer zu verwalten, beschloß sie, in Paris zu bleiben.

Aus Coras knappen Formulierungen werden Motive, die sie zu dieser Haltung veranlaßt haben, nicht deutlich. Sie beschreibt diesen Schritt in drei Sätzen:

> »Nachdem ein Monat vergangen war, sagte Bluckel zu mir: 'Wir müssen zurückfahren'. Hätte er zu mir gesagt: 'Wir müssen sterben', wäre mir das nicht unangenehmer gewesen. — Reisen Sie zurück, wenn Sie dies wollen, ich jedenfalls bleibe!« (ebd., S. 34)[43]

Um ihren Entschluß zu bekräftigen, zerriß sie ihren Paß. Sie stellt diesen Schritt in der gleichen Unvermitteltheit dar und kommentiert ihn abschließend:

> »Das, was ich da gemacht habe, war vielleicht schlecht, aber sehr spontan. Schließlich war es der Fehler dieses armen Jungen! Man führt seine Frau nicht nach Paris, wenn man an seinen Besitztümern in Albrect-Room hängt!« (ebd.)[44]

Cora verzichtet an dieser Stelle und auch später darauf, dem Bild, das sie von sich erstellt, jene »weiblichen« Fähigkeiten des Mitgefühls, der Bereitschaft zu Opfer und Hingabe oder auch nur des Verständnisses und der liebevollen Fürsorge anzuheften, die dem männlichen und vielleicht auch dem weiblichen Blick die Kurtisane sympathisch machen könnte. Die Qualitäten einer Kameliendame liegen ihr fern. A. France ist einer derjenigen, den die Schamlosigkeit, mit der Cora ihre materiellen Interessen über jegliches Mitgefühl stellt, am meisten verbittert. »Nicht eine Erinnerung ist angeführt, die zeigen könnte, daß die Hexe ein Herz hatte« (France 1886).

Nach der Trennung von Bluckel, die sie voller Vertrauen in die Arbeits- und Überzeugungskraft ihres Körpers vollzogen hatte, begann in Paris ihre Karriere in der »haute noce«. Über die Weise ihres Einstiegs, die Schwierigkeiten, alleinstehend eine Wohnung zu finden, schweigen die Memoiren. Die Cora der »Erinnerungen« hat nur eine Gestalt in ihren Beziehungen zu den Männern.

Die Weise, in der Cora »die Ringe ihrer goldenen Kette« vorführt, hat wiederum herbe Kritik bei ihren Rezensenten hervorgerufen. Sie benötigt nicht mehr als ein Kapitel von wenigen Seiten, um ihre ersten Beziehungen aufzuzählen. Wie in einem Ausstellungskatalog ziehen die Liebhaber vorbei, ein jeder charakterisiert durch seine Titel, seinen Reichtum und vor allem durch die »Großzügigkeit«, die er Cora gegenüber bewies. Dieses Kapitel sei auszugsweise zitiert, weil es in hervorragender Weise einen Eindruck in die Art vermittelt, wie Cora diese Beziehungen wahrgenommen und darüber berichtet hat:

> »Die erste Bekanntschaft, die ich in Frankreich machte, war die eines Seemannes. Kein Geld, aber was für Reiseerzählungen! (...) Daraufhin kam ich mit der Roubise, einer in ihren Kreisen sehr angesehenen Frau in Kontakt, die mir zahlreiche Beziehungen vermittelte. Zur engsten unter diesen würde ich die zu Délamarche zählen, dem ich sehr zugetan war. Aber auch bei ihm war das Herz reicher als das Portemonnaie. (...) Meine Verbindung zu Lasséma dauerte sechs Jahre. Er war ohne Zweifel einer der ersten Ringe in meiner goldenen Kette. Erbe eines großen Namens des ersten Kaiserreichs, reich und in jeder Hinsicht korrekt. (...) Er war entsetzlich eifersüchtig auf Adrien Marut, der, nicht weniger als jener durch seine Geburt mit den Erinnerungen derselben Epoche verbunden, für mich mit dem ganzen Feuer seiner 17 Jahre entflammt war. (...) Marut schenkte mir als erster ein Pferd, (...) aber seine Schulden waren ebenso groß wie seine Liebe. (...) Ich hatte wenige Tage zuvor mit Vater und Sohn Marut nach einem Opernball diniert. Der erste des Namens Marut war sehr aufmerksam. (...) Am nächsten Morgen schickte mir der Vater eine goldene Uhr mit meinem Namenszeichen und einige Zeit später ein Silbergeschirr. (...)« (ebd., S. 37-41)[45]

Mir hat es großes Vergnügen bereitet zu sehen, mit welcher Konsequenz Cora die Geschäftsbeziehungen zu ihren Liebhabern als solche dargestellt hat. Ihr Stolz und ihr Selbstvertrauen beruhten darauf, diese Geschäfte mit Erfolg betrieben zu haben. Sie macht auch in der Selbstdarstellung kein Hehl daraus. »Ich habe ein glückliches Leben geführt«, kann sie von sich sagen, »ich habe ungeheure Mengen Geld verschwendet, und ich bin weit entfernt, mich als Opfer zu fühlen« (ebd., S. 2).

Cora greift in ihrer unbekümmerten Direktheit einen Mythos an. Da gewährt nicht ein mit magischen Kräften ausgestattetes Teufelsweib Einblicke in sein Fühlen und Wirken, da erzählt auch nicht ein Opfer der Gesellschaft von seinem Leidensweg, auf dem es eigentlich immer nur auf der Suche nach der Liebe eines Mannes war, der sie aus dem Schmutz zu sich emporziehen würde. Die phantastische Kurtisane entpuppte sich als nüchterne und selbstbewußte Geschäftsfrau, die in kühler Weise aus ihrem Körper und ihrer Abneigung gegenüber den Männern Kapital zu schlagen versteht.

Diese »Trockenheit des Herzens« erbost A. France mehr, als es die unmoralischste Leidenschaft hätte tun können.

> »Nicht ein Wort, das aus dem Herzen käme, unterbricht die Monotonie dieses Verzeichnisses galanter Geschäfte, das noch nach schmutziger Wäsche riecht; Zahlen hingegen, große oder kleine, finden sich jedesmal. Dieser hat mir soviel gegeben, jener soviel; das sind keine Memoiren, das ist ein Rechnungsbuch, in dem die Liebhaber wie Pächter erscheinen, ein jeder seinen Zins entrichtend« (France 1886)[46]

Es gab einige Beziehungen in ihrem Leben, die viele Jahre anhielten. Eine davon war die zum 'Duc Citron', Pseudonym für den Prinzen von Oranien. Die Jahre sind in der Erinnerung auf wenig Berichtenswertes zusammengeschmolzen:

> »Der Duc Citron, mit dem ich lange zusammen geblieben bin, war sehr großzügig zu mir. Ich besitze von ihm eine wunderbare Perlenkette. Hier ein Brief, den er mir zusammen mit dem wertvollen Geschenk geschickt hat«.

Es folgen mehrere Briefe von ihm an sie, danach fährt sie fort:

> »Ich hätte gern gewollt, daß er mich mit in sein Land nähme. Mehr als einmal habe ich ihm diesen Wunsch mitgeteilt. Das letzte Mal als ich ihn sah, trug ich einen reizenden Ausschnitt. Er bat mich, zu mir kommen zu dürfen. Ich lehnte ab, weil ich fürchtete, ein zu schnelles Nachgeben zu bedauern. Er bestand darauf. — Ich schlage Ihnen fünf blaue Scheine vor! Er kommt. ... Er reist ab und läßt mir die Zeichen seiner Zärtlichkeit zurück. — Am selben Tag noch schickt er mir die fünf tausend Francscheine« (Pearl 1886, S. 41-45)[47]

Mehr sagt Cora nicht von ihrer langen Beziehung zu diesem Mann. Aus seinen Briefen an sie wird deutlich, daß zwischen beiden ein Kontakt bestand, bei dem er auch emotional beteiligt war. Dies trifft für Cora nicht zu. Ihr wesentlicher und bleibender Eindruck aus dieser Verbindung waren die Perlenkette, die fünf blauen Scheine und die Taktik, die dazu geführt hatte, einen Höchstverdienst zu erzielen. Wenn auch in der Darstellung der anderen Liebhaber die Reduktion nicht immer in derart krasser Weise erfolgt, so kennzeichnet sie doch grundsätzlich das Verhältnis Coras zu den Männern.

Den Grafen Morny hatte sie auf dem Eis beim Schlittschuhlaufen kennengelernt. Solche Formen sportlicher Vergnügungen boten eine Möglichkeit, Bekanntschaften aufzunehmen, sie bildeten eine Art Rekrutierungsfeld für die Liebhaber der Kurtisanen. Dementsprechend schwierig war es für »ehrenwerte« Frauen, daran teilzunehmen, ohne ihrem Ruf zu schaden. Morny verkörperte den Typ des »parfait gentilhomme«. Er machte geistreiche Komplimente und wußte selbst seine Vorwürfe noch mit liebenswürdiger Verbindlichkeit vorzubringen. Cora bewunderte seine Bildung und sein Kunstverständnis, doch war es ihr nur in kurzen Zeiten vergönnt, ihm zuzuhören.

Das ist nicht viel, was wir über den Grafen Morny erfahren, und diejenigen, die erhofften, in dem Buch die darin verwickelten Personen von einer unbekannteren Seite kennenzulernen, waren enttäuscht. Cora hat, so wurde ihr vorgeworfen, die Männer nicht in ihrer Persönlichkeit und Individualität wahrgenommen. Sie habe mit Gleichgültigkeit und Herzenskälte nur an deren Reichtum Interesse gehabt.

»Man erwartete pikante Enthüllungen, Interessantes und Schwerwiegendes über die traurigen Persönlichkeiten der Tuilerien; sie aber hat nichts gesehen und nichts gelernt, weil man ihr nichts gezeigt und nichts erzählt hat, sie nichts hat erfahren lassen; außerdem hatte sie Wichtigeres zu tun. ... es blieb ihr keine Zeit für Geschichte und Politik, um die sie sich nicht mehr kümmerte als um die Lenkung von Gasballons« (Les femmes du jour, Paris 1886)[48]

Cora stieg innerhalb sehr kurzer Zeit in die höchsten Ränge ihres Standes auf und kam schnell zu großem Reichtum. Als sie ihre erste Reise nach Baden-Baden unternahm, reiste sie mit einer Ausstattung, die einer Prinzessin Ehre gemacht hätte. Am Ort selber gab sie 59.000 francs aus, wobei vor allem die aufwendige Bewirtung der Gäste zu Buche schlug. Spielschulden waren nicht mitgezählt, da das ein Budget ist, »über das man nicht diskutiert« (ebd., S. 59).

Das Geldausgeben steht zweifellos im Zentrum ihres Nachdenkens und Berichtens. Sie hat nahezu unvorstellbare Summen in den Händen gehabt, und das erfüllt sie mit Stolz. Ein großer Teil ihrer Erinnerungen ist den Einnahmen gewidmet — was die Männer ihr gezahlt haben — und den Ausgaben, wie sie damit gelebt hat.

In den zwei Wochen, die sie mit Lasséma in Vichy verbrachte, stand ihr Haus Tag und Nacht für die Freunde und deren Freunde, die sie teilweise nicht einmal mit Namen kannte, offen. Es wurde unentwegt getanzt und auf das Hervorragendste gegessen. Dabei wurden 30.000 francs in Lebensmittel umgesetzt. Cora konnte das Geld um so schneller ausgeben, als sie, wie sie sagte, seinen Wert nicht kannte. So konnte es geschehen, daß sie nach einer Reise, auf der sie mehr als 120.000 francs ausgegeben hatte, ihre Diamanten verpfänden mußte, um die Rückfahrt bezahlen zu können. Doch hat sie es nie bereut, das Geld »zum Fenster herausgeworfen zu haben« (ebd., S. 79). Sie ist stolz darauf, daß ihre Gäste ihr nicht nachsagen konnten, sie habe sich lumpen lassen.

Neben der kostspieligen Bewirtung ihrer Gäste, die von ihr sagen sollten, sie haben ihnen alle Ehre erwiesen, gehörte es auch zu ihrer Rolle, teure Kleidung zu tragen und eine luxuriös ausgestattete Wohnung zu führen. Es wäre nicht ausreichend gewesen, hätte sie allein ihren anziehenden Körper angeboten und wäre dieser nicht eingehüllt in einen Lebensstil, der in jeder Hinsicht Genuß ausdrückte. In ihren besten Zeiten besaß sie Schmuck im Werte von einer Million Franken; sie konnte sich darin mit den höchsten Damen der Gesellschaft messen. Einmal kam die Marquise von Kaiserlick zu ihr, um sich ihre Garderobe anzusehen und um mit ihrer Modistin und ihrer Schneiderin Kontakt aufzunehmen. Coras Wohnungen waren angefüllt mit »der erstaunlichsten Sammlung dieser kleinen Nichtigkeiten, die so teuer sind: chinesisches Porzellan, Raritäten und Nippsachen« (ebd., S. 102). Sie bildeten den Rahmen für den Empfang ihrer Liebhaber.

Das Geld, das Cora aus den Beziehungen zu ihren Männern zufloß, mußte dort auch wieder eingebracht werden. Ihre Verfügungsgewalt darüber war eingeschränkt und nicht allein Sache ihrer eigenen Wünsche und Bedürfnisse.

Aus Armut in die Zeiten dieses großen Wohlstandes zurückblickend, merkt sie an, sie hätte vielleicht sparen sollen, doch sei dies in dem Strom, in dem sie gelebt habe, nicht leicht gewesen. Ihre Person war wie ein Medium, durch das sich das kalte Metall in den Händen der Männer in Schönheit, Wärme und Lust verwandelte.

Das Geld mit der gleichen Leichtigkeit auszugeben, wie es eingenommen wurde, war die Bedingung ihres Lebens. Dennoch war dieser Vermittlungsprozeß, auch wenn schließlich von dem Reichtum nichts übrig blieb, mit einem materiell höchst luxuriösen und angenehmen Leben für Cora verbunden. Die Kleider, die Schals, die Pelze, die sie trug, um den Männern zu gefallen, wärmten sie und verschafften ihr Bewunderung. Ihre Wohnungen, einmal gibt sie eine Miete von monatlich 1.000 francs an, unterschieden sich weit von den Unterkünften, in denen sie hätte leben müssen, wenn sie nicht diesen Weg eingeschlagen hätte.

Ein anderer wesentlicher Teil Coras Rolle war es, gesellschaftlicher Mittelpunkt eines Lebens zu sein, das außerhalb der familiären Beziehungen, aber auch außerhalb offizieller gesellschaftlicher Festlichkeiten und Verpflichtungen denen, die daran teilnahmen, Ausgelassenheit und Amüsement versprach. Aus den Beschreibungen, die Cora von der Art der Unterhaltung ihrer Gäste gibt, entsteht ein Bild einer etwas übermütigen, nicht sehr einfallsreichen, manchmal zynischen, manchmal kindlichen Gesellschaft erwachsener Männer. Ein beliebtes Spiel der Männer in Baden-Baden war es, Knallerbsen beim Tanzen auf den Boden fallen zu lassen, um damit die Frauen zu erschrecken. In Vichy illuminierten ihre Liebhaber den Garten derart, daß Brandgefahr bestand. Andere Gäste amüsierten sich damit, Laternen zu zerstören oder die Aushängeschilder der Läden zu vertauschen.

Auch Cora ihrerseits war im Umgang mit den Gästen nicht zimperlich. Dem Grafen Daniloff, der immer seinen Hut aufbehielt, was sie ärgerte, schlug sie mit einem Spazierstock auf den Kopf, so daß dieser zerbrach.

Die ausführliche Darstellung solcher Episoden nimmt viel Raum in Coras Memoiren ein. Sie spiegeln das Leben, das die Männer bei ihr und mit ihr geführt haben und von dem Cora meint, daß darüber zu erfahren für ihre Leser vor allem interessant sei.

Die längste und intensivste Beziehung hatte sie mit dem Prinzen Napoleon, Halbbruder Napoleons III. Dieser Verbindung ist in den Erinnerungen der breiteste Raum gewidmet. Als sie mit einem ihrer Freunde auf der Jagd weilte und dieser etwas weiter vorangeritten war, sah sie einen Mann, der deutlich etwas zu suchen schien. Sie fragte ihn, ob er etwas verloren habe, und er antwortete, das nicht, aber er suche schon seit Stunden verzweifelt nach einer Cora Pearl, wie es ihm sein Herr aufgetragen habe. Es war der Sekretär des Prinzen, der sich auf diese Weise der Aufgabe zu entledigen suchte, zwischen Cora und seinem Herrn den Kontakt herzustellen. Cora folgte der Einladung zu einem Glas Milch auf einem der Höfe des Prinzen ohne Umschweife und später zu anderem in sein Schloß.

Die Form der Kontaktaufnahme war, neben dem Reichtum der Bewerber, ein wichtiges Zeichen für Cora. Eine Eigenschaft zumindest war für den, der ihre Gunst erwerben wollte, unverzichtbar, die »délicatesse du bon ton«. Respektvolle und höfliche Umgangsformen, finanzielle und moralische Großzügigkeit waren unabdingbare Eigenschaften, die die Männer haben mußten, auf die Cora sich einließ. An diesem Punkt habe sie nie Kompromisse gemacht. Zum einen betrachtete sie es als eine Art notwendiger Klugheit, sich nicht gleich dem ersten besten in die Arme zu werfen, weil sie nur so ihre Unabhängigkeit bewahren konnte und weil dies der einzige Weg war, »von Leuten mit Geld geliebt zu werden« (ebd., S. 102).

Der Prinz Napoleon, im Buch der 'Duc Jean', ging sehr höflich und sehr direkt auf sie zu, er war ein Mann, »der keine Sachen liebte, die weder Fisch noch Fleisch waren« (ebd., S. 114)

Nachdem der Kontakt einmal in Gang gesetzt war, besuchte sie der Prinz häufig. Er war 20 Jahre älter als Cora und in der Zeit ihrer Beziehung etwa 45-50 Jahre alt. Cora beschreibt ihn als einen Engel für die, die er mochte, einen Dämon für die anderen. Am Hofe Napoleons III. zählte er zum linken Flügel und nahm dort eine Außenseiterposition ein.

Trotz seines hohen Ranges, trotz seines ausgeprägten Charakters und seines Wissens entwickelte Cora ihm gegenüber kein Gefühl der Unterlegenheit, im Gegenteil:

»Weit davon entfernt, in seiner Gegenwart die geringste Schüchternheit zu empfinden, gelang es mir, ihm gegenüber die führende Position einzunehmen; er fügte sich gerne und sträubte sich nur, wenn seine Selbstliebe oder die Eifersucht ihn stachen. Ich hielt darauf, mit ihm wie mit allen anderen auch, meine Unabhängigkeit zu wahren« (ebd., S. 115). [49]

Ihre Unabhängigkeit konnte sie sich zum einen dadurch sichern, daß sie sich nicht auf einen Mann allein verließ, zum anderen dadurch, daß sie sich niemals selber emotional band. Gleichwohl hatte sie die Klugheit, wie G. Breuil es formuliert, »selbst in ihren besten Zeiten nicht auf einen 'amant en titre' zu verzichten, den sie sich unter den Mächtigsten des Tages wählte« (Breuil 1946).

Am Anfang ihrer Verbindung forderte der Prinz Ausschließlichkeit von Cora. Sie mußte allerhand Ausreden erfinden, um ihre anderen Liebhaber vor ihm zu verbergen. Einmal begründete sie ihr längeres Fernbleiben damit, daß sie sich den Fuß verstaucht habe; in Wirklichkeit jedoch sei es ihre Treue zum Prinzen gewesen, die etwas ins Hinken geraten sei. Da der Prinz am meisten und am regelmäßigsten zahlte, hatte sie großes Interesse daran, ihn nicht zu verärgern. Als er ihrer Untreue dennoch auf die Spur kam und ihr ein Ultimatum stellte, fügte sie sich seinem Willen. Ihre Fügsamkeit zahlte sich gleich in barer Münze aus. Der Prinz zeigte sich so gerührt, daß er ihr zum Dank für 420.000 francs ein Haus kaufte und noch 200.000 francs für die Einrichtung dazu legte. Für den monatlichen Unterhalt zahlte er ihr 12.000 Francs, hinzu kamen viele Geschenke. Sie hatte in der Zeit regelmäßige Ausgaben von 25.000 francs monatlich. (Zum Vergleich: Eine Arbeiterin verdiente im Durchschnitt 600 Francs *pro Jahr!*)

Weniger eindeutig — wenngleich sicher nicht geringer — als der Gewinn, den Cora aus der Beziehung zu ihrem Liebhaber zog, war der Nutzen, den der Duc Jean dabei hatte. Die Zuneigung des Prinzen lebte auch von der sexuellen Lust, die er bei ihr empfand. Wenngleich diese nicht oft erwähnt wird, ist sie doch verschiedentlich in den Briefen ausgedrückt:

> »Ich war nach deiner Abreise aufgewühlt und bin in einen Stumpfsinn verfallen, aus dem ich nur mühsam wieder auftauche« (ebd., S. 134)
> »Ich habe oft an das gedacht, was ich so gerne überall küsse in der rue des Bassins: solche Ideen sind nicht gut auf Reisen, wo sie zum Träumen verführen« (ebd., S. 161)[50]

In Gedanken an Cora wurde er um viele Jahre jünger (ebd., S. 171). Cora selber spricht fast nicht über Sexualität. Abgesehen vom »souverain dégout«, den sie im Zusammenhang mit ihrer Vergewaltigung empfunden hat, läßt sie nie eine eigene Gefühlsregung im sexuellen Bereich durchblicken. Mehr als daß sie die Nacht bei diesem oder jenem verbracht habe, sagt sie nicht. Anfangs mußte die Beziehung zwischen Cora und dem Prinzen geheimgehalten werden. Später hatte sie einen Schlüssel zum Schloß und konnte dort ohne alle Zurückhaltung ein- und ausgehen. In der Öffentlichkeit hingegen zeigte sich der Prinz nicht gemeinsam mit ihr. Wenn sie sich in einem Pavillon der Weltausstellung treffen wollten, mußte Cora getrennt dort hingehen.

Zu Coras Verwunderung bedeutete die Nähe der Frau des Prinzen keinerlei Einschränkung ihres Verhältnisses. Cora nahm ihre Mahlzeiten unmittelbar nach der Ehefrau im selben Speisesaal ein, und manchmal hörte sie die Hausherrin im Nebenzimmer mit den Kindern spielen. Für Cora war diese Nähe keineswegs selbstverständlich. »Das hat mich immer beeindruckt und in Verlegenheit gebracht« (ebd., S. 130). Cora sah den Prinzen etwa einmal pro Woche. Es muß eine Art Vertrag zwischen beiden bestanden haben, derart, daß Cora für eine feste monatliche Zuwendung zu regelmäßigen Besuchen verpflichtet war. Vermutlich beinhaltete diese Regelung auch, daß für Cora sonst niemand da sein dürfe, da der Prinz sie jedesmal, wenn er diesbezüglich einen Verdacht hegte, scharf zur Rede stellte. Cora war stolz und erstaunt über das hohe Maß an Eifersucht, das der Prinz aufbrachte, und die Maßnahmen, die er zu ihrer Überwachung ergriff. An diesem Punkt erinnert ihre Beziehung an ein Hase-und-Igel-Spiel, weil sie offensichtlich immer Möglichkeiten fand, ihn zu täuschen.

Die lange Dauer ihrer Freundschaft, es müssen etwa sieben Jahre gewesen sein, in denen der Prinz Cora nicht nur regelmäßig mit großen Summen an Geld und wertvollen Geschenken versorgte, sondern auch immer wieder in Briefen seine Zuneigung und Fürsorge ausdrückte, lassen vermuten, daß Cora in dieser Beziehung noch andere Funktionen hatte, als bloß die sexuellen Bedürfnisse des Duc Jean zu erfüllen.

Cora spielte keine Rolle für die Darstellung des Prinzen in der Öffentlichkeit. Insofern unterschied sich das Verhältnis zwischen ihnen grundsätzlich von vielen anderen, in denen die öffentliche Zurschaustellung der Beziehung zu einer teuren Kurtisane wesentlich dazu diente, die eigene Person aufzuwerten,. Die 'Öffentlichkeit' des Prinzen war der Hof. In dieser Öffentlichkeit mußte er mit seiner Frau erscheinen, die neben ihm repräsentative Bedeutung hatte. Die Bälle und Empfänge der Tuilerien und die Zwänge, denen er dabei ausgesetzt war, »die Kaspereien der gesellschaftlichen Etikette«, langweilten ihn und waren ihm zuwider (ebd., S. 134). Cora hatte darin keinen Platz. Sie schaffte vielmehr den Raum, wo er all diese Zwänge vergessen konnte und sich ganz so geben, wie ihm zumute war. Mit Cora konnte er seine Füße vor sich auf den Stuhl hochlegen, er konnte die zu engen und unbequemen Westen aufknöpfen oder, wenn er Hunger hatte, beim nächsten Bäcker ein Brot kaufen und es beim Gehen verzehren.

Cora hörte ihm zu. Wenn er von seinen Entdeckungen an kleinen Maschinen oder von seinem Interesse an aerostatischen Problemen erzählte, ermunterte und bestätigte sie ihn dabei, obwohl ihr die Dinge selber gleichgültig waren. »Meine wissenschaftlichen Überlegungen hatten die Gabe, ihn in gute Laune zu versetzen« (ebd., S. 146). Über politische Fragen, die den wesentlichen Inhalt der 'anderen Seite' seines Lebens ausmachten oder auch über Inhalt und Umfang seiner Geschäftsbeziehungen sprach er vor Cora nicht. Cora verkörperte die Seite seines Lebens, die den Pflichten der Repräsentation und der Konkurrenz des Hofes und des Geschäftslebens enthoben war. Mit ihr verbrachte er die Stunden des Vergnügens und des Vergessens. Cora war der Gedanke, mit dem er träumen konnte, wenn er sich in der Familie oder während der Arbeit ärgerte oder langweilte. Cora war so etwas wie ein ganz persönliches, »privates« Refugium, wo es ihm möglich war, seine Wünsche und Gefühle unzensiert zum Ausdruck zu bringen, eine Person, der gegenüber er seiner »Menschlichkeit« freien Lauf lassen konnte. Dabei scheint es keine Rolle gespielt zu haben, welche Regungen Cora ihm gegenüber empfand oder vielmehr nicht empfand. Cora war sicher geschickt genug, ihm die Illusion von so viel Zuneigung zu verschaffen, wie es bedurfte, damit er sich in seinen »menschlichen« Bedürfnissen, auch seinem Liebesbedürfnis, entfalten konnte.

Er mußte keine Auseinandersetzungen mit ihr befürchten. Er bezahlte sie großzügig, und damit waren ihre Ansprüche abgegolten. Der Darstellung in den Memoiren nach hat Cora den Charakter dieses Tauschverhältnisses so vollständig akzeptiert, daß sie auch nicht auf die Idee gekommen wäre, ihrerseits andere als materielle Forderungen zu entwickeln. Cora konnte im Gegenzug für ihre emotionalen Dienstleistungen Wünsche nach finanzieller Unterstützung äußern und hat dies wohl auch immer bis an die Grenze des Durchsetzbaren getan.

Dies galt auch für die Zeit nach dem Kriege, wo der Prinz nicht mehr über denselben Reichtum verfügte wie vorher. Daß Cora auf das Geld einen unverrückbaren Anspruch hatte und der Prinz, solange ihre Verbindung andauerte, einen großen Teil ihres Unterhaltes leisten mußte, stand außer Zweifel und war für den Prinzen Ehrensache. Als seine Aufgabe und Verpflichtung sah er es an, Cora »nützlich« zu sein.

Als er im Jahr 1874 ihre Freundschaft beendete, »im Angesicht der Pflicht, die ihn rufe, ein Leben der Arbeit und nicht eines der Verschwendung und des Vergnügens zu führen« (ebd., S. 178), schickte er ihr ein letztes Geschenk. Danach war ihre Beziehung endgültig abgebrochen.

Die weiteren Freunschaften Coras erscheinen alle im gleichen Licht. Es war immer dieselbe Perspektive, aus der heraus Cora ihre Liebhaber betrachtete, in der die konkrete Person des jeweiligen Mannes unwesentlich wurde: Khadil-

Bey besaß ein Schloß wie aus einem arabischen Märchen. Khadil-Bey war so reich, »daß er seine Freunde glücklich machen konnte, ohne deswegen selber ärmer zu werden«. (Die Armut vor den Türen des Palastes betraf solche Großzügigkeit nicht. Sie geriet weder Cora noch dem reichen Fürsten ins Blickfeld.) Mit René unternahm Cora eine Reise nach Schweden, die weiteste in ihrem Leben. »René überhäufte mich mit Freundlichkeit und Reichtümern: überall gab er große Festessen« (ebd., S. 208). Von dem fremden Land und den fremden Menschen berichtet sie nichts.

Eine spektakuläre Affaire gab es in Coras Leben, die sie nur kurz erwähnt. Alexandre Duval, Sohn einer bekannten Industriellenfamilie, hatte sich ihretwegen mit einer Kugel umbringen wollen. Er verletzte sich nur leicht und wurde durch die lebhafte Berichterstattung in den Zeitungen über Nacht in der Stadt bekannt. Seine Geschäfte, die er mit der Herstellung von Suppenwürfeln betrieb, nahmen dadurch einen enormen Aufschwung. Cora hingegen wurde verklagt und außer Landes verwiesen. Sie mußte sich verstecken und hielt sich heimlich in Nizza und Milan auf. Schmerzhaft empfand sie, wie sich die »öffentliche Meinung« von ihr abwandte.

Die Beziehungen der Familien ihrer Liebhaber zu ihr klammert Cora im allgemeinen aus. Die Familie Gontrans — der ihr einen luxuriös ausgestatteten Landauer zum Geschenk machte und ihr darüber hinaus 76.000 francs innerhalb von sieben Monaten zukommen ließ — »betrachtete unsere Verbindung nicht mit Wohlwollen«. Insbesondere verfolgten die Frauen sie mit Ablehnung, ohne daß Cora verstanden hätte, warum. Schließlich sei es nicht ihr Fehler gewesen, daß die Pelze und die Schmuckstücke ihr so gut standen.

Während sich Cora gegenüber der weiteren Familie nicht zur Zurückhaltung verpflichtet sah, war es für sie selbstverständlich, daß ihre Liebhaber von dem Zeitpunkt an, wo sie eine Ehebeziehung eingingen, die Verbindungen zu ihr aufgaben. Es kränkte sie vielmehr, wenn sie in einem solchen Falle nicht rechtzeitig benachrichtigt wurde, was sie als einen Mangel an Vertrauen empfand. Die emotionale Verletzung aus einem solchen Grund war für Cora so wichtig, daß sie einmal in ungewöhnlicher Ausführlichkeit beschreibt, wie sie sich zu erklären versuchte, warum ihr ein Freund plötzlich fernblieb. Später erfuhr sie im »Figaro« von seiner Heirat.

Wie sehr Cora die Männer, die ihre Liebesdienste in Anspruch nahmen, schröpfte, so sehr gehörte es auch zu ihrem Ehrbegriff, kein Geld anzunehmen, ohne etwas dafür zu tun. Nur einmal habe sie sich von einem Schauspieler 100 Louis geben lassen, der ihr diese im Moment ihrer Ausweisung zusteckte. Ansonsten hätte sie eher für zwei Sous geriebene Maronen von einem »galant homme« akzeptiert. Als sie mit einem ihrer Liebhaber in demselben Bild über diesen Charakterzug sprach, schickte er ihr im nächsten Morgen ein Paket mit vier Maronen, die jeweils in 1.000 francs eingewickelt waren. Die Beiläufigkeit, mit der Cora solche Dinge berichtet, spiegelt die Beiläufigkeit, mit der sie derartige Geschenke angenommen haben mag. Dies in der Weise zu tun, war auch Teil ihrer Rolle. Die Männer steckten ihr Geld zu wie einem goldenen Kalb, dem geopfert wurde. Dabei waren die Summen ungleich höher als die, die karitativ für die Armen hergegeben wurden. Doch damit Cora die Funktion des goldenen Kalbes erfüllen konnte, mußte sie sich dem Geld gegenüber gleichgültig zeigen. Dieser Rolle wurden die Opfergaben dargebracht, nicht aber ihrer Person.

Während des Krieges hatte sie in ihrem Haus eine Ambulance eingerichtet, die sie 25.000 francs kostete. Mit Bitterkeit haben sie nicht diese Ausgaben erfüllt, sondern die fehlende Anerkennung, die ihr im Namen der Moral verwehrt wurde. Sie kannte die Herren der Kommission und die Doppeltheit ihrer Moral:

> »Wenn es das moralische Gesetz wäre, das spräche, wurde ich mich ihm beugen. Wenn es aber Pierre oder Jacques sind, deren Stimmen ich zu kennen meine, die vorgeben, das moralische Gesetz zu vertreten! ... Wieviel Moral habe ich in meinem Vorzimmer versammelt gesehen ... zur Disposition stehend!« (ebd., S. 319)

Cora berichtet nie von einer Freundin. Zumeist waren andere Frauen auf sie eifersüchtig. Manche bezeugten ihr gegenüber »Empfindungen von leidenschaftlicher Zärtlichkeit«, die sie jedoch energisch zurückwies.

Eine ihrer letzten Freundschaften galt einem Gauner, der sich als Prinz ausgegeben hatte und nach zwei Wochen mit ihrer wertvollsten Brosche verschwand. Cora beschreibt diesen Verlust mit der gleichen Reglosigkeit der Gefühle, mit der sie zuvor den Eingang von 1000 Franc-Scheinen und ihren Umgang mit wirklichen Prinzen dargestellt hat.

In einem Epilog beurteilt Cora abschließend ihr Leben. Hätte sie die Möglichkeit, es noch einmal zu führen, so würde sie vielleicht geschickter sein, aber sicher nicht weniger unmoralisch.

Die gegenwärtige Armut sei für sie schwer zu ertragen, dennoch hätte sie nicht den Preis zahlen mögen, mit dem sie sich 'ihre Ruhe' hätte sichern können. Als das höchste Gut in ihrem Leben habe sie ihre Unabhängigkeit angesehen, und noch immer sei ihr die Freiheit lieber als der teuerste Schmuck einer Ehefrau, den diese nicht verkaufen kann, weil er gar nicht ihr Besitz ist. Sie habe niemals jemanden getäuscht, weil sie niemals jemandem gehört habe. Sie sei weder sich selbst etwas schuldig geblieben noch den anderen.

»Wenn die Taler gemacht sind, um zu rollen, die Diamanten, um zu glänzen, so kann mir niemand vorwerfen, diese edlen Dinge ihrer Bestimmung entzogen zu haben: ich habe mit den Diamanten geglänzt und die Taler rollen lassen. Das war so in der Ordnung. Und wenn ich mich vergangen habe, dann höchstens dadurch, daß ich diese Ordnung zu sehr geliebt habe und alles wieder in die Zirkulation geworfen, was dorthin gehörte, und meinen Gläubigern gegeben habe, was mir nicht mehr gehörte. Der Ehre und der Gerechtigkeit sind Genüge getan« (ebd., S. 356).

* * *

Bei der Wahl zwischen dem Elend der Mütter und dem Glanz der Kurtisanen hat Cora sich für den Glanz entscheiden. Ihre Autobiographie ist Zeugnis eines Frauenlebens, das sich selbst ganz aus der Warentauschbeziehung heraus definiert. Die Realität ihres Lebens sah anders aus als die Phantasmagorien, die dazu verbreitet wurden. Die Frage, ob Cora mit der Rolle der Verkäuferin ihrer Liebesdienste so sehr eins war oder ob sie es erst in einem vielleicht schmerzhaften Prozeß geworden ist oder ob sie es in Wirklichkeit nie war und nur gelernt hat, mit dieser Rolle über alles andere zu schweigen, können wir mit dem Text nicht beantworten. Ob Teile ihrer Persönlichkeit über diese Rolle hinausgeragt haben, ob sie Bedürfnisse hatten, die nicht auf den Erwerb von Geld ausgerichtet waren, dazu sagt sie nichts.

In den Erinnerungen hat sie ihre Person auf die Rolle, die sie gelebt hat, reduziert und diese mit dem Stolz auf ihre Unabhängigkeit als Warenbesitzerin dargestellt. Sie hat dies mit einer unverblümten Klarheit getan und dadurch die grundlegenden Momente prostitutiver Sexualität offengelegt. Die Nüchternheit, mit der Cora großartige Männer ebenso wie lächerliche Stümper unterschiedslos in der Rubrik der Einnahmen aufführt, widersprach allen Bildern, die in männlichen Köpfen zu dieser Form der weiblichen Existenz entwickelt wurden. Sie widersprach diesen Bildern nicht nur, sie zerstörte — so sie ernstgenommen wurde — die Möglichkeit der Illusion.

Der Blick durchs Schlüsselloch ins Schlafzimmer der Kurtisane offenbarte hinter der geschlossenen Tür ein Bürozimmer; das war eine herbe Enttäuschung. Dies war der Punkt, der ihre Kritiker am meisten verbitterte. Sie waren enttäuscht von der »Kühle«; sie fanden nichts, was sie »berührt« hätte, nichts, »was den Fehler hätte verzeihlich machen können« (France 1886). Zur Illusion ist es nötig, den wahren Charakter des Verhältnisses zu verschleiern. Cora zerreißt den Schleier. Dabei entsteht nicht der Eindruck, daß Cora aus einer kritischen Distanz heraus diese Absicht verfolgt. Der Text erweckt eher die Vermutung, daß Cora auch beim Schreiben der Erinnerungen sich nicht bewußt außerhalb ihrer Rolle stellt, um diese zu reflektieren, sondern daß sie sie so wiedergibt, wie sie sie wahrgenommen hat. Nur ist eben der weibliche Standpunkt in dieser Art von Beziehung so grundsätzlich verschieden von dem, was Männer sich dabei vorstellen.

Die Unterschiedlichkeit ist in der Beziehung selber, die eine Kaufbeziehung ist, wesensmäßig angelegt. Sie besteht darin, daß eine Art Vertrag geschlossen wird, bei dem die Männer Geld bezahlen und dafür von den Frauen etwas bekommen, was ihre Bedürfnisse erfüllt. Dabei ist als erster Unterschied festzumachen, daß die Männer in diesem Verhältnis, vor Eingehen des Vertrages, Geld haben und die Frauen nicht. Dieser Unterschied ist gesellschaftlich und in der Herrschaft der Männer begründet. Er kann als die soziale Voraussetzung der Möglichkeit von Prostitution angesehen werden.

Der zweite Unterschied ist der, daß die Frau eine solche Beziehung eingeht, weil sie am Geld, dem Tauschwert interessiert ist, der Mann hingegen zahlt das Geld, weil er dafür etwas bekommt, was nach seinem Geschmack ist, was ihm Genuß bereitet.

Der Tauschwertstandpunkt impliziert für die Frau eine weitgehende Gleichgültigkeit der konkreten Form der nunmehr 'verausgabten' Sexualität gegenüber, die zum Zwecke maximalen Werteintausches dem Gebrauchswertstandpunkt des Konsumenten Rechnung zu tragen hat. Der Gebrauch, den der Konsument macht, bezieht sich in erster Linie auf den weiblichen Körper. Doch so wie Sexualität viele Bereiche des Leibes und der Seele miteinbezieht, sind auch diese der Notwendigkeit 'zu gefallen', nach dem Geschmack des Mannes zu sein, ausgesetzt. Der konkrete Gebrauch, den Männer von Prostituierten machen, ist abhängig von den individuellen Bedürfnissen des Einzelnen, die wiederum geprägt sind von der jeweiligen gesellschaftlichen und historischen Situation. Auch Cora hat, wie in den Briefen deutlich wird, in den unterschiedlichen Beziehungen verschiedene Funktionen erfüllt. Für den Prinzen von Oranien vertrieb Cora die Langeweile. Für den Prinzen Napoléon bildete Cora den Ort, wo er sich der Etikette der gesellschaftlichen Verpflichtungen entledigen konnte und wo er eine interessierte (scheinbar interessierte) Zuhörerin für seine technischen Spielereien fand. Der 'pauvre Auguste', A. de Bunel, fand in ihr ein Objekt seiner grenzenlosen Liebe, die er sonst nirgendwo unterbringen konnte. Und für die meisten Liebhaber war sie Demonstrationsobjekt ihrer finanziellen Potenz.

Cora bot ihren Liebhabern das Gefühl, von ihr bewundert zu werden. Sie bot Liebe, Verständnis und Interesse oder richtiger, die Illusion davon. Sie konnte diese Rolle vielleicht um so besser erfüllen, als sie selber dabei völlig unberührt in ihren eigenen Gefühlen blieb.

Cora hat ihren 'souverain dégoût' für alle Männer ihr Leben lang beibehalten und keine Abstriche daran gemacht. Dennoch soll sie, die von sich glaubhaft macht, daß sie niemals in einen Mann verliebt war und die die Vergewaltigung in ihrer Kindheit oder vielleicht auch nur das Ausgeliefertsein an die Möglichkeit der Vergewaltigung, von der alle Mädchen und Frauen betroffen waren, nicht vergessen konnte, eine wahre Meisterin auf dem Gebiete der sinnlichen Exzentritäten gewesen sein. Cora sagt nicht, wie ihr das gelungen ist, doch drückt sie aus, daß sie selber keine sinnliche Lust verspürte.

Die Ansprüche Coras bezogen sich ausschließlich auf Geld und materielle Geschenke. Wenn ihre Liebhaber ihr Gefühle entgegenbrachten, dann deswegen, weil dies ihr Bedürfnis war, nicht aber ein Recht Coras. Daher konnten die Männer auch jederzeit das Verhältnis beenden, wenn ihnen nicht mehr danach zumute war.

Cora konnte so viel Selbstbewußtsein entwickeln, weil ihre materielle Situation sie den Damen der höchsten Gesellschaft gleichstellte. Und auch, weil ein wesentlicher Teil der Gesellschaft ihrer Zeit von dem Leben, das sie verkörperte, fasziniert war, sofern sie nicht die ihr gesteckten Grenzen überschritt. Cora hat diese Grenzen nicht überschritten, sie hat, im Gegenteil, sich darin eingerichtet und maximalen Profit darin gesucht. Sie hat »mit den Diamanten geglänzt und die Taler rollen lassen, so wie das in der Ordnung war«. Cora hat mit ihrem Leben diese Ordnung bestätigt und sie gerade dadurch aufgedeckt. Sie hat grundlegende Momente prostitutiver Sexualität mit besonderer Klarheit offengelegt, weil sie sie mit Radikalität gelebt hat.

Die vorgelegte Arbeit ist aus der Diskussion entstanden, die in der neueren Frauenbewegung um die Schwierigkeiten weiblicher Identitätsfindung geführt wird. Soweit diese kollektiver Art sind, wurzeln viele ihrer Gründe in dem Umbruch, den die Subsumtion der Menschen unter den Tauschwert — und unter die Gesetze entgrenzten ökonomischen Gewinnstrebens — mit sich gebracht hat. Dieser tritt im Paris des zweiten Kaiserreichs mit besonderer Deutlichkeit zutage. In allen Industriegesellschaften hat er sich in ähnlicher Weise vollzogen.

Eine unserer alltäglichen Erfahrungen ist die: Der weibliche Körper und weibliche Sexualität werden als Ware gehandelt. Als schön verpackte Ware von den Frauen selber oder als schöne Verpackung von Ware von den Werbemanagern der Konzerne. Dies ist so alltäglich, so allgemein, in unser Körpergefühl und unseren Begriff von Sexualität eingegangen, daß die Ungeheuerlichkeit dieser Tatsache unter der Gewohnheit verschwunden ist. Wenn sie sich an anderer Stelle in Ängsten äußert, so erscheinen diese als unverständlich, hysterisch, als »weiblich«, weil sie nicht auf ihren Ursprung zurückgeführt werden.

Den unverhülltesten Ausdruck findet diese Handelsform in der Prostitution. Was die Prostitutionsarbeit heute für die Frauen bedeutet, ist den Gesprächen »anschaffender« Frauen nach im Kern dasselbe, wovon Celeste und Cora Pearl berichtet haben:

Der Stolz über das eigenständig verdiente Geld: »Manchmal guck ich mir dann was ganz Tolles an, ganz was Feines und denke mir: Wenn du willst, kannste jetzt los und dir das holen. Das ist irre. Und dann muß ich es gar nicht holen, weil, das Geld beruhigt schon echt« (Biermann 1980, S. 75).

Die Wertschätzung, die der Geldbesitzerin entgegengebracht wird: »Das Geld, das ist so eine Sache für sich. Ich find das toll, das in eine saufeine Boutique zu tragen oder in den ersten Kosmetiksalon. Fehlt nur noch der Handkuß und 'Gnädige Frau', wenn du das Geld hinlegst. Echt gut, das tut auch gut, weil, da bist du dann ganz was Ehrenwertes, nicht 'so eine'« (ebd., S. 64).

Die Notwendigkeit, das Geld auszugeben: »Wißt ihr eigentlich, wo das Geld bleibt, das ihr verdient habt? Kitty: Nee, das hab ich mir abgewöhnt, weil, paß mal auf, wenn ich jetzt 250 Mark verdiene, dann geh ich einkaufen da habe ich schon mal 70 Mark gelassen; dann gehn ich Zigaretten holen, sind 25 Mark, und beim Bäcker rein, dann ist auch ein Hunderter rund. Und dann brauch ich vielleicht noch was aus der Apotheke, dann geht mein Sohn baden, und dann sind nochmal 20 Mark weg. Ja, dann fahr ich tanken oder muß irgendwas an Sachen wieder neu kaufen. Mein Geld ist ewig weg« (ebd., S. 65).

Die Maske, das Komödienspielen: »Meiner Meinung nach spielst du von dem Moment an Theater, wenn du auf die Straße gehst und deine Arbeit anfängst. Du mußt eine Art Maske aufsetzen. Du zeigst nie, daß du Probleme hast, daß du Angst hast. Du muß dich immer so verhalten oder zeigen, daß du froh bist« (ebd., S. 111). »Ja, ich würde auch sagen, man verkauft den Kopf und die Seele mit und verkauft Gefühle, auch wenn's keine wirklichen Gefühle sind, und es hat auch irgendwo so einen therapeutischen Nebeneffekt, das kann man sicher nicht abstreiten« (Giesen/Schumann 1980, S. 36).

Die Gleichgültigkeit dem Freier gegenüber: »In der Erinnerung kann ich keinen Kunden vom anderen unterscheiden, nur an die ersten beiden erinnere ich mich gut. Die anderen sind wie eine graue Masse. Ein paar ragen aus der Masse heraus, wie der, der mir den ungedeckten Scheck gab« (Millett 1971, S. 27).

Für Geld, nicht aus Liebe: »Manche Männer wollen das wirklich, unsere Liebhaber sein. Sie verlieben sich in uns. Man kommt da in eine schwierige Situation. Ich habe das nie gemocht. Denn damit wurde eine Grenze überschritten, und es war nicht mehr ein Geschäft. Und es bleibt doch ein Geschäft und nicht Liebe« (ebd., S. 32).

Wenn Ehefrauen oder Freundinnen nicht gefügig sind: E. auf die Frage, warum ihrer Meinung nach die Männer zu ihnen kommen: »Solange sich die Frauen so beschissen haben und nich allet machen, was die Männer haben wollen, wird's die immer geben, immer«. »In meinen Augen, nicht nur in meinen, ist ja 'ne Ehefau auch nichts anderes als 'ne Prostituierte, nur daß sie den unheimlichen Nachteil hat, daß sie abhängig ist von einem ihrer Kunden. Und wenn der mal nicht mehr kommt, dann ist sie angeschmiert« (Giese/Schumann 1980, S. 48).

Die Sexualität mit einer Kurtisane ist rational beherrschbar: »Es gibt so viele einsame Frauen in New York ... die nichts lieber täten als mit einem Mann in ihre Wohnung gehen. ... Doch stattdessen gehen die Männer zu den Prostituierten, weil eine Hure kein Klotz am Bein werden kann« (Millett 1971, S. 32).

Auf ihren ökonomischen Begriff gebracht, bedeutet Prostitution, daß ein Warentausch vollzogen wird. Die gemeinsame Betroffenheit aller Frauen besteht in der prinzipiellen Möglichkeit, den eigenen Körper als Ware zu entäußern und sich zu sich selbst als Warenbesitzerin zu verhalten. Das Entscheidende dabei ist nicht, ob sie es tun oder nicht, sondern daß im gesellschaftlichen Empfinden der meisten Männer und vieler Frauen der weibliche Körper potentiell Waren- und weibliche Sexualität Dienstleistungscharakter bekommen hat. Indem die Kurtisane plakatiert wird, werden die Vorstellungen und Bilder zur Sexualität durch die Prostitutionsbeziehung geprägt. Auch wo Sexualität in einer Liebesbeziehung gelebt wird, haften ihr diese Bilder an. Die herrschende Form ist die prostitutive, d.h. die ausschließlich am Bedürfnis des Käufers orientierte Sexualität; die Schwierigkeiten einer weiblichen Sexualität sind auch darin begründet, daß nahezu alles, was uns (Männern und Frauen) an sexuellen Ausdrucksformen begegnet, den Stempel dieser Zurichtung trägt.

Soweit es um einen Tausch geht, interessiert den Verkäufer nicht, wer seine Waren kauft; ihn interessiert der Preis, der ihm gezahlt wird. Und umgekehrt sind dem Käufer der Besitzer und dessen Motive zu verkaufen gleichgültig. Ihm kommt es auf die Nützlichkeit der zu konsumierenden Ware an. In diesem Verhältnis besteht eine wechselseitige Gleichgültigkeit der Person des anderen gegenüber. Im Prostitutionsverhältnis besteht sie nahezu vollständig auf seiten der Frau. Doch besteht sie auch auf seiten des Mannes der wirklichen und ganzen Persönlichkeit der Frau gegenüber.

Zum Gebrauchswert, den die Prostituierten für die Männer haben, gehört es auch, alle Illusionen zu vergeben, deren die Männer bedürfen. Cora hat dies, in den Beziehungen stehend, mit Perfektion getan. Dies war Teil ihrer Rolle und gehörte für sie so selbstverständlich dazu, daß sie nicht das Gefühl hatte, die Männer zu betrügen. Zumindest gibt es keinen Kommentar, der in diese Richtung deutete. Daß es sich dabei nur um Illusionen handeln konnte, hätten die Männer wissen müssen, denn sie suchten ja gerade diese. Unter diesen Voraussetzungen gilt, daß, was immer eine Frau sich zur Erhöhung ihrer Attraktivität oder ihrer Liebeskunst einfallen lassen mag, nicht an ihren eigenen Bedürfnissen, sondern an denen ihrer potentiellen Käufer ausgerichtet ist.

Die Tragik in dieser Beziehung liegt darin, daß die Frau die Notwendigkeit, ihre Person männlichem Wunschbild nachzuformen, nicht mehr nur als Zwang einer äußeren Abhängigkeit erfährt, sondern diese, in dem Maße, wie sie sich zu sich selbst als Warenbesitzerin verhält, zu ihrem eigenen (tauschwertorientierten!) Bedürfnis macht. Daß die Frau nicht nur Ware, sondern auch Warenbesitzerin ist, setzt sie zum Subjekt in dieser Beziehung. Damit ist die andere Seite ihrer Persönlichkeit ausgedrückt, in ihr hat Stolz über die Selbständigkeit und über die ökonomische Unabhängigkeit Platz, soweit diese nicht durch ein neues Ausbeutungsverhältnis, etwa einem Zuhälter gegenüber, zunichte gemacht werden.

Diese Verdoppelung ihrer Person in Subjekt und Objekt derselben Beziehung macht es nötig, daß sich die Frau ein Janusgesicht verleiht.

Dies alles gilt in unmittelbarer Weise für die vollzogene Prostitutiton — die Zeugnisse der Frauen bestätigen, daß diese Ableitung nicht bloße Abstraktionen und blutleere Begriffe sind. Es gilt aber auch für alle anderen Formen weiblichen Verhaltens, bei dem eine Freundlichkeit nur einen Hauch von Bezahlung erheischt. Alle Formen der Prostitution, die den Frauen in der bürgerlich-industriellen Gesellschaft offeriert werden, d.h. alle Angebote, Berührungen, Lächeln oder emotionale Zuwendungen gegen Geld zu tauschen, fußen auf den gleichen Bedingungen. In diesem Sinne ist der Tauschwertstandpunkt sehr allgemein.

Schlußbemerkungen

Wenn ich in der Einleitung betont habe, daß diese Arbeit ergänzungsbedürftig ist, daß sie nur Hinweise gibt, dann nicht, um mich durch vorgebliche Bescheidenheit gegen Kritik zu schützen. Ich wollte damit einer grundsätzlichen wissenschaftstheoretischen und -politischen Überzeugung Ausdruck geben.

Das Eingeständnis der Beschränktheit des Wissens aller Einzelnen, wie klug eine oder einer auch sein mag, ist nicht bloß ein Zeichen von Schwäche, als das solches Reden auf den ersten Blick erscheinen mag. Die Einsicht, daß unser Wissen immer auch subjektiv bleibt — denn anders als mit den eigenen Augen kann ja niemand etwas sehen — ist nicht die Resignation in die Beschränkung, sondern im Gegenteil die Voraussetzung dafür, daß sich in der wechselseitigen Ergänzung ein objektiver, d.h. über die je indiviudelle Sichtweise hinausreichender Erkenntniszusammenhang herstellt. Dies ist um so bedeutsamer, wenn sich die Fragen auf die Geschichte der Lebensbedingungen vielfältiger Menschen beziehen. Eine derartige wissenschaftstheoretische Auffassung ist deswegen auch eine wissenschaftspolitische, weil sie gegenüber dem weitverbreiteten intellektuellen Autismus gegenwärtiger Theoriebildung die epistemologische Notwendigkeit des Austausches unterschiedlicher, aus je besonderer Perspektive gewonnener Hinweise behauptet.

Die Begrenzung dessen, was wir erkennen können, und die daraus resultierende Verpflichtung zur Offenheit besteht noch aus einem weiteren Grunde. Mit den Fragen, die wir stellen, und den Antworten, die wir finden, wandeln wir uns und unsere Wahrnehmungen. Wir verändern so nicht nur unser Verhältnis zueinander sondern auch die Macht und die Bedeutung der geschichtlichen Tradition für uns und damit diese selber.

Das ungeheuerliche Dogma der Nationalökonomen, daß die Menschen (Männer) dann am besten leben, wenn sie einander als gewinnsüchtige Ökonomen übers Ohr hauen, hat so lange hervorragende Bedeutung, wie wir danach handeln. Angesichts der Zerstörungen, die von den nach diesem Prinzip organisierten Gesellschaften ausgehen, wird es dringlicher als je zuvor, die Behauptung, daß das Wohlergehen der Menschen an eine Steigerung der industriellen Produktion geknüpft sei, in Frage zu stellen.

Frauen, auch die reichen Frauen in den reichen Ländern, haben besondere Gründe dafür, dies zu tun. Nicht nur die Verelendung der Menschen in den armen Ländern der Welt, die Vergiftung des Wassers, des Bodens und der Luft und die Ausplünderung der Naturressourcen spotten der These Hohn. In den Industrienationen selber, wo der Warenreichtum konsumiert wird (unter den Bedingungen klassenspezifischer Privilegien), zeigt sich die Unhaltbarkeit der Annahme.

Je individuell spüren die Frauen fast alle, daß sie das Glück in der Familie nicht durch die Warenkonsumtion schaffen können, und dies nicht nur, weil sie selber häufig unter schwierigen Bedingungen erwerbstätig sind. In ihrer Person stellt sich nicht der Sinn her, den die Ideologie der gigantischen Produktion als »Arbeit für sie« beigemessen hat. Als Einzelne haben sie die Erfahrung gemacht, daß ihre Gefühle nicht so recht passen für eine Liebe, die bestimmt wird als »nicht für Geld«, und auch nicht für die Art der Liebe, die mit Geld entlohnt wird. Sie taugen nicht gut für das, was von ihnen erwartet wird, doch zumeist rechnen sie es sich als ihre eigene Unzulänglichkeit an.

In den bisherigen Untersuchungen und Diskussionen um das bürgerliche Frauenbild kam vor allem die liebende Gattin, Ehefrau und Mutter in den Blick, so wie von Michelet, Comte und Proudhon und von anderen bürgerlichen Männerköpfen (und auch Frauenköpfen) gezeichnet worden ist. Dies ist jedoch nur die eine Seite des Bildes. Wäre es das ganze Bild, so könnten vielleicht mehr Frauen den Normen entsprechen und ihre Identität in der Anpassung daran finden. Doch ist dies nicht so.

Das Bild der bürgerlichen Hausfrau und Mutter bleibt unvollständig, wenn wir Ménagère und Courtisane als alternative, sich ausschließende Bilder weiblicher Lebensformen auffassen. Als einander ausschließend werden sie auf der Ebene der moralischen Diskurse von Männern abgehandelt. Die Lebenswirklichkeit von Frauen und Mädchen hingegen ist geprägt durch die Konfrontation mit beiden Bildern und der darin angelegten Widersprüchlichkeit. Die Frauen des letzten Jahrhunderts haben davon Zeugnis gegeben, und in der gegenwärtigen Gesellschaft gibt es kaum ein Plakat, kaum einen Film, kaum eine Zeitung, wo nicht ein Bild von Weiblichkeit propagiert wird, das die Züge der Kurtisane trägt.

Die Zurichtung der Frauen auf die Konsumtionsarbeit ist in beiden Bildern, dem der sparsamen Wirtschafterin und dem der verschwenderischen Kurtisane, manifest. Es sind nicht einander ausschließende, sondern einander bedingende Bestimmungen. Es sind die beiden Pole des Frauenbildes, dem in der bürgerlich-industriellen Gesellschaft die Aufgabe zukam, das Verhalten und die Wünsche der Menschen auf den Verbrauch von Waren zu lenken.

Die Entgrenzung der Produktion erfordert auf der Produktionsseite die Konkurrenz und auf der Konsumtionsseite den scheelen Neid. Die Realisierung des maximalen Geldgewinns beruht auf ständig erneuertem Verkauf von Waren und bedarf so der Menschen, die einen permanenten Mangel an etwas haben und darum permanent kaufen. Nicht Glück und Befriedigung, welches die Frauen schaffen sollen, ist das Eigenartige grenzloser Warenkonsumtion, sondern der Mangel. Als Konsumentinnen in der kapitalistischen Warenproduktionsgesellschaft sind Frauen notorische Mangelwesen. Das Immer-mehr ist daran geknüpft, daß das gegenwärtige Besessene als zu wenig angesehen wird. Die Entgrenzung der Wünsche, welche den Mangel erzeugt, ist in der Warenform und im Geld angelegt. Mit dem Geld als dem allgemeinen Äquivalent halten Frauen, wenn sie sich zum Einkaufen aufmachen, virtuell alle Waren in den Händen. Realiter sind es nur wenige, begrenzt durch die Quantität des Geldes, das ihnen zur Verfügung steht. Doch schon bei Abschluß des Kaufakts, wenn eine Frau sich für eine Ware entschieden hat, ist diese besondere Ware die Konkretisierung des Nichtbesitzens anderer Waren. Noch vor ihrem Verzehr ist die gegen Geld eingetauschte Ware Verbrauch, Verbrauch der Möglichkeit, für dasselbe Geld etwas anderes zu kaufen. In der Industriegesellschaft bedeutet Haben in noch größerem Maße, Anderes nicht zu haben.

Unter der Herrschaft der Ware muß das Kunststück fertiggebracht werden, daß die Menschen ihr Leben in folgendem Widerspruch einrichten: Sie müssen immer mehr zu haben wünschen, das heißt, das, was sie haben, als zu wenig erachten, und dennoch unentwegt nach dem streben, was sich als das zu Wenige erweist. Hausfrauen und Kurtisanen sollen mit ihrer Arbeit, ihrer Seele und ihrem Leib diesen Widerspruch außer Kraft setzen.

Anmerkungen

In den Anmerkungen sind die Originaltexte der meisten längeren Zitate angeführt. Eine Ausnahme bilden die Zitate aus Michelets »L'Amour«, da mir hierzu die einzige autorisierte Übersetzung vorlag. Soweit im Text die Übersetzungen nicht von mir sind, ist im Literaturverweis die Jahreszahl der benutzten deutschen Fassung angegeben.

Einleitung:

[1] *Le mariage d'argent* (Scribe 1827), *L'argent ou les moeurs de ce siècle* (Casimir Bonjour 1826), *Le Banquier* (Balzac 1831), *La bourse* (Balzac 1832), *L'honneur et l'argent* (Ponsard 1853), *La majesté d'argent* (Montepin o.J.), *La cagnotte* (Labiche 1864), *L'argent* (Zola 1980), *L'argent* (Vallès 1857), *Les manieurs d'argent* (de la Vallée 1882), *La question d'argent* (de Girardin 1877), *César Berthelin. Manieur d'Argent* (Audebrand 1879), um nur einige davon zu nennen.

[2] Unter Konsumtionsarbeit verstehe ich die Arbeit, die dazu verwendet werden muß, um Waren für den Gebrauch aufzubereiten. Dazu gehören der Einkauf, die Überlegungen zur Auswahl, die Mühen des Preis- und Qualitätsvergleichs, die Kalkulationen, damit das Einkaufsgeld reicht, das Kochen von Eßwaren, das Zuschneiden und Nähen von Kleidung etc.

[3] Kennzeichnend für die Hilflosigkeit, mit der fast alle neueren Rezensenten mit diesem Teil der Theorien umgehen, ist das Verfahren Jean Bancals, der als herausragender Kenner Proudhons gilt. In seinem zweibändigen Werk über das Leben und die Theorie Proudhons meidet er die Proudhon'schen Aussagen zu Ehe und Liebe derart, daß er es lieber auf sich nimmt, entstellend zu zitieren als die Bedeutung »der Frau« für die Ideen Proudhons aufzugreifen und zu befragen (vgl. Bancal 1970, insbes. Bd. II, S. 158ff.). Und wenn ein Autor wie Jacques Langlois auch einräumen mag, »les positions de Proudhon sur la femme sont sans doute peu justifiées. C'est là un des points des plus faibles de ses écrits ...«, so fährt er doch gleich besänftigend fort »...mais, à mon avis, sa pensée sur ce point là n'a qu'un caractère épisodique par rapport au fond et ne saurait remettre en cause sa méthodologie« (Langlois 1976, S. 162). Und die Veröffentlichung des posthum erschienenen Werkes »La pornocratie ...«, in dem noch unverblümter die Proudhon'schen Positionen den Frauen gegenüber ausgedrückt sind als in den früheren Schriften, bezeichnet er »als einen schlechten Dienst, den übereifrige Schüler dem Meister erwiesen haben« (ebd., S. 163).
Zwei Erklärungen für derartige Auslassungen sind denkbar: Die im 19. Jahrhundert entwickelten Bilder von »den Frauen« und »der Liebe« wurden so sehr selbstverständlicher Teil männlicher Ideologie, daß es aufwendiger Begründungen nicht mehr bedarf, ja daß im Gegenteil den meisten Männern beschämend sein müßte, sich einzugestehen, mit welchen Argumenten vor hundert Jahren Rollenzuweisungen begründet wurden, die immer noch die Basis ihres eigenen Denkens und Handelns sind.
Ich vermute einen noch tieferliegenden Grund für die Verdrängungen dieser Teile der Theorien in der neueren Rezeption. Die Erhellung dieser Seiten wirft ein ganz neues Licht auf die Theorien insgesamt und auf die Gesellschaft, die im Zusammenhang mit ihnen entstanden ist. Sie wirft vor allem ein neues Licht auf die Männer als die Subjekte dieser Theorien.

I. Kapitel

[1] »Pour moi, plus j'y pense et moins je puis me rendre compte, hors de la famille et du ménage, de la destinée de la femme. Courtisane ou ménagère (ménagère dis-je, et non pas servante) je n'y vois pas de milieu: qu'a donc cette alternative de si humiliant? En quoi le rôle de la femme,

chargée de la conduite du ménage, de tout ce qui se rapporte à la consommation et à l'épargne, est-il inférieur à celui de l'homme dont la fonction propre est le commandement de l'atelier, c'est-à-dire le gouvernement de la production et de l'échange?« (Proudhon 1923, S. 197)

[2] »L'homme doit nourrir la femme: telle est la loi naturelle de notre espèce, en harmonie avec l'existence essentiellement domestique du sexe affectif« (Comte 1851, S. 248).

[3] »Tous les progrès matériels que réclame la situation actuelle des femmes se réduisent à mieux appliquer ce principe fondamental, dont les conséquences doivent réagir sur toutes les relations sociales, surtout quant aux salaires industriels. Conforme à une tendance spontanée, cette règle se lie à la noble destination des femmes comme élément affectif du pouvoir modérateur« (ebd., S. 248).

[4] »Tout cela peut se liquider en argent, tandis que les horaires de l'épouse ne peuvent s'estimer ni en marchandises ni en espèces« (ebd., S. 276).

[5] »Plus j'aimerai, plus je craindrai de déplaire, plus par conséquent je serai juste. ... il faut L'AMOUR. Ici la femme, dont la destinée nous a paru tout à l'heure si compromise, reprend l'avantage; comme Marie la nouvelle Eve, elle passe du rôle douloureux au rôle glorieux, et devient par sa seule apparition au milieu des hommes, libératrice et justicière« (Proudhon 1935, S. 265).

[6] »La femme est une réceptivité. De même qu'elle recoit de l'homme l'embryon, elle en recoit l'esprit et le devoir. (Proudhon 1935, S. 211).

[7] »... la conscience de l'homme personnifiée. C'est l'incarnation de sa jeunesse, de sa raison et de sa Justice, de ce qu'il y a de plus pur, de plus intime, de plus sublime, et dont l'image vivante, parlante et agissante lui est offerte, pour le reconforter, le conseiller, l'aimer sans fin et sans mesure. Elle naquit de ce triple rayon qui, partant du visage, du cerveau et du coeur de l'homme, et devenant corps, esprit et conscience, produisit, comme l'idéal de l'humanité, la plus parfaite des créatures« (ebd., S. 272).

[8] »...aliment dont se nourrit le courage de l'homme, qui développe son génie, fortifie sa conscience. Par cette grâce divine il connaît la honte et le remords; il se rend industrieux, philosophe, poète; il devient un héros et un juste juge, il sort de l'animalité et s'élève au sublime. Telle est donc la série d'idées qui a décidé la création de la femme et fixé son rôle« (Proudhon 1935, S. 276).

[9] ... »une telle prééminence naturelle ne saurait procurer aux femmes l'ascendant social qu'on a quelquefois osé rêver pour elles, quoique sans leur aveu. ... Pour tous les genres de force, non seulement de corps, mais aussi d'esprit et de caractère, l'homme surpasse evidemment la femme, suivant la loi ordinaire du règne animal. Or, la vie pratique est nécessairement dominée par la force, et non par l'affection en tant qu'elle excite sans cesse une pénible activité. ... Mais il faut surtour agir et penser, pour lutter contre les rigueurs de notre vraie destinée; dès lors, l'homme doit commander malgré sa moindre moralité« (Comte 1851, S. 210).

[10] ... »joute, agiotage, discorde, guerre, peu de respect, peu d'affection, peu de dévouement. L'amitié elle-même est rare et peu sûre: le développement tient à d'autres causes« (Proudhon, IV, S. 263).

[11] »Quant aux prolétaires, cette influence féminine est donc destinée surtout à combattre leur tendance spontanée à abuser de leur énergie caractéristique afin d'obtenir par la violence ce qu'ils devaient attendre d'un libre assentiment. ... L'influence féminine, dignement subie par l'instinct prolétaire, constitue réellement notre principale garantie contre les immenses perturbations sociales que semble devoir susciter l'anarchie actuelle des intelligences« (Comte 1851, S. 229).

[12] »L'impure est hors de son sexe, hors de l'humanité: c'est une femelle de singe, de chien ou de porc, métamorphosée en femme« (Proudhon 1935, S. 270).

[13] »Je n'ai que faire, moi, de phrénologie, d'anatomie, de physiologie; c'est l'affaire des curieux investigateurs de la matière, de rechercher dans l'organisme quelle partie correspond à tel acte de la conscience ou de l'esprit. Sans doute, il est intéressant de voir ainsi confirmer par l'observation cranioscopique, phyisognomique, les données pures de la raison et de la conscience; mais le philosophe ne procède pas de la sorte. comme le genre humain il procède d'intuition d'à priori, de l'abondance du coeur et de la plénitude de l'idée« (ebd., S. 416).

[14] »Ce que je dis ici est de l'histoire naturelle: je prends la femme dans sa *nature* (Sperrdruck im Text, D.M.), non dans son état perfectionné. L'éducation disimule ces vices, calme cette furie; la domestication prolongée, la génération, le régime changent peu à peu cette brute. Mais il faut savoir ce qu'elle est de nature si l'on veut la gouverner« (ebd., S. 466).

[15] Daß die sexuelle Lust der Frauen nach der Menopause lebendig bleibe, vertritt auch der Arzt und Physiologe Dr. Fiaux. (ders. 1880, S. 49) Er nimmt jedoch diese Beobachtung als Argument dafür, daß Scheidung auch in höherem Alter möglich gemacht werden sollte. Proudhon wirft er vor: »Tous les arguments de Proudhon relatifs à la procréation de l'enfant et à l'infériorité même du sexe féminin, ne sont qu'un échafaudage d'erreurs grossières, expliquées d'ailleurs par l'ignorance complète du célèbre écrivain en physiologie« (ebd., S. 85).

[16] »Jeune homme, si tu as envie de te marier, sache d'abord que la première condition, pour un homme, est de dominer sa femme et de devenir maître. Si après avoir arrêté tes regards sur une personne et l'avoir bien cònsiderée, tu ne te sens pas, dans l'ensemble de tes facultés, une fois plus fort au moins que ta femme, ne te marie pas. Si elle t'apporte de la fortune, et que tu n'en aies pas, il faut être quatre fois plus fort qu'elle. Si c'est un bel esprit, une femme à talent etc., il faut que tu sois sept fois plus fort qu'elle; sinon pas de mariage. Il n'y a pas de repos pour l'homme à se sentir critiqué; pas de dignité à être contredit; le danger arrive imminent de cocuage, ce qui est la dernière des hontes et des misères. *Plutôt la fréquentation des courtisanes qu'un mauvais mariage.* (Hervorhebung von mir, D.M.)
Il faut avoir raison le plus possible. Et comme il est difficile que tu ne te trompes quelquefois, ne jamais souffrir ni reproches, ni rappel à l'ordre. Si ta femme te résiste en face, il faut l'abattre à tout prix« (Proudhon 1939, S. 467).

[17] In einem Brief an Michelet betont Proudhon die grundsätzliche Übereinstimmung zwischen beiden. »J'ai lu l'Amour: ce n'était pas la peine que vous prétendissiez différer d'opinion avec moi. Nous voulons tous les deux la femme forte, la famille sacrée, le mariage inviolable. L'époux et le père souverain parce qu'il est dévoué comme le Christ, Deus quia passus. Je regrette seulement par-ci par-là une expression de tendresse qui allait mieux au public d'il y a cent ans, mais dont, ce me semble, avec le relâchement actuel les âmes lâches ne peuvent qu'abuser. Ah! de grace, cher maître, ne parlons d'amour qu'entre nous' (Correspondance XIV 191, nach: Jules Puech, Introduction zu La Pornocratie, in: Du Principe de l'art Ed. Rivière, Paris 1939, S. 318)

[18] Kuczynski führt Zahlen an, nach denen der Anteil der von der Landwirtschaft lebenden Personen von 75% der Gesamtbevölkerung im Jahr 1788 auf 53% im Jahr 1856 sank (Kuczynski 1967, S. 32). Von diesen war 1862 etwas weniger als die Hälfte ausschließlich vom Lohn abhängig, und mehr als die Hälfte war auf Lohn angewiesen (Dupeux 1972, S. 115). In der Industrie stieg der Anteil der Arbeiter und Angestellten auf Kosten der selbständigen Handwerker. Ein Anwachsen der Beschäftigten war auch im Dienstleistungs- und Transportsektor zu verzeichnen. Auch die Zahl der im Handel Erwerbstätigen nahm ab der Mitte des Jahrhunderts erheblich zu.

Die Praxis der französischen Könige, Ämter zu verkaufen, wenn sie sich in Geldnot befanden, hatte schon im 17. und 18. Jahrhundert in Frankreich ein weitverzweigtes Netz von Beamten entstehen lassen. Deren Zahl betrug im Jahr 1848 annähernd 250.000 (Zeldin 1980, I, S. 143) und vergrößerte sich ebenfalls sehr im zweiten Kaiserreich. Im Bereich der Adminstration wurde der bürokratische Apparat zu einem wichtigen Instrument der Durchsetzung der napoleonischen Politik. Der zahlenmäßige Zuwachs in der zweiten Jahrhunderthälfte war vor allem der Einstellung von 80.000 neuen Lehrern und 50.000 Postbeamten geschuldet, die gering bezahlt wurden, aber den Vorteil der Arbeitsplatzsicherheit und des Rentenanspruchs hatten. Insgesamt verlief die Entwicklung zur Lohnarbeit in Frankreich kontinuierlich, doch nicht sprunghaft und eher zögernder als in Deutschland und England. Dennoch nahm sie in den Theorien der Zeit einen zentralen Platz ein.

[19] »Chacun de nous apprendra, dès l'enfance, à voir, dans tout leur sexe (der Frauen, D.M.), la principale source du bonheur et du perfectionnement humains, tant publics que privés ... Mais ce culte, d'abord émané d'une reconnaissance spontanée, sera consacré ensuite, d'après une appréciation systématique, comme un nouveau moyen de bonheur et de perfectionnement« (Comte 1851, S. 235).

II. Kapitel

[1] »Cette vérité qu'il faut multiplier les moyens d'échange pour rendre le commerce florissant; que sans commerce l'industrie est stationnaire et conserve des prix élevés qui s'opposent au progrès de la consommation; que sans une industrie prospère qui développe les capitaux, l'agriculture elle-même demeure dans l'enfance. Tout s'enchaine donc dans le développement progressif de la prosperité publique« (zit.n. Plessis 1973, S. 85).

[2] »La Seconde République dans sa courte durée n'a pas sensiblement modifié les habitudes sociales du règne de Louis-Philippe; mais la société du Second Empire est absolument différente de celle du gouvernement de la branche cadette des Bourbons« (Vte de Beaumont-Vassy 1868, S. 6).

[3] ... »de distinguer, au seul caractère du vêtement, une femme honnête d'une courtisane« (Blanc 1872, S. 12f.).

[4] »Le vrai sens de cette fête impériale dont les survivants ont ressenti si longtemps le regret et le spleen, c'est, chez les Françaises de haute volée qui y ont participé une ostentation de luxe tout à fait neuve pour le siècle. Les dépenses obligées, sous le premier Napoléon, ne concernaient que les membres de la nouvelle artistocratie impériale. Sous le second Empire, c'est le fait de toute la classe possédante. Pour être à la mode, il faut dépenser des millions. On les dépense« (Décaux 1972, Bd. II, S. 838f.)

[5] »Le Paris de 1867 est en vérité une curieuse ville, un coin fortuné ou le luxe impérial a mis tant d'attractions que de partout les ennuyés affluent cherchant le rire. Paris a ses théâtres, ses femmes, son ronron de folie chronique; il s'est embelli assez pour que depuis ces dix ans passés on ne le veuille facilement reconnaître d'auparavant. Alors, tout à coup, l'annonce d'une féerie encore plus engageant: une exposition où l'univers entier sera convié et qui sûrement montrera les turlutaines cosmopolites à leur point aigu« (Buchot 1896, S. 177).

[6] »Paris était très animé, il y avait beaucoup d'étrangers; la misère augmentait de jour en jour, peu de travail. La ville était bouleversée de fond au comble par Haussmann, le grand démolisseur; la vie était misérable, les affaires allaient aussi mal que possible; les loyers augmentaient considérablement et frappaient cruellement la classe ouvrière et la classe moyenne ... chacun déversait toute l'amertume qu'il avait contre un régime de tyrannie, de crimes et de gaspillage« (Brocher 1976, S. 73).

7 »Autrefois on considérait un habit comme un meuble de durée. On choisissait un bon et fort drap qu'on faisait encore doubler solidement. On le tenait fort ample, parce qu'on se flattait de prendre du ventre avant d'en voir la fin et chaque année au moins on lui rendait sa fraîcheur primitive en le faisant repriser, égratter, dégraisser ... Aujourd'hui comme si l'on craignait qu'un habit ne fût pas usé assez tôt pour qu'on pût le remplacer, on l'achète au rabais, léger d'étoffe, étriqué et mal cousu. (zit. in Guiral 1976, S. 174).

III. Kapitel

1 Es gab Frauen, die ähnliche Vorstellungen propagierten wie Michelet und Comte. Eine von ihnen, die Gräfin Agénor de Gasparin, engagierte Protestantin, korrespondierte mit Michelet im Zusammenhang ihres 1853 erschienen Traktats »Le mariage au point de vue chrétien«. Für sie waren wie für Michelet und Comte Opfer, Selbstaufgabe und Demut die wahre Bestimmung der Frau. »Ce caractère, le plus beau, le plus saillant de la femme, se manifeste dans l'existence de l'épouse, dans celle de la mère, comme dans celle de la femme non mariée, qui, jeune, se consacre à quelque parent âgé, vieille, à quelque enfant, et qui ne veut à aucun prix de son moi pur fin ou pour mobile. Ce fait posé que le renoncement forme et doit former l'essence de l'individualité féminine, ... les relations conjugales nous paraissent être ses relations modèles. ... Nous le répétons, ce n'est pas devant l'homme, c'est derrière l'homme que la femme doit marcher. Son rôle consiste surtout à comprendre, à sympathiser, et pour remplir ce rôle, il n'est pas besoin d'un savoir supérieur ou d'une intelligence extraordinaire. Il ne faut que deux choses, de la volonté et de la persévérance« (I, S. 319). Eine differenzierte Untersuchung zu den Frauen, die den unterschiedlichen Positionen und Reaktionsweisen von Frauen Rechnung trägt, steht noch aus.

2 »C'est le seul théâtre qui fasse recette; il y a foule toutes les fois qu'il joue. ... Les orages de la séance d'hier vont sans doute faire interdire aux hommes l'entrée du sanctuaire des spectacles-concerts. Et ce sera bien fait. Jamais encore le désordre ne s'était élevé a une telle puissance comique: on riait, on chantait, on sifflait; chaque phrase de la présidente était une entraînée de poudre à laquelle la malice masculine venait mettre le feu« (zit. in Decaux 1972, Bd. 2, S. 807f.).

3 »Le divorce! Le public ne sortait pas de là; il voulait absolument entendre traîter la question du divorce. En vain ces dames ont-elles essayé de lui faire comprendre que la question avait été épuisée dans les séances précédentes. Le public a fait la sourde oreille. A la fin, épouvantées de ce vacarme dont le crescendo laissait bien loin derrière lui le final du Barbier de Séville , les dames du bureau se sont décidées à plier bagages, et à se dérober dans les coulisses de leur gouvernement« (zit. in ebd., S. 808).

4 O. Krakowitch vermutet, daß die von mir untersuchten Bücher der Frauen in Frankreich relativ unbekannt geblieben sind. »... leurs livres, traduits aux Etats-Unis restèrent souvent peu connu en France. ... Les livres traitant de l'exploitation et de la misère des femmes et dont on parla furent ceux des hommes« (Krakovitch 1980, S. 12).

5 Im folgenden mache ich nicht immer die Einschränkung, daß es sich um »einige« Frauen handelt, wenn die oppositionellen Frauen gemeint sind, deren Texte ich oben angeführt habe.

6 »Il est rare que nos propres souffrances ne dirigent pas le mal ou le bien que nous accomplissons. J'étais femme; j'avais souffert comme femme; c'est mon sexe qui m'inspira de l'intérêt. Partout, j'ai vu l'oppression de l'homme sur la femme ...« (Lesguillon 1859, S. 35).

7 Im Begriff »Rolle« verschafft sich, von den Autoren ungewollt, der Widerspruch des bürgerlichen Frauenbildes Ausdruck und verweist darin auf den historischen und sozialen Ort seiner Entstehung. »Rolle« als Träger von Normierungen trägt in sich die Distanz zu sich selber, formuliert sie doch mit dem Inhalt zugleich, daß dieser auch anders sein könnte. »Rolle ist ein Begriff,

in dem sich modernes Bewußtsein als Verhältnis zum traditionalen artikuliert. Ohne seine Rückbeziehung auf die traditionale Deutung der Gesellschaft in Naturkategorien ist der Rollenbegriff gar nicht zu verstehen. Das Bewußtsein der Rollenhaftigkeit steht dieser traditionalen Deutung der Gesellschaft nicht unvermittelt als ein schlechthin anderes gegenüber. Vielmehr ist Rolle die Kategorie, mit der die Differenz der Gesellschaft zur Natur auf natürliche Weise ausgedrückt wird, das begriffliche Mittel, mit dem man zur Gesellschaft in das Verhältnis der zweiten Natur kommt« (Furth 1971, S. 500f.).

[8] »Jusqu'à minuit la jeune femme demeure assise dans la cage de verre, tenant les écritures; elle a une chaufferette et, cinq heures durant, elle ne bouge pas. La mélasse, les cuivres, les porcelaines, les vendeurs, les chalands, les commis, la servante, les enfants, du lundi matin au dimanche soir elle a l'oeil sur tout; ses ordres sont nets, ses livres exacts; on lui obéit. C'est bon lieutenant, souvent meilleur que son capitaine« (Taine 1857, S. 59).

[9] »... qui ont fait de leur mari un commis le tout au grand profit de la maison; lui en manches de chemise, cloue les caisses, fait les courses et boit le petit verre avec les grosses pratiques; elle, sèche et noire commandante, donne les instructions, fait fabriquer, prend les grands partis« (ebd., S. 60).

[10] »La femme est-elle malade à l'occasion de la loi particulière à son sexe? Très exceptionellement oui: mais dans les classes oisives, où des écarts de régime, une éducation physique inintelligente et mille causes que je n'ai pas à signaler ici, rendent les femmes valétudinaires. Généralement, non. Toutes nos vigoureuses paysannes, toutes nos robustes femmes de ports et des buanderies qui ont les pieds dans l'eau en tout temps, toutes nos travailleuses, nos commerçantes, nos professeures, nos domestiques qui vaquent allègrement à leurs affaires et à leurs plaisirs, n'éprouvent aucun malaise ou n'en éprouvent que fort peu« (D'Héricourt 1860, Bd. I, S. 96ff.).

[11] »... et qu'elle se rappèlle qu'elle est, non pas ce que la nature, mais ce que l'esclavage, les préjugés, l'ignorance l'ont faite: qu'elle se délivre de toutes ses chaînes et ne se laisse plus intimider et abrutir« (d'Héricourt 1860, S. 110).

[12] »La femme de commerce travaille comme son mari aux affaires; le soir elle travaille encore; car elle est à la fois ménagère, comptable et mère. Elle a donc en plus les cris de l'enfant et la surveillance des serviteurs. Son mari prend des entr'actes pour se délaisser, et il est rare que ses soirs ne soient pas réservés au club, au cercle, au café et pis encore. ... Dans les instants ou l'homme se distrait, la femme traine encore sa chaîne de fatigue. L'employé même, dont on plaint le sort, prend plus de loisir à son bureau que la femme dans son ménage lorsqu'elle s'ingénie à s'en faire la couturière, la lingère et, quelquefois sans l'avouer (!) la repasseuse. Ajoutez à cela les caprices et les tyrannies incessantes des petits enfants malades, languissants et pourtant bien portants, et vous aurez un fardeau de labeur bien autrement lourd à porter que celui que les chefs importants ou zélés placent sur le dos de leur subordonnés« (Lesguillon 1859, S. 38).

[13] »Jusqu'à présent, les hommes s'étaient contentés de prendre les emplois, les honneurs, les plaisirs, enfin tous les biens de la terre; à la femme il ne restait qu'une âme, ce bien du ciel. Voilà M. Michelet qui déclare qu'à l'homme appartient exclusivement le monopole des âmes. La femme va se trouver dans un bel état. ... Hélas, la femme mariée ne s'appartient plus, c'est-à-dire n'a plus de moi!« (Esquiros 1860, S. 34).

[14] »Malgré les droits théoriques à l'égalité civile que notre législation accorde à tous les citoyens, sans acception de sexe, notre centralisation administrative prononce interdiction contre la femme pauvre en la repoussant des écoles et des emplois publics; nos lois et nos moeurs ne lui laissant ni profession, ni moyens de subsistance, la rejettent de la société et du foyer domestique, après l'avoir accablée sous le fardeau de la maternité. Ainsi notre siècle qui a enlevé à cette femme les institutions protectrices de l'Ancienne France, les lois équitables et les promesses

fécondes de la Révolution, a détruit pour nous à la fois le passé et l'avenir« (Daubie 1870, Bd. I, S. VII).

[15] »Sous l'influence du principe d'émancipation générale, posé par la Révolution française, la femme, mêlée à toutes les luttes comme actrice ou martyr, comme mère, épouse, amante, fille, soeur, s'est modifiée profondément dans ses sentiments et ses pensées: il eût été absurde qu'elle voulût la liberté et l'égalité pour les hommes, parce qu'ils sont des créatures humaines, sans élever son coeur, et sans rêver son affranchissement propre, puisqu'elle est aussi une créature humaine: l'esprit révolutionnaire a rendu la femme indépendante: il faut en prendre son parti« (d'Héricourt 1860, Bd. II, S. 273).

[16] Im Jahr 1857 betrug nach dem Bericht einer dieser Gesellschaften die durchschnittliche Krankheitszeit der Männer 18 Tage im Jahr, die der Frauen 14 Tage. Im Jahr 1869 betrug sie 21,85 Tage für die Männer und 16,83 für die Frauen, bezogen auf den Durchschnitt aller Gesellschaften. Aus: Daubie 1869, Bd. I, S. 10.

[17] Um die Mitte des Jahrhunderts sind es die Frauen, die aus diesen Berufen verdrängt werden. Am Ende des Jahrhunderts werden Frauen wieder verstärkt darin einbezogen, doch geschieht dies erst, nachdem und weil zuvor die Arbeit dort dequalifiziert war. Vgl. hierzu Perrot 1978.

[18] In der Spitzenindustrie waren etwa 250.000 Arbeiterinnen beschäftigt, die sehr unterschiedliche Löhne erzielten. Teilweise verdienten diese nur 25 centimes in 15 Stunden. 200.000 Stickerinnen verdienten zwischen 20 centimes und 2 francs in derselben Zeit. Daubie 1870, S. 27.

[19] Villermé hatte herausgefunden, daß die Kinder eines Fabrikdirektors durchschnittlich 29 Jahre alt wurden, die einer Arbeiterin nur zwei bis drei Jahre. (Villermé 1840, S. 39).

[20] »... et la société trouve cela tout simple et fort juste (...) de payer l'accoucheuse moins que l'accoucheur. L'institutrice que l'instituteur, la femme professeur que son concurrent mâle, la comptable que le comptable, la commise que le commis, la cuisinère que le cuisinier, etc., etc. Cette dépréciation du travail de la femme fait que, dans les professions qu'elle exerce, elle ne gagne, le plus souvent en s'exténuant, que de quoi mourier lentement de faim« (d'Héricourt 1860, Bd. II, S. 51).

[21] »L'ensemble de ce sujet nous a montré l'ancien régime organisé pour la famille, de manière à assurer toujours une valeur économique aux travaux de l'épouse et de la mère, pendant que le nouveau régime, créé pour l'individu, ne donne aucun prix à ces occupations du foyer« (ebd., S. 22).

[22] »Et comme la médiocrité de nos besoins et le magnifique équilibre dont on parle, n'existe que dans l'imagination, la femme *reelle* (Hervorhebung im Text D.M.), trouvant que la faim et les privations sont des hôtes incommodes, se vend à l'homme et se hâte de vivre, parce qu'elle sait que, vielle, elle n'aurait pas de quoi manger« (ebd., S. 52).

[23] Dieser Anteil ist bis in die neuere Zeit nahezu konstant geblieben. 1963 betrug das Verhältnis zwischen weiblichen und männlichen Lohnempfängern 34%. Vgl. Dupeux 1972, S. 242.

[24] »Dans l'ironique profanation de ce beau nom de liberté, ils t'ont pris, ô femme, ta jeunesse, ta santé, tes veilles, et, hélas, souvent ta vertu, en échange du pain d'aujourd'hui; demain ils te rejetteront épuisée, malade, dénuée, flétrie; ils te pousseront du pied dans la rue en te disant: tu es libre; ta liberté, tu le verras bientôt, consiste uniquement dans la privation des miettes, qui, après ton travail, tombaient pour toi chaque jour de la table de ces mauvais riches. Il faut donc examiner cette *egalité*, cette *liberté* mensongères qui causent si souvent la dégradation de la servante« (ebd., S. 63).

[25] La »traite des blanches« wurde zum zentralen Thema der Abolitionisten, die in der Reglementierung der Prostituierten einen Grund für den nationalen und internationalen Handel mit Mädchen und Frauen sahen (vgl. Corbin 1978, S. 405ff.).

[26] »... la fille publique n'est plus une personne, c'est une chose, devant une espèce de commission de colportage, qui donne son estampille de sécurité dans l'achat ...« (Daubie 1970, Bd. II, S. 20; vgl. unten, S. 247).

[27] In einem Erlaß von 1861 wurde Frauen der Zutritt zu Cafés ohne Begleitung von Männern verboten.

[28] »La protection donnée aux désordres de l'homme a pour conséquence une persécution incessante contre la fille publique; elle seule est poursuivie dans les garnis et les hôtels, qui sont aussi le refuge de l'ouvrière, de la servante, de l'artiste sans travail qui s'y trouvent exposées aux cruelles méprises de la police, en droit de les visiter et de les arrêter à toute heure; l'immoralité est même, pour ce motif, parvenue à expulser de nos pensionnats les femmes qui cherchaient un milieu honnête. Le préfet de la Seine, sur l'injonction du ministre de l'instruction publique, fulmina, en 1845, un ukase qui défendait aux maîtresses de pension et d'institutions séculières de recevoir pour pensionnaires des dames en chambre, et leur ordonnait de jeter à la rue, sans délai ni exception, sous peine de fermeture immédiate de l'établissement, celles qu'elles avaient chez elles. Par suite de cette mesure draconienne, l'honnête femme, ne sachant où reposer sa tête, se voit forcée de subir le régime discrétionnaire des filles« (ebd., S. 31)

[29] Die Konzessionen, eine »maison de tolérance« zu eröffnen, wurden von der Administration in Zusammenarbeit mit der Polizei vergeben. Der Bestechung war dabei Tür und Tor geöffnet.

[30] »Cela vient de ce que, (...) le magistrat se laisse trop souvent dominer par l'esprit légitiste. L'autorité maritale, ce grand mot qui jadis eut tant de sens, et qui aujourd'hui en est si dépourvu, exerce quelque prestige sur son esprit, et les anciennes répugnances que soulevait la séparation de corps se réveillent en quelque sorte traditionellement en lui« (Cubain 1842, S. XV).

[31] »La loi déclare le Mariage une Société; l'acte de mariage est donc un acte de société. Or je le demande, dans un seul acte de ce genre, est-il enjoint par la loi à l'un des associés, d'obéir, de se soumettre à une minorité perpétuelle, d'être absorbé? Je ne doute pas que la loi ne déclarât un tel acte nul entre associés libres; pourquoi donc légitime-t-elle une telle monstruosité dans la Société des époux?« (d'Héricourt 1860, Bd. II, S. 157).

[32] Ein besonderes Kennzeichen, das Parent-Duchâtelet den von ihm beobachteten Prostituierten zuschreibt, ist deren Mobilität und Freiheitsliebe. »Le besoin de mouvement dont je viens de parler, cet amour de liberté et de l'indépendance font qu'elles déménagent sans cesse, passent d'une classe dans une autre, et quelques unes ne restent pas cinq jours de suite dans la même maison« (Parent-Duchâtelet 1857, S. 39).

[33] »La facilité des voyages augmentera la mobilité de l'esprit, les liens seront moins serrés, les désirs moins bornés, les sentiments eux-mêmes varieront et perdrons de leur exclusivisme. ... Si nos aïeux revenaient au monde, eux qui ne changeaient ni d'opinion, ni de robes, ni de maison ... ils seraient forcés de faire comme nous« (ebd., S. 75f.).

[34] »Nous vivons avec les courtisanes leurs noms s'étalent aux vitres des marchands: leurs biographies et leurs épopées sont dans toutes les bibliothèques, sinon dans toutes les bouches. (...) Pour certaines femmes si envieuses de luxe, quel effet doivent produire ces peintures d'une magnificence exagérée! A force de lire des courtisanes, de rêver des courtisanes on en vient à parler comme parlent les courtisanes, à penser comme les courtisanes. (...) La lectrice se laisse prendre aisément à la fiction d'une vie heureuse« (Esquiros 1865, S. 110f.).

[35] »... cette froideur qui existe dans la presque généralité des mariages« (Esquiros 1860, S. 25).

[36] »Elle donne tout son coeur, toute son âme; elle tout, ou rien, le néant. L'homme seul, en amour, peut se passer de coeur: L'homme seul a le privilège du vice. Dans la plupart des mariages, il existe seulement une espèce de sympathie de caractère, et encore? Alors, ne vous étonnez pas que la femme ne recherche que la conversation de son mari« (ebd., S. 25).

[37] »... Le mari s'accomode de la contrainte qu'il inspire, et dit: Voilà la femme! Oui, voilà la femme, voilà l'homme: mais l'amour doit rapprocher, l'amour doit unir l'homme et la femme, et, pour ce rapprochement, pour cette union, il ne faut pas que la femme devienne pareille à l'homme; le moyen d'apprivoiser un animal grossier et farouche, ce n'est pas de lutter avec lui de grossièreté et de sauvagerie, mais que l'homme, dans certains moments devienne femme le plus possible, c'est à dire bienveillant, délicat, et même chaste; je ne dis pas froid, au contraire« (ebd., S. 26).

[38] »Et la voilà qui de plus en plus s'amoindrit et s'oublie. Il l'aide autant qu'il peut dans ce travail; et bientôt, elle n'est plus qu'un objet de pitié. ... Si elle arrive à l'entière abnégation d'elle, elle poursuivra son chemin avec une triste dignité. Et encore, pour être digne il faut de la confiance en soi; et le malheur nous fait douter de nous« (ebd., S. 78f.).

[39] »Le mari, mal à l'aise au foyer, retourne à sa première éducatrice; changeant le salon en club, en cercle, en tabagie, il veut dans l'épouse l'air, le maintien, le vêtement de la courtisane, de sorte que rien ne ressemble plus à une honnête femme qu'une qui ne l'est point« (ebd., S. 29).

[40] »... vivre de lui c'est au moins prostituer sa dignité, et presque toujours la personne entière« (d'Héricourt 1860, Bd. I, S. 102).

[41] »... la prétention légitime de tout être humain au développement et à l'exercice de ses facultés, conséquemment à la possession des objets qui en sont les excitants propres, dans les limites de l'égalité. (d'Héricourt 1860, Bd. II, S. 7).

[42] »... ne serait il pas temps d'essayer un peu de la charité, de la charité éclairée et sympathique, de celle qui souffre des douleurs d'autrui et qui veut les soulager? Ou plutôt, ne serait-il pas temps de comprendre la justice non plus comme une vengeance, mais comme une réparation, et de faire de la pénalité même un moyen de purification pour le crime, une cause d'amélioration pour le criminel?« (Lamber 1858, S. 183).

V. Kapitel

[1] Françoise Moser hat die einzige Monographie zu Celeste Mogador geschrieben. Sie hatte Zugang zu den unveröffentlichten Heften. Vgl. Moser 1935, S. 8.

[2] »Vous m'avez demandé mon histoire. Tout ce que je n'aurais osé vous dire de vive voix, je vais vous l'écrire« (Mogador 1858, Bd. I., S. 15).

[3] Wenn dennoch später die männlichen Kritiker zum großen Teil in helles Entsetzen über die Memoiren ausbrachen, so lag dies sicher nicht an der Obszönität des Dargestellten, sondern daran, daß mit der Veröffentlichung dessen, was in der literarischen Öffentlichkeit bisher keinen Platz hatte, die Tabus der doppelten Moral verletzt wurden.

[4] »...ni les idylles attendrissantes, ni les contrastes forcés, dont le public parisien s'amuse tour à tour à pleurer et à rire«

[5] Zu den Bemühungen, die in der zweiten Jahrhunderthälfte unternommen wurden, die Kinder unter schulische Aufsicht zu bringen, vgl. Donzelot 1977. Donzelot interpretiert diese Maßnahmen als Abwehr der politischen und sozialen Kräfte, die in einem unkontrollierten Aufwachsen auf der Straße entwickelt wurden.

6 Von den Gemeinden errichtete Grundschulen für Mädchen gab es fast nicht, da die Gemeinden durch keinerlei Gesetz dazu verpflichtet waren. In dem verhältnismäßig groß angelegten und detailliert ausgeführten Schulbildungssystem Napoleons, das seine Schatten noch auf das gegenwärtige Schulsystem in Frankreich wirft und in dem von den Grundschulen bis zu den Universitäten vieles bis in die Einzelheiten geregelt war, blieben die Mädchen unerwähnt. Zwar wurde die Einrichtung von Mädchenschulen empfohlen und derart erleichtert, daß die Genehmigungen dazu fast ohne Prüfung erteilt wurden. Im allgemeinen aber galt die Auffassung Napoleons: »Je ne pense pas qu'il faille s'occuper d'instruction pour les jeunes filles, elles ne peuvent être mieux élevées que par leur mère« (Zit. nach Décaux 1958, S. 717). Guizot hatte 1833 ein Gesetz durchgebracht, das Gemeinden mit mehr als 800 Einwohnern dazu verpflichtete, eine Grundschule für Jungen einzurichten. Sein Versuch, ähnliches auch für die Mädchen durchzusetzen, war von der Kammer empört abgelehnt worden. Der Gedanke, eine einfache Schulbildung von Staatsseite auch für Mädchen zu ermöglichen, setzte sich erst ab der Mitte des Jahrhunderts durch.

7 »Je fis semblant d'être gaie, je sautai, je fis des agaceries aux gens de la maison. Ma gentillesse plut et l'on nous prodigua les mêmes soins que si nous avions été riches« (Mogador 1858, Bd. I., S. 13).

8 In einer ähnlichen Weise wurde auch die Tochter von Flora Tristan verschiedentlich vom Vater entführt, um die Mutter unter Druck zu setzen (vgl. Tristan 1973, S. 8).

9 »... la main de ma mère était glacée. Je sentais aux secousses de son bras qu'elle tremblait. Je lui disais tout ce que je pouvais pour lui donner du courage et en essayant de la rassurer, je me rassurais moi même. Cela commençait à venir, quand nous vîmes un homme tourner la rue que nous venions de quitter. Quand on a peur d'être poursuivi, tous les objets semblent avoir la forme de ce qui vous effraye. Les voleurs doivent prendre les bornes pour des gendarmes. Nous nous serrâmes l'une contre l'autre, en jetant un cri. Nos amis se rapprochèrent de nous. Une seconde s'écoula qui nous parut un siècle. Un monsieur venait de passer sans prendre garde à nous. Revenues de notre effroi, nous le regardâmes. Il était tout petit, et sans exagération il avait bien deux pieds de moins que mon beau-père« (Mogador 1858, Bd. I., S. 39).

10 »Mon coeur, qui avait tant besoin d'affection, devenait de plus en plus haineux, à mesure que la source de la tendresse que j'avais eue pour ma mère se tarissait; je sentais naître en moi des mouvements inconnus; mon imagination devenait plus indépendante et plus hardie. Au lieu de dormir je passais des heures entières à regarder les étoiles. Ma pensée suivait les nuages qui passaient, et je restais comme en extase. Je me voyais riche, heureuse, aimée. Ces théâtres, où l'on m'avait menée si jeune, me brûlaient la tête« (ebd., S. 105).

11 »C'est bien difficile à expliquer. Je ne suis plus une femme, je suis un numéro. Je ne suis plus ma volonté, mais le règlement d'une carte.
Si je veux aller tête nue, le règlement me commande de mettre un bonnet. Si je veux sortir le jour, le règlement me le défend.
Je ne puis aller dans certaines promenades. Je ne dois jamais me mettre aux fenêtres, et surtout je ne dois jamais sortir avec une honnête femme. Juge ce que cela serait pour une jeune fille de quinze ans! on dirait que je veux te vendre« (ebd., S. 177).

12 Die Weise, in der hier die Beziehungen zwischen den Insassinnen des Gefängnisses dargestellt werden, und insbesondere die nachsichtigen Reaktionen der Wärterinnen, lassen vermuten, daß zumindest in diesem Fall die Frauen den von den Reglementaristen so sehr gefürchteten »tribadisme« nicht als »comble de l'abjection« ansahen (vgl. Béraud 1839, Bd. I., S. 42f.; Parent-Duchâtelet 1857, S. 52).

13 »Pourtant, je lui dit de renoncer à cette idée; que cette existence était la plus malheureuse du monde. Je pensais à Thérèse.

— C'est une erreur, me dit-elle. Tu n'as vu que la basse classe de ces femmes, les laides ou les sottes. Mais j'en ai connu, moi qui se sont fait une petite fortune, qui ont de beaux appartements, des bijoux, des voitures, qui ne sont en relation qu'avec les gens de la plus haute société. Si j'étais aussi jolie que toi, j'aurais bien vite fait mon affaire. Tu seras bien avancée de te marier à un ouvrier qui te battra peut-être, ou bien te fera travailler pour deux. Et puis tu es venue ici. Tu auras beau faire, on le saura et on te le reprochera« (ebd.,).

[14] »Je rêvai de Denise, des conseils et des indications qu'elle m'avait donnés.
Je m'éveillais sous l'influence de ses songes funestes, et comme armée d'un sombre courage. Le démon du mal s'était emparé de moi, il ne devait plus lâcher sa proie. Je comptais les jours, les heures. A chaque scène, à chaque querelle, je disais: Bon, bon, encore deux mois, encore un mois, encore quinze jours, et je vous quitterai pour ne jamais vous revoir. Je deviendrai riche, je n'aurai plus besoin de vous.
Les douces impressions de ma vie, jusqu'alors innocente et simple, s'effaçaient de mon souvenir. J'ouvrais mon imagination à des scènes bizarres, impossibles. N'ayant encore vu de la vie que son côté le plus étroit et le plus malheureux, j'aspirais à m'élancer vers un horizon plus étendu, que je peuplais de fantômes évoqués de tout ce que j'avais vu sur les scènes des théâtres et du boulevard. J'étais folle« (ebd., S. 43).

[15] En interrogeant, après douze années, le souvenir attaché à cette démarche, qui m'a perdue, je puis me rendre ce témoignage, que l'idée même de la dépravation était étrangère à la résolution que j'avais prise; ce que je démêle de plus distinct au milieu des sentiments confus qui m'agitaient alors, à côté de ma jalousie pour ma mère et de ma haine pour Auguste; c'est une ambition égarée, c'est une aspiration effrénée vers la vie élégante, vers les jouissances de la vanité et du luxe. Je me suis damnée par orgueil. Mon corps était plus pur que mon âme, et je suis tombée, de toute la pureté de mon innocence native, au fond de cet égout social qu'on appelle une maison de tolérance (ebd., S. 223).

[16] » ... je me sentais tellement perdue, si bas tombée, que je n'avais plus d'intérêt pour moi même, ce qui est, soyez-en sûr, le comble de la douleur humaine. Moralement je n'étais plus qu'un cadavre. Des volontés étrangères disposaient de moi, comme elles eussent fait d'un automate« (ebd.).

[18] »Je comprends très bien tout le mépris que les hommes ont pour les filles publiques. Mais je le comprends surtout de la part de ceux qui, renfermés dans les saintes joies de la famille, n'ont jamais passé le seuil d'un mauvais lieu. Quant aux débauchés, qui passent leur vie à jouer et à courir les tripots, il me semble qu'ils pourraient avoir plus d'indulgence pour les compagnes de leurs tristes plaisirs. C'est précisément le contraire qui a lieu. Les plus vicieux sont les plus insolents, et nul coeur honnête ne pourra jamais savoir ce qu'il faut d'humilité à une courtisane, pour accepter sans mourir ou sans se venger les injures qu'elle reçoit. Je n'avais pas la vocation« (ebd., S. 231f.)

[19] »On sait ce que c'est, Paris. Chaque excentricité a son heure de vogue. Ces folies faisaient le sujet de toutes les conversations et notre triste renommée, portée par les cent voix de la presse, s'étendait jusqu'en province« (Mogador 1858, Bd. II, S. 118).

[20] Das Café Anglais zählte zu den bekanntesten Restaurants und war eine Art Mittelpunkt des »Pariser Lebens«. Entsprechend kostspielig war es, dort einzukehren.

[21] »Nous étions déjà bien loin. — Nous nous séparâmes quelques instants après. — A tantôt! dit Pomaré, rue Gaillon, 19; si vous oubliez le numéro, demandez dans la rue la reine Pomaré. Je trouvai cette gasconnade prodigieuse, et il me sembla plus prudent de me souvenir du numéro. Je venais de voir un échantillon de cette vie qui, de loin, me semblait si belle et à laquelle j'avais si souvent rêvé de m'associer. (ebd., S. 302).

[22] Welcher Art die affektiven Beziehungen gewesen sein mögen, die Mütter in vergleichbaren Situationen ihren Kindern gegenüber hatten, scheint mir außerordentlich schwer zu beurteilen zu sein. Ich hege ein gewisses Mißtrauen gegenüber solchen Theorien, die sagen, daß den proletarischen Müttern ihre Kinder notgedrungenerweise völlig gleichgültig waren. Doch ist auch sicher, daß ihre Emotionalität in dieser Hinsicht nicht der den bürgerlichen Frauen verordneten »Mutterliebe« entsprach (vgl. Badinter 1980).

[23] »Les journalistes traitent les femmes comme les gouvernements: ils les inventent; après les avoir inventées, ils les prônent, après les avoir prônées ils veulent les défaire« (ebd., S. 2).

[24] »Ceux qui nous servent et qui s'enrichissent de nos faiblesses nous comblent de caresses, de compliments; au fond ils nous méprisent. C'est tout simple, nous les faisons vivre« (ebd., S. 8).

[25] »Aujourd'hui tous les grands magasins, comme la Ville de Paris, la Chaussee d'Antin, les Trois Quartiers, Le Siège de Corinthe, envoient à domicile, et ils vous remettent vos emplettes en votre absence, ils les laissent et ne vous apportent les factures qu'au bout de six mois, tout en vous vendant le même prix qu'aux autres personnes. Tout le monde nous pousse à ces folles dépenses qui ruinent ceux qui nous entourent, et dont tant de gens se partagent les bénéfices sans en avoir la responsabilité. On emploie toutes les tentations; si je n'avais pas été arrêtée par un sentiment de probité, je devrais aujourd'hui trois cent mille francs de dettes: les marchands de cachemires, de bijoux, de voitures, de meubles, me faisaient des offres de services illimités« (Mogador 1876, Bd. II, S. 40).

[26] Die Modernisierung des Kreditwesens war ein bedeutsamer Faktor zur Erweiterung der Produktion. Die stimulierenden Auswirkungen des Crédit mobilier der Brüder Pereire für den Aufschwung der Großen Industrie werden von zahlreichen Wirtschaftswissenschaftlern betont (vgl. Gille 1967; Bouvier 1961).

[27] »Rien n'est contagieux comme la mode. Il y avait a cette année là, à cause des exercices de l'Hippodrome, une véritable rage d'équitation. Toutes les femmes montèrent à cheval et cherchèrent des obstacles partout, pour en faire autant que nous. Ne pouvant conduire les chars, elle se mirent à conduire elles-mêmes leurs voitures« (Mogador 1858, Bd. II, S. 11).

[28] Aus einer männlichen Perspektive läßt Dumas fils dies Armand, den Protagonisten seines Romans »La dame aux Camélias« so sagen: »... et moi qui aurais voulu souffrir pour cette femme, je craignais qu'elle ne m'acceptât trop vite et qu'elle ne me donnât trop promptement un amour que j'eusse voulu payer d'une longue attente ou d'un grand sacrifice. Nous sommes ainsi, nous autres hommes; et il est bien heureux que l'imagination laisse cette poésie aux sens, et que les désirs du corps fassent cette concession aux rêves de l'âme« (Dumas fils 1975, S. 78).

[29] »Ce cercle des gens d'esprit me plaisait infiniment. J'écoutais; mon intelligence se développait à ce contact: j'en avais bien besoin, car j'étais tellement ignorante que souvent je m'arrêtais court au milieu d'un mot que je n'osais finir dans la crainte de dire quelque sottise. Chacun m'aidait un peu et cela avec tant de bonté que j'arrivais enfin à me sentir plus sûre de moi« (ebd., S. 85).

[30] »Je sautai de joie; je ne dormis pas la nuit. A quatre heures, une jolie voiture à deux chevaux s'arrête à ma porte. Le cocher vient me dire qu'il était à mes ordres. Je sortis, et je ne voulus rentrer que quand les promenades furent désertes. J'étais si fatiguée que je ne pus dîner. La crainte qu'on ne me vît pas dans le fond de la voiture me fit tenir assise au bords des coussins, la figure en carreau, secouant la tête comme un magot en porcelaine chinoise, tant j'avais peur qu'on ne m'accusât d'être fière. (ebd., S. 101).

[31] »Il me fallait simuler la gaîté quand je mourai d'envie de pleurer, vendre les sourires, que je n'avais plus. ... Je dansai et je chantai la mort dans l'âme, mais j'étais habituée depuis longtemps en mascerades de ce genre. Cette contrainte m'a rendue la plus malheureuse de toutes les créatures« (ebd., S. 170).

32 »Je ne voulais pas devenir une vertu farouche, mais je voulais quitter cette servitude des plaisirs des autres, je voulais ne rire que quand j'en avais envie et pour mon plaisir à moi, vivre avec économie, avec gêne, s'il fallait pour être heureuse du bien qui pourrait m'arriver« (ebd. S. 161).

33 »... le roman se caractérise comme l'histoire d'une recherche de valeurs authentiques sur un mode dégradé, dans une société dégradée, dégradation qui, en ce qui concerne le héros, se manifeste principalement par la médiatisation, la réduction des valeurs authentiques au niveau implicite et leur disparition tant que réalités manifestes« (Goldmann 1964, S. 35).

34 »La vie que j'ai menée, c'est un commerce; on m'achêtait un baiser; je n'ai plus rien à vendre, on ne vient plus« (ebd., S. 213).

35 Derartige Sätze sind sicher nicht als tatsächlich gesagte wörtlich zu nehmen. Celeste hat sie vermutlich im Nachhinein dem Ehemann in den Mund gelegt. Es geht hier wie auch im folgenden nicht in erster Linie um eine Charakterisierung des Mannes, sondern darum, wie Celeste ihn wahrgenommen und dargestellt hat. In dieser Darstellung kommt vor allem Celestes Vorstellung von Ehe und der Beziehung zwischen Mann und Frau zum Ausdruck.

36 »Lionel a toujours le même défaut: il se grise de ses idées, se monte, s'emporte si loin qu'il dépasse le but, ce qui l'oblige souvent à revenir à son point de départ, vaincu et confus. Du reste, je suis décidée à ne jamais céder lorsque j'aurai la certitude d'avoir raison. Cela lui donnerait une trop grande autorité sur mon esprit et ma personne. Il abuserait au point de m'annuler complètement« (ebd., S. 21).

27 »... qu'il doit être permis à la critique de s'enquérir s'il en est de certains livres comme de certaines créatures, et si, moyennant la même estampille et le même numéro d'ordre, ils peuvent librement et effrontément circuler dans les cabinets de lecture et transformer les boutiques de librairies en lupanars. Il nous importe peu en fin de compte, que Mlle Mogador publie ou non ses Mémoires, mais ce qui nous importe, c'est qu'on ne vienne pas enseigner à nos filles et à nos soeurs que le chemin le plus court pour arriver à la fortune et à une position sociale, c'est le chemin qui suit et décrit ce triangle infamant: la prison de Saint-Lazare, le bureau des moeurs, la maison de prostitution«.

38 La lecture de ces Mémoires offre donc à l'esprit une nourriture peu saine, mais abondante en détails frottés d'épice et de piments. Comme littérature, cela entre dans la catégorie de la carte des restaurants à trente sous. Une fois la curiosité satisfaite, le coeur se soulève de dégoût«.

39 »M. Lionel de Moreton Chabrillan, petit-fils, par sa mère, du comte de Choiseul, ancien ambassadeur à Constantinople et auteur du 'Voyage en Grèce', après avoir dissipé une belle fortune de la façon la plus déplorable, a épousé une fille qui était sa maîtresse. Cette fille, nommé Céleste Vénard, était connue sous le nom de Mogador, dans les bals publics et au Cirque où elle a été écuyère.
Lionel de Chabrillan, mauvais sujet ruiné, s'est fait envoyer comme consul français en Australie. A peine installé, la librairie française nous remet son nom en mémoire, ainsi que sa vie crapuleuse. Les deux volumes des Mémoires de Mme Chabrillan (Céleste Vénard) viennent de paraître.
Mogador raconte ses débuts au bordel, dépeint les hommes avec lesquels la m... l'envoyait pour vingt francs, etc., etc. La police, sans doute pour faire honneur à notre corps consulaire, laisse paraître ces sales Mémoires.
Les réflexions sont inutiles«.

40 »Je ne sors plus; j'écris beaucoup. J'ai fait et refait dix fois un roman sur les voleurs d'or. Je ne sais où le cacher, dans la crainte que Lionel ne le trouve: il se moquerait de moi peut-être, et puis, il me gronderait. Ce genre de travail assidu nuit à ma santé; mais quand j'écris, je pense

moins à mes peines. Je me figure — cela est ridicule — qu'en cas de malheur ... je pourrais arriver à gagner quelque argent ... (ebd., S. 143).

[41] »Il me semble que derrière ce vitrage qui la sépare du monde et de l'agitation boulevardière, sa solitude est moins grande, son enlisement dans l'oubli moins complet. ... J'observe avec curiosité cette femme de soixante-quatorze ans, qui a conservé à travers les aventures extraordinaires de sa vie l'impertuable noblesse d'attitude de l'ancienne Impératrice de Saint-Lazare ... Une mantille de dentelle couvre ses cheveux blancs, très beaux, et aristocratise sa figure régulière aux yeux pétillants, à la bouche dédaigneuse que les soucis, les ecoeurements, les lassitudes ont crispée ...« (zit. in Moser 1935, S. 312).

[42] Zola schrieb über 'Nana': »Le sujet philosophique est celui-ci: Toute une société se ruant sur le cul. ... Le poème des désirs du mâle, le grand levier qui réunit le monde«. Aus: Mittérand, Etude zu Nana, in: Zola, 1961, Bd. 2, S. 1665.

[43] »Au bout d'un mois, William me dit: 'Il faut partir.' Il m'aurait dit: 'il faut mourir' que l'effet n'eût pas été pour moi plus désagréable.
— Partez, si vous voulez, moi je reste!«

[44] »C'était mal peut-être, ce que j'avais fait là. Mais c'était si spontané. C'est sa faute après tout, à ce pauvre garçon! On ne mène pas sa femme à Paris, quant on tient à sa propriété d'Albrect-Room! (ebd., S. 34).

[45] »La première connaissance que je fis en France fut celle d'un marin, d'Aménard. Pas d'argent, mais des récits de voyage! ... Puis je fus mise en rapport avec Roubise, très bien vu dans son monde, et qui me procura de nombreuses relations. Au nombre des plus intimes, je rangerai celles, que je nouai avec Délamarche, dont j'étais très éprise. Mais chez lui aussi le coeur était plus riche que la bourse. ... Ma liaison avec Lasséma dura six ans. Celui-là fut, sans contredit, un des premières anneaux de ma chaîne dorée. Héritier d'un grand nom du premier Empire, riche, correct de tout point ... Il était horriblement jaloux d'Adrien Marut, qui non moins liè que lui par la naissance aux souvenirs de la même époque, brulait pour moi de tout l'ardeur de ses dix-sept ans. ... C'est Marut qui, le premier, m'a fait cadeau d'un cheval ... mais lui autant de dettes que d'amour: ce n'est peu dire. ... J'avais peu de jours auparavant soupé avec le père et le fils Marut, après un bal à l'opéra. Marut, premier du nom, fut très galant ... Le lendemain, Marut père m'envoyait une montre en or avec mon chiffre, et, quelque temps après un service en argent. ...« (ebd., S. 37-41).

[46] »Pas un mot parti du coeur ne vient rompre la monotonie de cet inventaire galant qui sent encore le linge sale; en revanche, le chiffre gros ou petit, s'y retrouve toujours. Celui-ci m'avait donné tant, celui-là tant; ce ne sont pas des Mémoires, c'est un livre de compte, et les amants y apparaissent comme des tenanciers, apportant chacun son tribut« (France 1886).

[47] »J'aurais voulu qu'il m'emmenât dans son pays. Plus d'une fois, je lui ai fait part de mon désir. La dernière fois que je l'ai vu, j'étais décolletée. Il m'a demandé de venir chez moi. J'ai refusé, craignant d'avoir quelque regret d'une trop facile condenscendance. Il a insisté.
— Je vous propose cinq billets bleus.
Il vient.
Si les fonds étrangers étaient en baisse, il n'en fut pas de même de mon estime pour sa personne. Il part, me laissant les seuls témoignages de sa tendresse ... Le jour même, il m'envoyait cinq billets de mille« (Pearl 1886, S. 41-45).

[48] »On s'attendait à des révélations piquantes, intéressantes et graves, sur les tristes personnages des Tuiléries; mais elle n'a rien vu , rien appris, parce qu'on ne lui a rien montré, rien raconté, rien laissé surprendre; elle avait du reste bien d'autres chats à fouetter. ... il ne lui restait pas un instant

à donner à l'histoire, à la politique, dont elle ne se souciait pas plus que de la direction des ballons« (aus: Les femmes du jour, Paris 1886).

[49] »Loin d'éprouver avec lui le moindre embarras, j'avais fini par le dominer; il s'était plié de bonne grâce, et ne se régimbait que sous l'aiguillon de l'amour propre ou de la jalousie. Avec lui comme avec tout le monde je tenais à bien affirmer mon indépendance« (ebd., S. 115).

[50] »J'ai été secoué et après ton départ, je suis tombé dans une sorte d'abrutissement, dont j'ai peine à sortir« (ebd., S. 134).

»Souvent j'ai pensé à tout ce que j'aime embrasser, rue des Bassins, du haut en bas: ces idées ne sont pas bonnes en voyage ou cela fait rêver« (ebd., S. 161).

Literatur

Abensour, Léon: L'Histoire générale du féminisme, Delagrave, Paris 1921
Adorno, Theodor: Soziologische Exkurse, Europäische Verlagsanstalt, Frankfurt a.M. 1956
Agulhon, Maurice: 1848 ou l'apprentissage de la république 1848-1852, Ed. du Seuil, Paris 1973
Albistur, Maité; Armogathe Daniel: Histoire du féminisme français du Moyen Age à nos jours, Ed. des femmes, Paris 1977
Alexandrian: Les libérateurs de l'amour, Ed. du Seuil, Paris 1977
Alhoy, Maurice: La lorette, Imp. de Raçon, Paris 1856
Ders.: Physiologie de la lorette, Aubert, Paris 1841
Allem, M.: La vie quotidienne sous le Second Empire, Hachette, Paris 1948
Ansart, Pierre: Saint Simon, PUF, Paris 1969
Apel, Karl-Otto: Szientistik, Hermeneutik, Ideologiekritik. Entwurf einer Wissenschaftslehre in erkenntnisanthropologischer Sicht, in: Hermeneutik und Ideologiekritik, hrsg. von J. Habermas, Dieter Henrich und Jacob Taubes, Frankfurt a.M. 1972, S. 7-45
Audebrand, Philibert: Un café des journalistes sous Napoléon III., Paris 1888
Audiganne, A.: Les populations ouvrières et les industries de la France dans le mouvement social du XIXe siècle, 2 Bde., Paris 1864
Audouard, Olympe: North-America, Paris 1871
Dies.: A travers mes souvenirs, Paris o.J.
Dies.: La morale officielle. Lettre à M. de Goulard, ministre de l'Intérieur, Paris 1873
Dies.: Le luxe des femmes. Réponse d'une femme à M. le Procureur général Dupin, Paris 1865
Dies.: Le luxe effréné des hommes. Discours tenu dans un comité de femmes, Paris 1865
Augier, Emile: Théâtre complet. VII vol., Collection Nouvelle Calman-Lévy o.J.
Auriant, Philippe: Les Lionnes du Second Empire, Gallimard, Paris 1935
Badinter, E.: L'amour en plus. Histoire de l'amour maternel (XVIIe-XXe siècle), Paris, Flammarion, 1980
Balzac, Honoré de: Splendeurs et misères des courtisanes. Préface et notes de Pierre Barbéris, Gallimard, Paris 1973
ders.: Glanz und Elend der Kurtisanen. Übersetzt von E.W. Junker, Deutscher Taschenbuch Verlag, München 1976
Bancal, Jean: Proudhon. Pluralisme et Autogestion, II. Bde., Aubier Montaigne, Paris 1970
Barthes, Roland: Mythologies, Ed. du Seuil, Paris 1970
Beaumont-Vassy, Vicomte de: Les salons de Paris et la société parisienne sous Napoléon III., Paris 1968
Belladonna, Judith: Folles femmes de leur corps. La prostitution. Recherches no. 26 mars 1977, Fontenau-sous-Bois
Bellet, Roger: La Femme dans l'idéologie du »Grand Dictionnaire universel« de Pierre Larousse, in: La femme au XIXe siècle. Littérature et idéologie, Lyon 1978
Benjamin, Walter: Charles Baudelaire. Ein Lyriker im Zeitalter des Hochkapitalismus, Suhrkamp, Frankfurt a.M. 1969
Ders.: Das Passagenwerk, 2 Bde., ed. Suhrkamp, Frankfurt a.M. 1983
Bergeron, Louis: L'Industrialisation de la France au XIXe siècle, Hatier, Paris 1979
Biermann, Pieke: »Wir sind Frauen wie andere auch!« Prostituierte und ihre Kämpfe, Rowohlt, Reinbek 1980
Blanc, Charles: Considérations sur le vêtement des femmes, Paris 1872
Bock, Gisela; Duden, Barbara: Arbeit aus Liebe — Liebe als Arbeit, in: Frauen und Wissenschaft. Beiträge zur Sommeruniversität für Frauen, Berlin 1977
Börne, Ludwig: Sämtliche Schriften, hrsg. und eingeleitet von I. und P. Rippmann, Melzer Verlag, Darmstadt 1977

Bouchot, Henri: Les Elégances du Second Empire, Paris 1896
Bovenschen, Siliva: Die imaginierte Weiblichkeit. Exemplarische Untersuchungen zu kulturgeschichtlichen und literarischen Präsentationsformen des Weiblichen. Suhrkamp, Frankfurt/Main 1979
Braudel, F.; Labrouse, E.: Histoire économique et sociale de la France, Bd. III, Paris 1976
Braun, F.: The »Courtisane« in the French theater from Hugo to Becque (1831-1885), Baltimore 1947
Breuil, Gilles: Cora Pearl qui introduisit en France la mode du maquillage mourait il y a soixante ans, in: Le Magazine de »L'Ordre«, 5. Juli 1946
Brocher, Victorine: Souvenirs d'une morte vivante ..., Maspéro, Paris 1976
Butler, Josephine: Une voix dans le désert, 2. Aufl., Neuchâtel/Suisse, in: »Bulletin Continental 1876«
Cabet, Etienne: Voyage en Icarie, Paris 1840
Camp, Maxime Du: Paris, ses organes, ses fonctions et sa vie dans la seconde moitié du XIXe siècle, 6 Bd., Hachette, Paris 1860-1875
Carlier, Félix: Etude de pathologie sociale. Les deux prostitutions (1860 à 1870), Dentu, Paris 1887
Chauvin, J.: Des professions accessibles aux femmes, Paris 1892
Chevalier, Louis: Classes laborieuses et Classes dangereuses à Paris pendant la première moitié du XIXe siècle, Librairie Générale, Paris 1978
Claudin, Gustave: Mes souvenirs, les boulevards de 1843 à 1871, Paris 1884
Clouzot, H.; Valensi, R.-H.: Le Paris de la Comédie humaine, Paris 1926
Comte, Auguste: Cours de philosophie positive, 6 Bde., (Paris 1830-42), Paris 1908
Ders.: Système de Politique positive ou Traité de Sociologie (Oeuvres d'Auguste Comte, vols. VII-X), Paris 1979-70 (Réimpression anastatique de l'édition originale de 1851-1854)
Ders.: Der Positivismus in seinem Wesen und seiner Bedeutung von Auguste Comte, Verfasser des »Systems der positiven Philosophie«. Übersetzt von E. Roschau, Leipzig 1894
Corbin, Alain: Les filles de noce. Misère sexuelle et prostitution aux 19e et 20e siècle, Aubier, Paris 1978
Cordelier, Jeanne: La dérobade. Préface de Benoîte Groult, Hachette, Paris 1976
Cubain, R.: Traité des droits des femmes en matière civile et commerciale, Paris 1842
Dabay, A.: Hygiène et physiologie du mariage (s.d. 54e édition), Paris
Dardigna, Anne-Marie: Les châteaux d'Eros ou les infortunés du sexe des femmes, Maspéro, Paris 1981
Dartigues, J.P.: De l'amour expérimental ou des causes d'adultère chez la femme au dix-neuvième siècle. Etude d'hygiène et d'économie sociale, résultant de l'ignorance du libertinage et des fraudes dans l'accomplissement des devoirs conjuguaux, Versailles 1887
Daubie, Julie: La femme pauvre, 3 Bde., Paris 1870
Daumard, Adeline: Les bourgeois de Parix au XIXe siècle, Paris 1970
Décaux, Alain: Amours Second Empire, Hachette, Paris 1952
Ders.: Histoire des Françaises, Bd. II, La révolte, Librairie Académique Perrin, Paris 1972
Delveau, Alfred: Le Fumier d'Ennuis, Librairie de Achille Faure, Paris 1865
Ders.: Les Dessous de Paris, Poulet Malassis et De Broix, Paris 1860
Ders.: Le grand et le petit trottoir, A. Faure, Paris 1866
Deraismes, Maria: Ce que veulent les femmes. Articles et discours de 1868 à 1894. Préface, notes et commentaires de O. Krakovitch, Syros, Paris 1980
Dolléans, Edouard: Proudhon, Paris 1948
Ders.: Féminisme et mouvement ouvrier: Georg Sand, Paris 1951

Donzelot, Jacques: La police des familles, Ed. de Minuit, Paris 1977
Droz, Gustave: Monsieur, Madame et Bébé, Hetzel, Paris 1866
Duden, Barbara: Das schöne Eigentum — Zur Herausbildung des bürgerlichen Frauenbildes an der Wende vom 18. zum 19. Jahrhundert, in: Kursbuch 47: 125-139, Berlin 1977
Dumas, Alexandre pére: Filles, lorettes et courtisanes, Dolin, Paris 1843
Dumas, Alexandre fils: Théâtre complet, Calman Lévy, 8 Bde., Paris o.J.
Ders.: Entr'actes, Deuxième Série, Calman Lévy, Paris 1878
Ders.: La Question du divorce, Calman Lévy, Paris 1882
Ders.: La Dame aux Camélias, Préface d'André Maurois, Gallimard, Paris 1975
Dumont, Louis: From Mandeville to Marx: Genesis and Triumph of Economic Ideology, Chicago 1977
Dumouchel, Paul; Dupuy, Jean Pierre: L'enfer des choses, Paris 1979
Dupeux, Georges: La Société française 1789-1970, Armand Colin, Paris 1972
Duveau, Georges: La Vie ouvrière en France sous le Second Empire, Gallimard, Paris 1946
Elias, Norbert: Über den Prozeß der Zivilisation, 2 Bde., Soziogenetische und psychogenetische Untersuchungen, Bd. II, Wandlungen der Gesellschaft, Entwurf zu einer Theorie der Zivilisation, Frankfurt a.M. 1976
Ders.: Die höfische Gesellschaft. Untersuchungen zur Soziologie des Königtums und der höfischen Aristokratie, Luchterhand, Neuwied 1969
Le Second empire vous regarde, Le Point 1958 (Collection de photos)
Esquiros, Adèle: L'Amour, Paris 1860
Dies.: Les Marchandes d'Amour, Paris 1865
Eyquem, Albert: Le régime dotal, son évolution et ses transformations au dix-neuvième siècle sous l'influence de la jurisprudence et du notariat (1903), Paris
Feminist, Der: Prostitution als Beruf. Beiträge zur Theorie und Praxis, Nr. 2/1980, V. Jg.
Les Femmes Du Jour (coup. de Presse), April 1886
Fiaux, Louis Dr.: La femme, le mariage et le divorce. Etude de physiologie et de sociologie, Paris 1880
Fischer-Homberger, Esther: Krankheit Frau und andere Arbeiten zur Medizingeschichte der Frau, Bern 1979
Flandrin, Jean Louis: Contraception, mariage et relations amoureuses dans l'Occident chrétien, in: Annales E.S.C. 24, 1969, S. 1370-1390
Ders.: Familles (Parenté, maison, sexualité) dans l'ancienne société, Hachette, Paris 1976
Ders.: Familien, übers. und für die deutsche Ausgabe eingerichtet von Eva Brückner-Pfaffenberger, Ullstein, Frankfurt a.M. 1968
Fohlen, Claude: L'Industrie textile au temps du Second Empire, Plon, Paris 1956
Foucault, Michel: Histoire de la sexualité, Bd. I, La volonté de savoir, Gallimard, Paris 1976
Fourier, Charles: Oeuvres complètes, Paris 1841-45
Ders.: Théories des quatre mouvements, Paris 1841
Ders: Oeuvres complètes (Nachdruck), Anthropos, Paris 1966-1978
France, Anatole: Cora Pearl, in: Figaro, 9. Juli 1886
Friedell, Egon: Kulturgeschichte der Neuzeit, Bd. III, München 1931
Fuchs, Eduard: Die Sozialgeschichte der Frau (Nachdruck der 3. Aufl. 1923), Frankfurt a. M. 1973
Furth, Peter: Nachträgliche Warnung vor dem Rollenbegriff, in: Das Argument 66, Wissenschaft als Politik, III, 13. Jg., Okt. 1971, S. 500-522
Gaillard, Jeanne: Paris, la ville (1852-1870), Lille, Paris 1976
Giesen, Rosemarie; Schumann, Gunda: »An der Front des Patriarchats« — Bericht vom langen Marsch durch das Prostitutionsmilieu, päd extra Buchverlag, Bernsheim 1980
Gille, Bertrand: La Banque en France au XIXe siècle, Recherches historiques, Genève 1970

Girard, René: Mensonge romantique et vérité romanesque, Grasset, Paris 1961
Goldmann, Lucien: Pour une sociologie du roman, Gallimard, Paris 1964
Goncourt, Edmond et Jules: La lorette, Dentu, Paris 1853
Dies.: Germinie Lacerteux, Charpentier, Paris 1864
Dies.: Journal, 22 vol., ed. du Rocher, Monaco 1956-1958
Goncourt, Edmond de: La fille Elisa, Charpentier, Paris 1877
Grubitzsch, Helga; Lagpacan, Loretta: »Freiheit für die Frauen, Freiheit für das Volk!« Sozialistische Frauen in Frankreich, 1840-1848, Syndikat, Frankfurt a.M. 1980
Grubitzsch, Helga: Zur Problematik androzentrischer Sozialgeschichte, unv. Vortrag, Osnabrück 1985
Dies.: »Mutterschaft und Mutterideologie in der Geschichte der Frauenbewegung«, in: Muttersein und Mutterideologie in der bürgerlichen Gesellschaft, Bremen 1980
Dies.: Weibliche Sexualität und Liebesbeziehungen, Seminarpapier, Universität Bremen, SS 1982
Guiral, Pierre: La Vie quotidienne en France à l'Age d'Or du capitalisme 1852-1879, Hachette, Paris 1976
Ders.; Thuillier, Guy: La vie quotidienne des domestiques en France au XIXe siècle, Paris 1976
Haug, Wolfgang Fritz: Kritik der Warenästhetik, ed. Suhrkamp, Frankfurt a.M. 1976
Ders.: Wirkungsbedingungen einer »Ästhetik von Manipulation«, in: Warenästhetik. Beiträge zur Diskussion, Weiterentwicklung und Vermittlung ihrer Kritik, hrsg. von W.F. Haug, ed. Suhrkamp, Frankfurt a.M. 1975
Haupt, Gerhard; Mey, Dorothea: Zur Entwicklung des französischen Kapitalismus im 19. Jahrhundert, in: Honoré Daumier und die ungelösten Probleme der Gesellschaft, Berlin 1975, S. 16-27
Hausen, Karin: Die Polarisierung der »Geschlechtscharaktere«. Eine Spiegelung der Dissoziation von Erwerbs- und Familienleben, in: Seminar: Familie und Gesellschaftsstruktur. Materialien zu den sozioökonomischen Bedingungen von Familienformen, hrsg. von Heidi Rosenbaum, Frankfurt a.M. 1978
Hauser, Arnold: Sozialgeschichte der Kunst und Literatur, Beck'sche Sonderausgabe, München 1978
Hedouville, Marthe de: La Comtesse de Ségur et les siens, Ed. du Conquistador, Paris 1953
Hegel, Georg Wilhelm Friedrich: Sämtliche Werke, Bd. 11, Geschichtsphilosophie, Jubiläumsausgabe in 20 Bänden, hrsg. von H. Glockner, Stuttgart 1958
Helvetius, Claude Adrien: De l'homme, in: Oeuvres complètes, Bd. II, London 1778
d'Héricourt, Jenny: La femme affranchie. Réponse a. Mm. Michelet, Proudhon, Comte ..., Bruxelles 1860
Hoffmann, Robert L.: Revolutionary Justice. The social and political Theory of P.-J. Proudhon, Illinois 1972
Horkheimer, Max: Kritische Theorie der Gesellschaft, Bd. III, Marxismus-Kollektiv 1968
Hugo, Victor: Choses vues 1849-1869, Gallimard, Paris 1972
Ders.: Les Misérables, Librairie Générale Française, Paris 1963
Hyams, Edward: Pierre-Joseph Proudhon. His Revolutionary Life, Mind and Work, London 1979
Illich, Ivan: Genus, Rowohlt, Reinbek 1983
Ders.: Recht auf Gemeinheit, Rowohlt, Reinbek 1982
Janet, Paul: La famille, Paris 1861
Joran, Théodore: Les idées de Proudhon: le féminisme dans le socialisme français
Judith, Mme (Pseud. de Mme Julie Bernat): La vie d'une grande comédienne: Mémoires de Mme Judith de la Comédie française, Paris 1912
Kellen, Tony: »Was ist die Frau?« Ideen und Paradoxe Alexander Dumas des jüngeren über die Frauen, die Liebe und die Ehe, Leipzig 1892

Kippur, Stephan A.: Jules Michelet. A Study of Mind and Sensibility, New York 1981
Klein, J.P.: Les masques de l'argent, Laffont, Paris 1983
Kleinert, Annemarie: Die frühen Modejournale in Frankreich, Berlin 1980
Knibiehler, Yvonne: »Les Médicins et la 'nature féminine' au temps du Code Civil«, in: Les Annales E.S.C. 31, Nr. 4 (Juli/August 1976) S. 824-845
Krakauer, Siegfried: Jacques Offenbach und das Paris seiner Zeit, Paul List Verlag, München 1962
Krakovitch, Odile: Misogynes et féministes il y a cent ans. Autour de l'Homme-Femme d'Alexandre
Dumas fils, in: Questions féministes no. 8, Mai 1980
Kuczynski, Jürgen: Darstellung der Lage der Arbeiter in Frankreich seit 1848. Die Geschichte der Lage der Arbeiter unter dem Kapitalismus, Bd. 33, Akademie Verlag, Berlin (DDR) 1967
Kurnitzky, Horst: Triebstruktur des Geldes. Ein Beitrag zur Theorie der Weiblichkeit, Wagenbach, Berlin 1974
Lamber, Juliette: Idées Anti-Proudhoniennes, Paris 1858
Lamber (Adam), Juliette: Mes angoisses et nos luttes, Paris 1907
Lambert/Thiboust: Les filles de marbre, Michel Lévy, Paris 1853
Lano, Pierre de: Courtisanes, Roveyre, Paris 1883
Laya, Alexandre: Causes célèbres du mariage ou les infortunes conjugales, Paris 1883
Lebel, J. Jacques: L'Amour et l'Argent, Ed. Stock, Paris 1978
Lefebvre, Henri: Zum Begriff der »Erklärung« in der politischen Ökonomie und in der Soziologie, in: Beiträge zur marxistischen Erkenntnistheorie, hrsg. von Alfred Schmidt, ed. Suhrkamp, Frankfurt a.M. 1969, S. 153-176
Legouvé, Ernest: La femme en France au XIXe siècle, Paris 1864
Ders.: Histoire morale des femmes, Paris 1882
Leixner, Otto von: Soziale Briefe aus Berlin, 1888-1891. Mit besonderer Berücksichtigung sozialdemokratischer Strömungen, Berlin 1891
Leroy-Beaulieu, Paul: Le travail des femmes au XIXe siècle, Paris 1873
Lesguillon, Hermance: Les femmes dans cent ans, Paris 1859
Lesselier, Claudie: Employées de grands magasins à Paris (avant 1914), in: Le mouvement social. Travaux de Femmes dans la France du XIXe siècle, oct.-dec. 1978, les éditions ouvrières, Paris
Levasseur, Ernest: Histoire des classes ouvrières et de l'industrie en France de 1789 à 1879, 2 Bde., Paris 1903/04 (Reprint N.Y. 1969)
Lukács, Georg: Geschichte und Klassenbewußtsein. Studien über marxistische Dialektik. Verlag de Munter, Amsterdam 1967
Maillard, Firmin: La Légende de la Femme émancipée, Paris 1872
Marcus, Steven: Umkehrung der Moral. Sexualität und Pornographie im viktorianischen England, ed. Suhrkamp, Frankfurt a.M. 1979
Marcuse, Herbert: Zur Kritik des Hedonismus in Kultur und Gesellschaft, I, ed. Suhrkamp, Frankfurt a.M. 1967
Ders.: unv. Vortrag in Berlin, 6.12.1967
Margerie, Amédée de: De la Famille, Paris 1860
Marx, Karl: Das Kapital, Kritik der politischen Ökonomie, I. Band, Dietz Verlag, Berlin (DDR) 1965
Ders.: Der 18. Brumaire des Louis Bonaparte (MEW 8), Berlin (DDR) 1973
Ders.: Ökonomisch-philosophische Manuskripte, Reclam Universal Bibliothek, Berlin (DDR) 1968
Maugny, Comte de: Le demi-monde sous le Second Empire, Paris 1892
Maupassant, Guy de: Boule de suif et autres contes normands, Ed. Garnier Frères, Paris 1971
Mey, Dorothea: Courtisane oder Ménagère? Zwei Pole des bürgerlichen Frauenbildes. Männliche Liebesideologie in der Mitte des 19. Jahrhunderts in Frankreich, in: Die ungeschriebene

Geschichte. Historische Frauenforschung, Wien 1984, S. 187-198
Michel, Andrée: La Sociologie de la famille, Mouton, Paris 1970
Michelet, Jules: La Femme, Flammarion, Paris 1982
Ders.: L'Amour, Hachette, Paris 1875
Ders.: Journal, Gallimard, Paris 1969-1976
Ders.: Du prêtre, de la femme et de la famille, Gallimard, Paris 1978
Ders.: Die Liebe (Trad. de l'allemand), Einl. und Übersetzung von F. Spielhagen, Leipzig s.d.
Millian, Mc. James: Housewife or hurlot. The place of woman in the French-society 1870-1940, London 1979
Millett, Kate: Die Frau zwischen Gesellschaft und Prostitution. Das verkaufte Geschlecht, Frankfurt a.M. 1971
Mogador, Celeste: Mémoires de Celeste Mogador, 2e édition, 1858, 3e édition, 1878
Dies.: Un deuil au bout du monde (suite des Mémoires), Librairie Nouvelle, Paris 1877
Dies.: Les voleurs d'Or, Michel Lévy, Paris 1857
Dies.: Les Revers de l'amour, Drame en 5 actes, Paris 1875
Moreau, Thérèse: Le Sang de l'Histoire. Michelet: L'histoire et l'idée de la femme au XIXe siècle, Flammarion, Paris 1982
Morin, Edgar: »La Femme, agent secret de la modernité«, in: Commune en France. La métamorphose de Plodémet, Fayad, Paris 1967
Moser, Françoise: Vie et aventures de Celeste Mogador. Fille publique, Femme de lettres et Comtesse (1824-1909), Ed. Albin Michel, Paris 1935
Müller, Wolfgang: Geld und Geist. Zur Entstehungsgeschichte von Identitätsbewußtsein und Rationalität seit der Antike, Frankfurt a.m. 1977
Negt, Oskar: Die Konstituierung der Soziologie zur Ordnungswissenschaft. Strukturbeziehungen zwischen den Gesellschaftslehren Comtes und Hegels, Europäische Verlagsanstalt, Köln 1974
Parent-Duchâtelet: La prostitution dans la ville de Paris, 2. Aufl., Paris 1857
Parent-Lardeut, Françoise: Les Demoiselles de Magazin, Les Editions ouvrières, Paris 1969
Pearl, Cora: Mémoires, Paris 1885
Perrot, Michelle: De la nourrice à l'employée ... Travaux de femmes dans la France du XIXe siècle, in: Le mouvement social. Travaux de Femmes dans la France du XIXe siècle, Les éditions ouvrières, Paris, oct.-de 1978
Peter, Jean-Pierre: Entre femmes et médicins. Violence et singularité dans le discours du corps et sur le corps d'après les manuscripts médicaux de la fin du XVIIIe siècle, in: Ethnologie française 6, Nr. 3-4 (1976), S. 341-348
Le Play, Frédéric: Les ouvriers européen. Etudes sur les travaux, la vie domestique et la condition morale des populations ouvrières de l'Europe, Paris 1858
Plessis, Alain: De la fête impériale au mur des fédérés 1852-1871, Ed. du Seuil, Paris 1973
Polany, Karl: Ökonomie und Gesellschaft, Frankfurt a.M. 1979
Ders.: The Great Transformation. Politische und ökonomische Ursprünge von Gesellschaften und Wirtschaftssystemen (1944), Frankfurt a.M. 1978
Proudhon, Pierre-Jean: De la Justice dans la Révolution et dans l'Eglise (oeuvres complètes de P.-J. Proudhon, nouvelle édition publiée avec des Notes et des Documents inédits sous la direction de MM. C. Bouglé & H. Moysset), VIII, 1-4, Paris 1930-1935
Ders.: La Pornocratie ou les Femmes dans les temps modernes (oeuvres complètes de P.-J. Proudhon, nouvelle édition publiée avec des Notes et des Documents inédits sous la direction de MM. C. Bouglé & Moysset), XI, Paris 1939
Ders.: Système des Contradictions Economiques ou Philosophie de la Misère (Oeuvres complètes de P.-J. Proudhon, nouvelle édition publiée avec des Notes et les Documents inédits sous la direction de MM. C. Bouglé & H. Moysset), I, 1-2, Paris 1923

Puejac, Mlle Anna: Des moeurs publiques. Réflexions et projets. Dédiées à Mistress Butler, Paris 1878
Rabaut, Jean: Histoire des féminisme français, Ed. Stock, Paris 1978
Rentmeister, Cecilia: »Daumier und das häßliche Geschlecht«, in: Honoré Daumier und die ungelösten Probleme der Gesellschaft, Berlin 1975, S. 57ff.
Richardson, Joanna: Les Courtisanes. Le demi-monde au XIXe siècle, Ed. Stock, Paris 1968
Richer, Léon: Lettres d'un libre penseur à un curé de campagne, 1868
Schulte, Regina: Sperrbezirke. Tugendhaftigkeit und Prostitution in der bürgerlichen Welt, Syndikat, Frankfurt a.M. 1979
Schwarzer, Alice: »Macht Prostitution frei?«, in: Emma, Zeitschrift von Frauen für Frauen, Oktober 1980
Segur, Comtesse de: La fortune de Gaspard, Paris 1864
Simmel, Georg: Philosophie des Geldes, 3. unv. Auflage München und Leipzig 1920
Simon, Jules: La Famille, Paris 1969
Ders.: L'ouvrière, Hachette, Paris 1861
Singer-Kerel, J.: Le coût de la vie à Paris de 1840 à 1954, Armand Colin, Paris 1961
Sohn-Rethel, Alfred: Geistige und körperliche Arbeit, Zur Theorie der gesellschaftlichen Synthesis, ed. Suhrkamp, Frankfurt a.M. 1972
Sonolet, Louis: La Vie Parisienne sous le Second Empire Payot, Paris 1929
Sorel, Georges: Matériaux d'une théorie du prolétariat, Paris 1929
Sue, (Eugène) Marie, Joseph: Les Mystères de Paris, C. Gosselin, Paris 1842-43
Ders.: Die Geheimnisse von Paris, in der Übersetzung von B. Jolles, München 1974
Sullerot, Evelyne: La presse féminine, Ed. du Kiosque, Paris 1963
Dies.: Histoire et sociologie du travail féminin, Paris 1968
Taine, Hippolyte-Adolphe: Notes sur Paris. Vie et opinion de M. Frédéric Thomas Graindorge, Paris 1867
Tardieu (Dr. Ambroise A.): Dictionnaire d'hygiène publique et de salubrité, 3. Bde., Paris 1852-1854
Taylor, Gordon Rattray: Kulturgeschichte der Sexualität. Mit einer Einleitung von Alexander Mitscherlich, Fischer, Frankfurt a.M. 1977
Tetu, François: Remarques sur le statut juridique de la femme au XIXe siècle, in: La femme au XIXe siècle. Littérature et idéologie, Lyon 1978, S. 5-16
Thabaut, Jules: L'évolution de la législation sur la famille, Paris 1913
Theweleit, Klaus: Männerphantasien, Bd. I, Frauen, Fluten, Körper, Geschichte, Rowohlt, Reinbek 1980
Tristan, Flora: Le Tour de France. Journal inédit 1843-1844, Ed. Tête de Feuilles, Paris 1873
Ullrich, Otto: Weltniveau. In der Sackgasse des Industriesystems, Rotbuch Verlag, Berlin 1980
Ders.: Technik und Herrschaft. Vom Handwerk zur verdinglichten Blockstruktur industrieller Produktion, Frankfurt a.M. 1977
Ure, Andrew: The Philosophy of Manufacturers. London 1935
Vanvier, Henriette: La mode et ses métiers, frivolité et lutte de classe, 1830-1870, Paris 1960
Venette, Nicolas Dr.: Tableau de l'amour conjugal (nouvelle édition par le Dr. Caufeynon, pseudonyme de Dr. Jean Fauconney), Paris 1907
Verdier, Yvonne: Façons de dire, façons de faire. La laveuse, la couturière, la cuisinière, Gallimard, Paris 1979; in deutscher Übersetzung: Drei Frauen: Das Leben auf dem Dorf, deutsch von Thomas Kleinspehn, Klett-Cotta, Stuttgart 1982
Vergez, André: Fourier, PNF, Paris 1969
Viel-Castel, Comte Horace du: Mémoires de Comte Horace de Viel-Castel sur le règne de Napoléon III, 1851-1864, Guy le Prat, Paris 1979

Villermé, L.R.: Tableau de l'état physique et moral des ouvriers employés dans les manufactures du coton, de laine et de soie, Paris 1840

Walser, Karin; Kontos, Silvia: »Hausarbeit ist doch keine Wissenschaft«, in: Beiträge zur feministischen Theorie und Praxis, Heft 1. Hrsg. Sozialwissenschaftliche Forschung und Praxis für Frauen e.V., München 1978, S. 66-80

Weber, Max: Die protestantische Ethik (1920), hrsg. von Johannes Winckelmann, München/Hamburg 1969

Weill, Georges: L'école saint-simonienne, son histoire, son influence jusqu'a nos jours, Alcon, Paris 1896

Williams, Rosalind H.: Dream World: Mass Consumption in late 19th century France, Berkeley 1982

Young, C.E.: The Marriage Question in the Modern French Drama (1850-1911), Ph. D. Wisconsin, in: Bulletin of the University of Wisconsin, no. 771, Série Philologie et Littérature, vol. 5, no. 4, Madison 1915

Zeldin, Theodore: Histoire des passions françaises 1848-1945
  Bd. I: Ambition et amour, 1980
  Bd. II: Orgueil et intelligence, 1980
  Bd. III: Goût et corruption, 1981
  Bd. V: Anxiété et hypocrisie, 1981
  alle Ed. du Seuil, Paris

Zola, Emile: Les Rougon-Macquart, Histoire naturelle et sociale d'une famille sous le second empire. Ed. intégrale publiée sous la direction d'Armand Lanoux. Etudes, notes et variantes par H. Mitterand. Gallimard, Paris 1961

Sep. 1988